식민지/제국의 그라운드 제로, 흥남

식민지/제국의
그라운드 제로, 흥남

차승기 지음

푸른역사

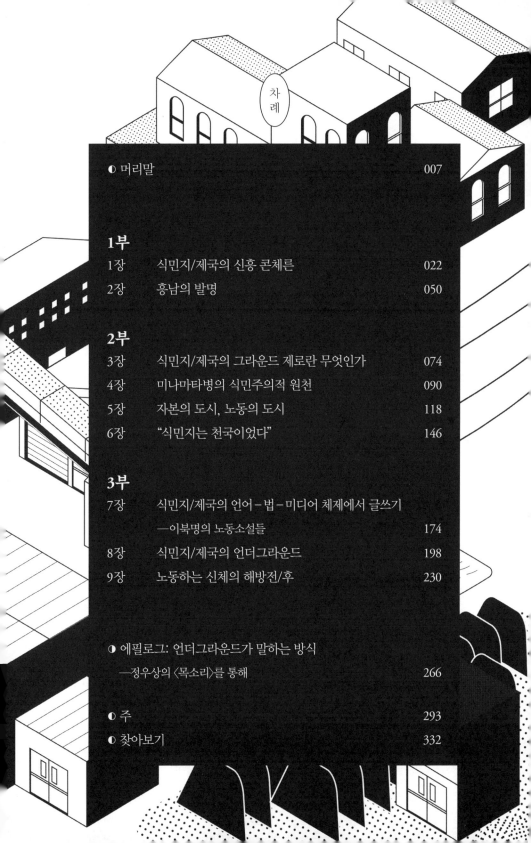

차례

일러두기

이 책은 다음의 논문들에 기초했으며, 각 장에 따라 부분적 또는 전면적으로 수정·보충하거나 새로 집필했음을 밝혀둔다.

◎ 〈자본, 기술, 생명: 흥남–미나마타 또는 기업도시의 해방 전후〉, 《사이間SAI》 14호, 국제한국문학문화학회, 2013. 5.

◎ 〈帝国のアンダーグラウンド〉, 《社会科学》 第44巻 第2号, 同志社大学人文科学研究所, 2014. 8.

◎ 〈식민주의적 신체의 변신을 위하여〉, 《역사문제연구》 32호, 역사문제연구소, 2014. 10.

◎ 〈공장=요새, 또는 생산과 죽음의 원천: 흥남과 이북명〉, 《한국문학연구》 49집, 동국대학교 한국문학연구소, 2015. 12.

◎ 〈불안한 조우: 식민지/제국 시기 흥남–미나마타의 이주노동자들〉, 《인문학연구》 54집, 조선대학교 인문학연구원, 2017. 8.

◎ 〈기계, 노동, 신체: 노동소설의 해방 전/후와 신체성의 전환〉, 《사이間SAI》 25호, 국제한국문학문화학회, 2018. 11.

◎ 〈잠행, 또는 언더그라운드의 운동: 이북명의 〈현대의 서곡〉을 통해〉, 《한국학연구》 52집, 인하대 한국학연구소, 2019. 2.

◎ 〈삭제된 목소리가 말하는 방식: 정우상의 〈목소리聲〉(1935)를 통해〉, 《인문과학》 117집, 연세대학교 인문학연구원, 2019. 12.

◎ 〈미나마타, 흥남, 그리고 식민주의적 축적〉, 《동방학지》 197집, 연세대학교 국학연구원, 2021. 12.

머리말

일본 패전 직후 〈백치〉와 〈타락론〉 등을 발표하며 제국주의 시대 일본이 구축하려 했던 질서와 신성시했던 가치의 허구성을 통렬히 비판하고 폐허에서 새로운 윤리를 발견하고자 했던 사카구치 안고坂口安吾 (1906~1955)는, 이른바 '일본 고유의 전통'을 사물화하는 관점을 비판하는 글에서 '집家(いえ)'과 관련해 이런 서술을 한 바 있다.

한동안 집을 비우고 밖에서 술을 마시거나 여자와 놀다가, 또 때로는 아주 평범한 여행을 마치고 돌아온다. 그러면 집에는 반드시 후회가 기다린다. 꾸짖는 어머니도 없고, 화를 내는 아내도 자식도 없다. 옆집 사람에게도 인사조차 나눌 필요가 없는 생활이다. 그런데도 집에 돌아간다, 했을 때는 언제나 야릇한 슬픔과 떳떳하지 못함으로부터 도망칠 수 없다.……'돌아간다'는 것은 불가사의한 요물이다. '돌아가지' 않으면 후회도 슬픔도 없다. '돌아가는' 한은 아내나 자식이나 어머니가 없어도 후회와 슬픔으로부터 도저히 도망칠 수 없는 것이다. 돌아간다고 하는 행위에는 반드시 되돌아보는 요물이 있다.[1]

일본의 문화적 전통을 본질화하는 언설이라면 빼놓지 않고 거론하는 것 중의 하나가 바로 '집'일 것이다. '家'라고 쓰고 '이에'라고 읽는 이 단어는 일본 가족 관념의 전통을 탐구하는 작업뿐 아니라 근대사회의 일반적 설명 모델로는 도무지 접근할 수 없다는 '일본적 인간-사회 관계'의 특수성을 문화적으로 확증하는 언설에서 종종 특권적 개념으로 사용되어 왔다. 이와 같은 특수성 언설이 가부장제의 한 역사적 형태를 신비화하는 데 기여했음은 물론이다.

이에 반해 사카구치 안고의 '집'은 엉뚱하다. 그에게 '집'은 무엇보다 '돌아가는 곳'이며, 그렇기 때문에 후회와 슬픔과 떳떳치 못함을 피할 수 없는 장소이다. 이 글을 쓸 무렵 이미 오랫동안 혼자 생활해 온 그였기에 불 꺼진 텅 빈 집으로 돌아오는 길이 제법 쓸쓸했을 것도 같지만, 낮 동안의 허튼짓에 대한 후회만큼이나 잔소리를 해댈 아무도 없다는 허전함이 '가족'이나 전통적인 '집'의 이미지를 이상화할 법도 한데, 그는 마치 맛없는 음식을 애써 달게 삼키기라도 하려는 듯이 후회와 슬픔의 집으로 돌아간다.

아마도 그는 집으로 돌아가는return 일과 반성 행위reflection의 상동성에서 미련과 후회의 느낌이 생기는 이유를 설명하고자 했는지도 모른다. 모든 환원론적 일본문화론이 고유한 의미들로 가득 채우고자 해온 '집'을 이렇게 텅 빈 반성의 장소로 만든 것, 그리하여 '집'을 온갖 신성한 상징과 가치들로 충만한 일본 고유의 시간에서 빼내어 낮 동안 밖에서 있었던 일들이 회상recollect되는 시간 위에 배치한 것만으로도 훗날 '무뢰파'로 불리게 될 그의 반골 기질을 엿볼 수 있다. 하지만 생각해 보면, "불가사의한 요물"과도 같은 '돌아감'의 힘은 단순히 반성 행위에서 그치는 것 같지는 않다.

사카구치 안고가 '돌아감'에서 후회와 슬픔의 감정을 느꼈다는 점에 머물러 생각해 볼 때, 우리는 '돌아감'의 행위가 취소의 계기를 함축하고 있다는 사실을 새삼스레 발견할 수 있다. 저 감정이 낮 동안 공들였던 일이 수포로 돌아갈 것만 같은 낙담을 포함하든 반대로 밖에서의 부끄러운 짓을 되돌리고 싶은 충동을 내포하든 마찬가지로 '돌아감'에는 **취소**의 계기가 도사리고 있다. 하다못해 길을 잘못 들어 다시 출발점으로 돌아가 본 사람은 마치 얼마간의 시간을 역행rollback하는 듯 느낀 적이 있을 것이다. 실제로는 출발점으로 되돌아가는 동안의 경험도 그 자체로 기억과 함께 시간 속에 누적될 테지만 말이다. 아무튼 이렇게 공간적 회귀는 시간적 회귀의 감각을 수반할 수 있다. 집으로 돌아간다고 말할 때 반드시 '되돌아간다帰る'는 서술어를 사용하는 일본어의 관례를 떠올리지 않더라도, 돌아가는 행위는 그전까지 있었던 말과 활동에 일종의 말소 표시를 남길 수 있다. 한국어에서 '돌아가다'가 죽음이라는 사태를 지시하곤 하는 것도 '돌아감'의 불가사의한 힘과 무관하지는 않은 것 같다.

물론 이 취소나 말소의 계기가 실제적인 취소나 말소를 초래하지는 않을 것이다. 이미 뱉어진 말과 행해진 일은 무슨 일이 있어도 없었던 상태로 되돌릴 수 없기 때문이다. '돌아가다'로 죽음을 뜻하는 언어 용례도, 죽음을 단적인 소멸로 여기지 않는 문화 속에서 생겨날 수 있었다. 하지만 '돌아감'의 행위에 취소나 말소의 계기가 함축되어 있다는 사실을 인정할 수 있다면, 우리는 '돌아간다'는 일이 일순 현실의 시간에서 이탈한 듯한 '부재'의 감각을 일깨운다는 점도 발견할 수 있을 것이다. 사카구치 안고가 '돌아감'에서 어떤 불가사의한 힘을 느꼈다면, 그 역시 이 기묘한 '어긋남'의 경험과 관련되어 있을 것이다. 이 '어긋남'을 예민하게 감각할수록 기존의 관습적 세계는 낯설어지고, 단단하게 결합된 것처럼 여겨졌던 의미와 상징들도 느슨해진다. 이 '어긋남'의 틈새를 통해 관습과 도덕의 세계에 존재론적으로 선행하는 원-시간-공간Ur-Zeit-Raum이 상기되기 때문이다. 이곳에서 말과 사물을 새롭게 대하고 다르게 연결할 수 있는 가능성이 열리며, 그런 이유에서 사카구치 안고는 "문학은 바로 그렇게 돌아간 곳으로부터 생겨난다"[2] 고 말할 수 있었다. 문학은 기존의 관습적 세계가 취소 또는 말소되는 장소로 '돌아감'으로써 그 세계의 자명성이 억압하고 은폐해 왔던 잠재성들을 발견하려는 시도이자, 현존하는 세계가 침몰시키거나 매몰시켰던 저 잠재성들을 대등한 현실성으로 구조하는 자의 이름인 것이다. 아마도 사카구치 안고는 패전 일본의 폐허에서 '돌아감'을 경험했기에 그곳에서 〈백치〉와 〈타락론〉을 쓸 수 있었던 것이 아닐까.

사카구치 안고의 말을 실마리 삼아 생각을 전개하다 보니 조금 거창한 이야기가 되어버렸지만, 이 책에서 내가 하고 싶었던 일은 저 '돌아 감'과 유사한 것이다. 나는 식민지/제국의 '그라운드 제로'로 '돌아간 다'. 본문에서 서술되겠지만, 그라운드 제로란 식민지/제국의 언어-법-미디어 체제를 지탱하는 식민주의적 축적의 원점이자 그 축적이 취소 또는 말소될 수 있는 지점이다. 식민주의적 축적이 반복적으로 행해지는 현장은 동시에 축적이 저지당할 수 있는 전선前線이기도 한 것이다. 따라서 그라운드 제로로 '돌아감'으로써, 식민주의 재생산의 구조를 성찰하고 식민지/제국의 언어-법-미디어 체제가 억압·은폐해 왔던 잠재성들을 발견하고자 했다. 흥남은 이 같은 탐구를 위한 하나의 범례적 장소를 제공해 준다.

자본 축적의 본질이 단순한 부의 증식이 아니라 자본주의적 생산관계의 (확대)재생산에 있듯이, 식민주의적 축적 역시 수탈과 착취의 증대를 넘어서 식민주의적 **관계** 자체의 (확대)재생산을 목표로 한다. 그리고 자본 축적이 그러하듯이, 식민주의적 축적 역시 특정한 역사적 장소나 순간으로 그 '기원'을 환원할 수 없는 반복적 운동의 형태로 진행된다. 식민주의적 관계는 점령이나 법률적 구속에 의해 '성립'되기는 하지만, 일상 세계에서 그 관계 자체를 반복적, 지속적, 전면적으로 재생산하는 과정 없이는 존재할 수 없다. 이 책에서는 이 세계를 식민지/제국의 언어-법-미디어 체제라고 명명했지만, 여기서 주의해야 할 것은 '과정으로 존재한다'는 것의 의미이다. 과정으로 존재한다는 것은 그 관계가 재생산될 때에만 지속될 수 있다는 것을 말하며, 관계가 재생산된다는 것은 재생산을 저지하거나 방해하는 무수한 힘들과의 싸움에서 매 순간 승리한다는 것을 뜻한다. 일제는 짧게 봐도 36년 동안 어떤 형태로든 이 싸움에서 이겨왔다고 말할 수 있다.

그러나 여기서도 결과적인 식민주의의 승리 자체보다 싸움이 계속되어 온 과정의 진실에 주목하는 것이 중요하다. 비록 매 순간 식민주의가 승리했기 때문에 식민주의적 축적에 기초한 지배적인 언어–법–미디어 체제가 지속될 수 있었다 할지라도, 승패를 건 싸움이 계속되었다는 것은 식민주의가 끝내 완전히 포섭할 수 없는 영역이 줄곧 존재하고 있다는 사실을 반증해 준다. 이 책에서 그라운드 제로로 '돌아가려는' 이유는 바로 이 전선, 즉 식민주의적 관계가 그것을 저지하는 힘들과 부딪치는 축적의 최전선에서 식민주의적 축적 운동의 **원천**을 탐사하기 위해서다. 이 원천은 식민지/제국의 언어–법–미디어 체제를 지속하게 하는 조건이자 동력이지만 정작 저 언어–법–미디어 체제에서는 은폐되어 있기 때문이다. 사카구치 안고가 존재와 행위의 세계가 취소되는 지점으로 '돌아감'으로써 현존하는 세계의 허구성과 그 세계가 은폐해 온 잠재성을 발견할 수 있었던 것처럼, 식민지/제국의 그라운드 제로에서는 저 언어–법–미디어 체제가 뿌리를 두고 있는 불안한 전선과 전선 저편에서 꿈틀대고 있는 통치불가능한 것들, 즉 식민주의적 축적을 취소할 수도 있는 힘들이 함께 시야에 들어온다. 이 긴장된 현장을 탐사하기 위해 이 책은 식민지/제국 일본의 자본이 건설한 동양 최대의 전기–화학 '기업도시' 흥남과 그곳에서 교차하는 전선들을 고찰한다.

이렇듯 그라운드 제로로 '돌아가' 식민주의적 축적의 원천을 탐사하고자 하기 때문에, 이 책은 흥남의 도시사를 지향하기보다는, 식민주의적 축적이 어떤 전선을 형성하고 무엇을 공격하며 재생산되어 가는가에 초점을 맞추고, 그 전선의 이편과 저편이 어떤 비대칭적 관계 속에서 복수의 현실로 존재하고 운동하는가를 고찰하고자 했다. 식민지/제국의 그라운드 제로로서 흥남에는 적어도 세 가지의 서로 상이한 차원의 전선들, 즉 자연/인간, 노동/자본, 식민지/식민 본국(또는 피식민자/식민자, 조선인/일본인)이라는 전선들이 교차하고 있었기에, 이 책 역시 저 전선들을 입체적으로 조명하는 방식으로 구성했다. 우선 이 전선들 전체를 조망(1부)하고, 전선 하나 하나를 독립적으로 고찰(2부)한 후, 전선들의 양쪽 편에서 존재하고 움직이는 서로 다른 현실을 드러내며 다시 전체를 환기(3부)하는 방식을 취했다.

식민지/제국 일본의 전기-화학 콘체른 일본질소비료주식회사는 일본의 제국주의적 팽창과 함께 성장해 식민지 개발에 뛰어들었고, 한반도의 관북 지방에 막대한 전기를 생산하는 수력발전소와 흥남이라는 '기업도시'를 건설했다. 이 과정에서 '자본-국가 콤비나트'라고 이름 붙일 만한 식민주의적 축적의 주체가 형성되었고, 그들의 '개발'과 '생산'이 진행되는 도처에서 전선이 형성되었다(1부).

이 책에서는 우선 식민주의적 축적의 여러 전선이 교차하는 그라운드 제로를 관찰함으로써, 거리낌 없는 자연 변형과 실험, '계급의 민족화, 민족의 계급화'에 기초한 노동력 착취, 선주민先住民과 식민자를 교차하는 차별의 폭력이 식민지/제국의 언어-법-미디어 체제를 지탱하고 있음을 드러내고자 했다. 하지만 식민주의적 축적의 현장에 그라운드 제로라는 이름을 부여한 이유는 단지 식민지 개발의 폭력성을 다시 강조하려는 데 있지 않고, 이 전선들 저편에 축적을 저지하는 힘과 운동이 존재함을 상기하려는 데 있다. 생산 효율성만을 앞세운 자연 변형과 실험, 인간을 노동력으로 환원시키고 계급적·민족적 차별을 구조화한 공장 규율은 오히려 공장=요새에 균열을 초래하게 되고, 그 틈새로 '언더그라운드'가 그 존재를 알려온다(2부).

식민지/제국의 언어−법−미디어는 저 언더그라운드의 존재와 운동을 '번역'해 포획하는 방식으로 은폐하고 비가시화하는 식민주의적 통치의 기술적 장치들이다. 이 장치들이 명명하고 분배하고 의미화하며 그라운드 제로의 '이편'으로 포획해 올 때 언더그라운드의 존재에는 필연적으로 상처가 남게 되는데, 우리는 그 상처에 머물러 식민주의적 축적의 원천을 기억할 수 있다. 이 책에서는 이북명의 노동소설이 번역되고 의미화되고 소비되는 과정에서 입은 상처에 주목하며 저 언어−법−미디어 체제의 성격을 드러내고자 했고, 식민지 치안권력에 발각되어 표면에 드러난 지하운동을 추적하며 언더그라운드가 존재하는 방식을 서술하고자 했다.

일본의 패전과 함께 식민주의적 축적운동이 멈추고 (특히 북한에서) 기존의 언어−법−미디어 체제가 붕괴되는 것처럼 보였으나, 적대적 환경에서 급속히 구축된 '노동국가'는 미래의 시간을 독점해 가며 언더그라운드의 잠재성까지 남김없이 생산의 에너지로 전환해 버릴 것 같은 거대한 기계를 건설해 갔다. 전쟁에서 패배한 것은 '일본'이었지, 식민주의적 축적의 체제가 아니었다(3부).

이 책의 마지막 부분에서는 '언더그라운드를 언어화한다는 것'의 문제를 좀 더 머물러 생각해 보고자 했다. 정우상의 〈목소리〉라는 일본어 소설은, 식민지/제국의 언어-법-미디어 체제에서 '침묵'으로밖에 존재할 수 없었던 언더그라운드에 어떻게 접근할 수 있는가, 특히 "폭력의 문법을 복제하지 않으면서 어떻게 종속subjection의 현장을 다시 방문할 것인가?"[3]를 고민할 때 하나의 참조점을 제공해 준다(에필로그).

당연한 일이지만, 흥남을 식민지/제국의 그라운드 제로로서, 역사적 장소인 동시에 상징적 장소로서 주목하게 된 처음부터 많은 분과의 만남, 그리고 그 만남이 베풀어 준 영감과 자극이 없었다면 이렇게 거칠고 엉성한 채로나마 작업을 일단락 할 수는 없었을 것이다. 그 만남을 돌이켜 보는 일은, 이 책의 키워드와 발상의 출현부터 조금씩 더디게 밟아간 탐구의 과정을 되짚는 일이기도 하다.

아마도 2006년 일본의 도쿄외국어대학 요네타니 마사후미米谷匡史 교수의 대학원 수업을 청강했던 일이 이 기억의 처음에 놓일 것 같다. 당시 나는 한국연구재단의 (지금은 사라져 버린) '박사후 해외연수 프로그램' 덕택에 일본에서 비교적 자유롭게 공부할 기회를 얻었었다. 요네타니 교수의 대학원 수업에서 한 학기 동안 제국주의 시기 일본의 '식민지 개발'과 관련된 연구물을 읽어 갔는데, 그때 처음으로 일본질소의 존재를 알게 되었을 뿐만 아니라 흥남-미나마타 사이의 초경계적 연쇄 관계에 대한 풍부한 암시를 얻을 수 있었다. 이전까지 이북명의 〈질소비료공장〉, 그것도 서사 구성이 불가능할 정도의 파편밖에 알지 못했던 내게 기껏해야 소설의 희미한 배경으로만 기억되던 흥남이 동아시아 식민주의의 역사와 연결되어 있음을 어렴풋이 알 수 있었다.

게으르기도 하고 끈기도 없는 탓에 거의 잊어버릴 정도로 연구 관심의 변두리로 밀려나 있던 '흥남'이라는 장소가 비로소 전경화前景化될 수 있었던 것은, 황종연 선생님이 연구책임자로 이끌었던 동국대학교의 '한국 근대문학과 과학' 연구팀에 공동연구자로 참여해 2013년 학술대회에서 발표 기회를 얻었기 때문이다. 한국 근대문학과 과학(기술) 사이에서 상상할 수 있는 다양한 관계들을 생각하며 주제를 탐색하던 중 흥남이 떠올랐다. 식민지 권력기관의 각종 조사 자료, 신문기사, 수기와 르포, 연구물 등 각종 문헌 자료를 읽어 갈수록 흥남에서 교차하고 있던 여러 전선이 의식 속에서 조금씩 윤곽을 드러내기 시작했고, 미나마타병까지 포함해 흥남과 연결된 의미심장한 토픽들을 처음으로 확인할 수 있었다.

그리고 같은 해 가을에는 일본 도시샤同志社대학 도미야마 이치로冨山一郎 선생님의 초청으로 학술대회에서 다시 '흥남'을 주제로 발표할 기회를 얻었다. 흥남 질소비료공장 노동자 출신으로 작가가 된 이북명과 영화배우로 활동하다 흥남 질소비료공장 노동자로 '잠입'한 주인규의 교차하는 운명을 따라가며, 그라운드 제로에서 분기分岐하는 세계들이 절대적으로 비대칭적이라는 사실을 조금씩 알아 갔던 것 같다. 이때 처음으로 '그라운드 제로'와 '언더그라운드'를 개념화하기 시작했다.

2017년에는 체코의 프라하에서 개최된 유럽한국학회AKSE 콘퍼런스에서, 이북명의 소설들을 사례로 삼아 식민지/제국의 언어-법-미디어 체제의 작동방식을 고찰했던 논문을 수정해 발표, 소개했다. 이 발표를 준비하면서, 그라운드 제로를 식민지/제국의 언어-법-미디어 체제의 '최전선'으로 규정하는 일에 좀 더 집중할 수 있었다.

같은 해 여름에는 미나마타 현지 조사와 인터뷰를 실시했다. 구마모토가쿠엔熊本学園대학 미나마타학연구센터의 연구원 이노우에 유카리井上ゆかり 씨의 세심한 배려와 준비가 없었다면 흥남을 기억하는 고령자 분들과의 인터뷰는 거의 불가능했을 것이다. 인터뷰에 기꺼이 응해 준 도쿠토미 에미德富エミ(1925년생) 씨와 야마다 마사요시山田昌義(1933년생) 씨에게도 감사의 마음을 전한다. 특히 구순을 훨씬 넘긴 연세였음에도 흥남공장의 공급소에서 일하던 십대 시절 조선인 친구가 가르쳐 줬다는 노래 〈연락선은 떠난다〉를 한국어 가사의 발음까지 거의 정확히 재현해 불러줬던 도쿠토미 씨의 기억력은 놀라운 것이었다.

그 후로도 가다 멈추다를 계속하며 그라운드 제로로서의 흥남을 중심으로 식민주의적 축적의 문제를 고민하는 글을 써 왔고, 그 과정에서 양지혜 선생님의 박사학위 논문을 비롯한 일련의 '흥남 논문들'은 일본질소의 흥남 건설, 공장 노동자들의 임금체계, 식민자 사회의 성격, 공해 문제 등 흥남 및 일본질소를 둘러싼 여러 쟁점과 관련해 풍부한 자료와 나침반을 제공해 주었다.

수년간 이 연구를 지탱해 준 중요한 동력 중의 하나는 한국연구재단의 지원이었다. 한국연구재단의 저술출판지원사업 덕택에 미나마타 현지 조사와 인터뷰를 원만히 진행할 수 있었을 뿐만 아니라, 어쩌면 놓쳐 버릴 수도 있었을 긴장을 유지하면서 끝내 단행본 작업에 임할 수 있었다. 그럼에도 여러 사정으로 출간이 늦어져 송구할 따름이다.

아울러 힘든 여건 속에서도 흔쾌히 원고를 받아준 도서출판 푸른역사에도 거듭 감사드린다.

여러 우여곡절이 있었고 저술 작업에 집중하기 어려운 사정도 있었지만, 한결같이 용기와 의지를 북돋아 주는 이화진 선생이 있어서 여기까지 올 수 있었다. 무엇보다도 이 책의 키워드가 된 '그라운드 제로'의 아이디어를 선사해 주었으니, 이 연구의 처음과 끝을 같이했다고 할 수 있다. 감사의 말로도 부족하다.

단행본 작업이 막바지에 접어들 무렵 아버지가, 그리고 10개월 후 어머니가 세상을 뜨셨다. 두 분의 '돌아가심' 이후 오히려 삶의 비종결성을 절감하게 되었다. 가장 많은 것을 베풀어 주신 두 분께 이 보잘것없는 책을 바친다.

2022년 3월
서울과 광주 사이에서

1.

식민지/제국의
신흥 콘체른

착취와 실험의 공간, 식민지

"여보! 이거 영 딴판이 됐구려!"

그는 흘깃 아낙을 흡보며 눈이 둥그레졌다. 고향은 알아볼 수가 없게 변하였다. 변하였다니보다 없어진 듯했다. 그리고 우중충한 벽돌집, 쇠집, 굴뚝—들이 잠뽁 들어섰다. "저게 무슨 기계간인가!"

"참 원, 저 검은 게 다 뭐유? …… 아, 저 쪽이 창리(그들이 살던 곳)가 아니우?"

……

검푸른 공장복에다 진흙빛 감발을 친 청인인지 조선 사람인지 일인인지 모를 눈에 서투른 사람이 바쁘게 쏘다닌다. 허리를 질끈질끈 동여맨 소매 기다란 청인들이 왈왈거리며 지나간다. 조선 사람이라고 보이는 것은 어울리지 않는 감발을 치고 상투를 갓 자르고 남도 사투리를 쓰는 패뿐이다.[4]

〈그림 1〉
조선질소비료주식회사 흥남공장 전경(1937년 경)
(鎌田正二, 《北鮮の日本人苦難記》, 時事通信社, 1970)

4년간의 간도 생활을 접고 고향으로 돌아온 창선과 그의 아내는 사라져 버린 고향 앞에서 아연실색한다. 가난한 어촌 마을은 온데간데없고 거대한 공장지대로 변해 버린 고향땅엔 낯선 이방인들만이 오가고 있을 뿐이다. 창선은 고향 마을 전체가 십 리가량 떨어진 구룡리로 이주했음을 알게 되고 그곳을 찾아 가족과 상봉하게 되지만, 터전을 잃은 이들의 삶은 더 한층 척박해져 있다. 구룡리에 커다란 축항築港을 건설하고 함흥으로 이어지는 큰 길과 학교, 우체국, 시장 등을 조성해 '제2의 인천'으로 만들어 주겠다는 공장 측과 당국의 말을 반신반의하면서 이주해 왔지만, 역시나 약속은 제대로 이행되지 않았고 생업을 계속하기 어려운 환경에서 창선의 가족을 비롯한 선주민先住民들은 곤궁한 상태에 처해 있다. 친숙했던 장소를 박탈당하고 그 장소와 결합되어 있던 삶의 시간으로부터 추방당한 채 이식된 기계설비의 질서=명령order에 따르지 않을 수 없게 된 이들에게 "과도기의 공포와 설움"[5]이 몰려온다. 한설야가 소설을 통해 전달하고 있듯, 궁벽의 어촌 사람들에게 공포의 예감과 함께 '시대의 전환'을 몸으로 감지하게 만들면서 등장한 것은 다름 아니라 '일본질소비료주식회사'[이하 '일본질소'로 약칭]의 자회사인 '조선질소비료주식회사[이하 '조선질소'로 약칭] 흥남 공장'이었다.

일본 국가와 자본에게 식민지는 인적·물적 자원의 공급처였을 뿐만 아니라 자본주의적 착취체제의 식민주의적 이식과 함께 새로운 기술의 산업화를 시도하는 대규모 실험의 공간이기도 했다. 조선의 경우 식민지 초기부터 쌀을 비롯한 필수 농산물과 값싼 노동력의 확보가 식민지

운영의 주요 목적이었지만, 자본주의적 교통관계의 심화와 식민지 통치방식의 고도화에 따라 자연과 인간에게서 이용가치를 산출해 낼 수 있는 새로운 차원을 부단히 찾아내곤 했다. 한편, 봉건시대의 상업 및 고리대금업에 기반해 성장해 온 일본의 재벌 또는 거대 자본 대부분도 크게 다르지 않지만, 특히 메이지유신 이후 새롭게 형성된 신흥재벌들은 청일전쟁, 러일전쟁, 식민지 '개척' 등으로 이어지는 일본의 제국주의적 팽창을 조건으로 자본의 축적과 집중을 실현해 온 기업들로서, 국가와 자본 사이의 긴밀한 협력관계를 구조화해 갔다. 이러한 자본-국가의 협력관계는 식민지에서 더욱 두드러지게 나타날 수밖에 없었고, 그런 의미에서 적어도 식민지에서 일본 자본은 군·정·산軍·政·産 결합체로서의 성격을 띠었다고 해도 과언이 아닐 것이다.

식민지에서 일본 자본은 무소불위의 특권적 지위를 보장받고,—일본 내지에서라면 제한적이었을—각종 제도적 혜택과 인적·물적 자원의 독점적 이용 권한을 십분 활용하면서 거의 걸림돌 없이 착취를 위한 기술적 효율성을 극단적으로 추구할 수 있었다. 물론 일제 말기 전시 총동원체제가 구축되고 명실 공히 군·정·산 결합체가 현실화되었을 때에는 자본의 이윤추구 욕망에 일정한 제한이 가해지기도 했지만, 국가와의 긴밀한 협력에 기반한 자본에게는 그 역시 장기적인 투자의 한 형태이기도 했다.

그 대신 '공장법' 등의 기본적 규제조차 없었던 식민지에서 제국 자본은, 인권 개념은 물론이거니와 노동자들에게 제공되어야 할 기본적인 임금, 위생, 후생복지 등의 노동조건에 크게 제약받지 않은 채, 또한 자연 착취 및 환경 파괴 여부에 대해 전혀 염려할 필요 없이 이익 산출과 효율적 산업시스템 구축을 위한 고도의 기술 실험을 시도할 수 있었던 것이다.

일본질소를 중핵으로 하는 '일질日窒콘체른', 또는 그 창립자인 노구치 시타가우野口遵(1873~1944)의 이름을 따 '노구치 콘체른'으로 더 많이 알려진 이 식민지/제국 일본[6]의 신흥재벌은 일본의 영토 확장과 더불어 비약적으로 성장해 간 전형적인 제국주의 기업이었다. '전기-화학공업의 아버지' 또는 '조선반도의 사업왕'이라고 불렸던 이 신흥재벌의 창립자 노구치는, 조선총독부의 비호 아래 북선北鮮 지역에서 동양 최대 규모의 수력발전 및 화학비료 사업을 전개했으며, 이후 일본의 대륙 침략과 전시체제로의 전환에 발맞춰 만주와 타이완 등지로 사업부지를 넓혀 가고 조선반도의 병참기지화 정책에 부응해 본격적인 군수산업으로 영역을 확장해 가며 식민지 개발을 통해 막대한 이윤을 창출해 냈다. 특히 일본질소가 흥남에 건설한 전기-화학 콤비나트 Kombinat는 노구치 콘체른의 위세를 보여주는 대표적인 사업장이었을 뿐만 아니라, 식민지/제국 일본의 식민지 '개발'의 실상을 보여주는 전형적인 장소이기도 했다.

이 장에서는 노구치 콘체른의 성장과 식민지 개발을 식민지/제국 일본의 식민주의적 축적의 구조 속에서 이해하기 위해, 국가와 자본이 긴밀히 결합함으로써 가능했던 제국주의적 신흥재벌의 형성과정을 고찰하고자 한다. 이 책은 식민주의적 축적의 원천Ursprung[7]을 발견할 수 있는 '흥남'의 장소성을 '식민지/제국의 그라운드 제로'로서 포착하고

자 하기 때문에, 제국주의적 거대자본의 형성과정을 지나치게 자본축적의 문제로 환원시키지는 않을 것이다. 이 책에서 주목하고자 하는 '식민주의적 축적'이란 '식민지/제국 질서를 반복적으로 (재)생산하는 메커니즘'을 뜻하기 때문이다. 따라서 일본의 신흥재벌로서 노구치 콘체른이 형성되는 과정을 검토하되, 주로 제국주의적 자본－국가 복합체가 만들어지는 과정에 주목할 것이다. 이 복합체는 자기 재생산의 원천으로서 식민지 없이는 형성될 수도 지속될 수도 없으며, 또한 이 복합체의 자기 재생산은 그 자체로 식민지/제국 질서의 재생산이기도 하다. 그러므로 이 제국주의적 자본－국가 복합체 형성과정에 대한 고찰은 필연적으로 식민지/제국의 그라운드 제로로서 흥남의 탄생과정으로 이어질 것이다.

전쟁과 식민지―신흥콘체른의 형성 조건

일본의 재벌 및 대기업의 성장이 국가의 제국주의적 팽창과 함께 진행되었다는 점에서, 엄밀히 말해 일본의 모든 거대 자본은 전쟁과 식민지를 이윤창출은 물론 자본의 집적과 집중의 기회로 삼아 왔다. 따라서 일본의 거대 자본은 일본 국가와 함께 전쟁 책임 및 식민지 책임에서 자유로울 수 없음이 명백하다.

　구 재벌들이 주로 상업, 고리대금업, 무역, 유통 등에서 출발해 기업을 확장해 간 데 반해 신흥재벌들은 초기부터 고도의 기술집약적 산업인 중화학공업을 중심으로 거대 콘체른을 형성해 갔다. 그런 만큼 콘체른 내부의 기업 결합에도 역시 치밀한 기술적 고려가 관철되었다. 자본의 유기적 구성이 고도화될 수밖에 없는 중화학공업이었기 때문에 자본투여나 생산공정의 결합 등에 기술합리성의 원칙이 철저히 우선되었을 뿐만 아니라, 상층부의 가족 소유의 회사를 중심으로 확장되어 가는 구 재벌의 '이에[家] 시스템'에 도전해 "공적 소유의 주식회사" 체제를 취했다는 점에서도 기술적 결합의 특징을 찾을 수 있다.[8] 무엇보다도 신흥재벌의 창설자들 자신이 기술자였다는 점[9]은 전문적 지식과 권력이 결합하는 테크노크라트 시대의 도래를 알려주는 신호일 뿐만 아니라, 상대적으로 이윤획득의 안정성보다 새로운 기술의 도입과 과제의 효과적 수행 자체를 중시하는 경영방식이 채택된 배경을 짐작하게 해준다. 그런 점에서 자유시장 모델에 따라 일반적으로 상정되듯 국가의 이해와 충돌하는 자본보다는, 상위의 국가적 목표와 기술적으로 결합하는 데 익숙한 자본이 형성될 수 있었던 주요한 요인 중 하나가 이곳에 있었다고 해도 좋다. 이렇게 제국주의 일본의 팽창과 함께 자본의 규모와 삶에의 개입을 확대·심화시켜 간 일본 신흥재벌의 역사는 곧 일본의 국가주의 및 제국주의의 역사와 일치하는 방향으로 성장해 갔다.

식민지/제국 일본의 신흥재벌이란, 제1차 세계대전 무렵부터 중화학공업의 담당자로 등장한 아유카와 요시스케의 닛산 콘체른, 모리 노부테루森矗昶(1884~1941)의 쇼와덴코昭和電工 콘체른, 나카노 토모노리의 닛소 콘체른, 오코우치 마사토시의 리켄 콘체른, 그리고 노구치 시타가우의 일본질소 콘체른을 주로 지칭한다. 이 중에서도 비교적 일찍

<표 1> 신흥 콘체른의 산업별 투자 분포(1937년 상반기)[10]

	일본질소	닛산	쇼와덴코	닛소	리켄	신흥재벌합계	기존재벌합계	전국일반회사합계
금융업	—	3.0	—	—	—	0.1	15.0	10.6
은행	—	—	—	—	—	—	11.0	9.1
신탁	—	—	—	—	—	—	0.9	0.7
보험	—	0.3	—	—	—	0.1	3.1	0.9
중공업	7.7	56.8	34.4	23.9	52.4	39.8	25.5	17.8
탄광업	4.2	36.1	11.2	21.6	—	23.0	12.4	8.3
금속공업	2.1	—	23.2	1.8	34.3	5.3	4.6	3.7
기계기구	1.4	17.0	—	0.5	18.1	10.1	5.4	4.4
조선	—	2.8	—	—	—	1.4	3.1	1.4
화학공업	54.6	21.1	20.6	71.5	8.3	32.4	6.7	6.6
고무업	—	1.3	—	—	6.5	0.9	0.4	
제지업	—	—	—	—	—	—	6.9	2.0
섬유공업	—	—	—	—	1.6	0.1	7.0	6.5
요업	—	—	—	1.8	—	0.2	4.2	1.5
전력·가스업	32.4	1.3	43.3	1.8	—	14.3	7.2	14.8
식료·수산업	—	14.7	1.8	0.8	14.4	8.4	5.8	5.3
철도궤도업	1.0	0.5	—	0.1	—	0.5	2.6	4.7
해운업	—	0.8	—	—	—	0.4	5.3	2.8
상사무역업	1.3	0.5	—	—	0.5	0.5	8.0	14.6
토지건물업	0.3	0.5	—	—	—	0.3	2.9	12.6
기타	2.8	2.2	—	0.1	16.3	2.3	2.6	
총계	100.0	100.0	100.0	100.0	100.0	100.0	100.0	100.0

부터 성장한 것이 닛산과 일본질소였다. 이들 신흥재벌은 만주사변 (1931)을 기점으로 이른바 '군수 인플레 붐'을 맞으면서 비약적으로 성장해 갔다.

〈표 1〉에서도 단적으로 드러나듯 신흥재벌의 투자 분야는 중화학공업에 집중되어 있다. 기존의 구 재벌은 대체로 상업자본으로 출발하기도 했고, 이미 금융업, 상업, 무역 등에서 고이윤을 획득하고 있었기 때문에, 투자 규모도 크고 리스크도 따르는 중화학공업 투자에 대해서는 소극적이었다. 이와 달리 신흥재벌들은 이미 구 재벌이 선점하고 있는 영역을 피해 새로운 투자 영역을 개척해야 했고, 창업자 자신들이 기술자이기도 하다는 특수 사정도 작용해, 중화학공업의 장래성과 중요성을 과학기술적으로도 확신하면서 사업을 추진했다.

어쨌든 신흥재벌들의 콘체른은 그 출발부터 '국책 사업'과 긴밀히 결합해 성장해 갔다. 신흥 콘체른의 기술적 구성이 표방하고 있던 '공적' 성격은 '국가적' 의의와 동일시되었고, 식민지 개발, 전쟁, 점령 등 일본의 제국 팽창과정에서 발생하는 특수特需에 발맞춰 생산을 확대해 갔다. 중화학공업은 다량의 에너지원 보유, 도로·철도·항만을 비롯한 광범위한 교통망의 설립, 다수의 저렴한 노동력 확보 등 그 자체 사회 기반시설의 조성 및 대규모 인구이동과 깊이 결부되어 있기 때문에, 그 출발부터 국가의 재정적·행정적 지원을 요구하는 산업부문이었다. 신흥재벌들은 식민지 조선과 타이완, 만주국 등지의 개발과정에 참여하면서 비약적으로 확장되어 왔으므로 군·정·산 결합을 떠나서는 결코 형성될 수 없었다고 해도 과언이 아니다.

그중에서도 노구치의 일본질소는 '내지'에서의 제약(특히 대규모 전력 공급지의 확보)을 극복하기 위해 식민지와 '외지'에 대량의 자본을 투자하며 적극적인 개발을 전개했다는 점에서 다른 신흥재벌과도 구별된다. 당연히 식민지와 '외지'로의 자본 진출은 '내지' 정부 및 '외지' 행정기관, 군 등과의 긴밀한 결탁 없이는 불가능했다. 일본질소는 1926년 조선수전주식회사(이하 '조선수전'으로 약칭)를 설립한 이래, 북선 지역의 '개척자'로서의 위상을 공고히 했고, 특히 장진강長津江 개발 이후 총독부, 육군과 해군, 나아가 만주국 정부 및 관동군과도 긴밀한 관계를 맺으며 식민지와 '외지' 개발에 박차를 가했다.

'일본질소', 전기화학콘체른의 형성

도쿄제국대학[노구치가 재학 중이던 당시에는 '제국대학'] 전기공학과를 졸업한 노구치 시타가우는 1898년 착공된 고리야마郡山견사방적의 누마가미沼上발전소 건설사업에 참여하면서 고압 송전에 성공했고, 그 후 도쿄에서 독일의 전기회사인 지멘스-슈케르트Siemens-Schuckert사의 일본출장소에 들어가 다양한 전력사업에 참여하면서 그 자신 전기기술자로서의 경력을 쌓아 갔다.[11] 아울러 석회질소나 아세틸렌 등을 중심으로 유기공업약품의 합성기술이 발달하면서 카바이드 공업이 크게 발전할 때, 전기와 카바이드 제조사업에 본격적으로 뛰어들게 된다. 특히 카바이드의 경우, 초기에는 일본에서 수요가 많지 않아 주로 수입품에

〈그림 2〉
가고시마 오쿠치에 건설된 소기수력발전소.
이 발전소는 원래 오쿠치 시내에 있던 우시오牛尾광산의 배수용 동력을 확보하기 위해
건설되었지만, 남는 전력을 미나마타로 보내 카바이드를 제조하게 된다.
《事業大觀》, 日本窒素肥料株式會社, 1937).

의존했으나, 러일전쟁 시기 이동 가능한 광원으로서 아세틸렌 램프가 대량으로 사용되면서 수요와 함께 가격도 급등했다. 이를 통해서도 알 수 있듯, 일본 전기화학산업의 비약적 성장은 전쟁을 필수적 조건으로 한 것이었다. 또한 노구치의 일본질소를 포함해 일본의 전기-화학 기업들이 러일전쟁에서 아시아-태평양전쟁에 이르는 제국주의 전쟁과 함께 성쇠의 길을 걸었다는 사실은, 국가와 자본의 결합관계에 대해 특별히 주의를 기울이게 한다. 특히 노구치의 일본질소는 이후 식민지와 만주국에 대규모 전기-화학 콤비나트를 건설한 데서도 드러나듯이, 어느 기업 못지않게 일본의 제국주의적 팽창 및 식민주의적 수탈을 **통해** 성장해 온 기업이라는 점에서, 하나의 '자본-국가 복합체'로서 이해할 필요가 있다.[12]

노구치는 1903년 센다이仙台에서 일본 최초로 카바이드 제조사업을 시작했고, 러일전쟁 직후인 1906년에 자본금 20만 엔의 '소기曾木전기'를 설립하면서 가고시마鹿児島현 오쿠치大口에 '소기수력발전소'를 세웠다. 또한 이듬해인 1907년에는 '일본카바이드상회'를 설립하고 구마모토熊本현 미나마타水俣에서 카바이드 제조를 시작했다. 곧이어 1908년, 소기전기와 일본카바이드상회를 합병해 창립한 것이 바로 '일본질소'였다. 제1차 세계대전 발발로 인한 호황이 한창일 때, 기성 재벌인 미쓰이三井, 미쓰비시三菱 등이 아직 손대지 않은 전기화학공업부문에 적극적으로 진출한 일본질소는 1920년 시점에 자본금 2,200만 엔의 대기업으로 성장하기에 이른다. 창업 이후 1920년까지 발생한 이익의 추이를 살펴보면 1차 세계대전 기간 중에 일본질소가 얼마나 비약

〈표 2〉 1906~1920년 일본질소의 수입·이익 추이[13] (단위: 엔)

		총수입	해당 시기 이익	연 배당률
1906년	상반기	304	△ 158	
	하반기	67	△ 72	
1907년	상반기	102	△ 124	
	하반기	10,222	7,786	10
1908년	상반기	25,033	17,927	10
	하반기	42,903	24,827	10
1909년	상반기	88,063	41,876	10
	하반기	144,526	52,100	10
1910년	상반기	254,206	74,427	10
	하반기	280,961	68,016	10
1911년	상반기	317,070	66,886	10
	하반기	390,783	79,106	8
1912년	상반기	388,913	122,760	10
	하반기	508,148	163,477	10
1913년	상반기	562,064	196,860	10
	하반기	538,089	185,772	10
1914년	상반기	576,841	94,025	8
	하반기	846,820	369,510	10
1915년	상반기	1,381,819	704,078	12
	하반기	1,634,664	904,414	15
1916년	상반기	2,041,424	1,097,441	15
	하반기	2,393,003	1,353,756	20
1917년	상반기	2,400,194	1,430,384	25
	하반기	3,327,196	1,950,278	25
1918년	상반기	4,537,249	2,344,807	30
	하반기	6,130,974	2,683,942	30
1919년	상반기	9,100,757	2,957,670	30
	하반기	8,428,548	3,030,400	30
1920년	상반기	10,033,438	5,516,213	104 약
	하반기	7,350,466	1,519,256	20

적으로 성장했는지를 짐작할 수 있다.

일본질소로 통합된 1908년부터 발전소의 전력과 카바이드 제조를 결합해 사업을 전개했던 노구치는 더 많은 카바이드 생산을 위해 수력 발전소를 추가하는 방식으로 기업 규모를 키워 가면서, 비료 제조사업에 뛰어들게 된다. 19세기 후반부터 화학비료가 등장해 세계 농업생산량을 비약적으로 증대시켜 가던 중이었다. 일본질소 초기에는 대기 중의 질소와 카바이드를 결합해 석회질소를 제조하는 프랑크·카로 Frank·Caro[14]의 이른바 '공중질소고정법'을 적용했었으나, 1921년에는 그보다 비용이 저렴하고 대규모 생산을 가능하게 하는 '카잘레식 암모니아 합성법Casale process'을 도입하면서 기업 성장의 전기를 맞는다. 때는 세계대전 시기의 전시 호황이 1920년 공황과 함께 종지부를 찍고, 이후 1923년의 간토대지진, 1927년의 금융공황과 함께 이른바 '쇼와昭和공황'으로 이어지는 경제침체기의 초입이었다.

공기 중의 질소와 수소를 반응시켜 직접 암모니아를 합성하는 방법을 발명한 이는, 훗날 '화학병기의 아버지'라 불리게 되는 프리츠 하버 Fritz Haber였다. 그와 칼 보슈Carl Bosch가 함께 개발한 이른바 '하버·보슈 암모니아 합성법'은 물과 공기로부터 비료를 만들어 내는 획기적인 방법으로서 농작물 수확량을 비약적으로 증대시켜 인류 전체의 식량문제 해결을 기대하게 했고, 프리츠 하버는 1918년 노벨화학상을 수상하기도 했다. 그러나 프리츠 하버는 1차 세계대전 중 최초의 독가스 무기를 발명하고 실제 전투에 사용한 인물로 악명 높을 뿐 아니라, 저렴한 화학비료를 생산해 낸 그의 암모니아 합성법 자체가 효과적인 화약제

조법이기도 했다는 점에서 인간과 세계의 지속과 파괴에 깊이 개입하는 기술의 역설이 이곳에서 집약적으로 현시되기도 한다.[15] 당시 기술 수준에서 화약을 제조하기 위해서는 원료인 소다 초석 또는 '칠레 초석'이라 불리는 질산나트륨이 반드시 필요했는데, 합성암모니아로부터 초산을 제조할 수 있게 되면서 화약원료가 합성초산으로 대체되었던 것이다. 이로써 암모니아 공업은 군수공업으로서도 중시된다.

하지만 '하버·보슈 합성법'은 이미 미쓰이, 미쓰비시 등 기존 재벌들이 전용계약을 체결한 상태였고, 1차 세계대전 종전 후 일시적으로 정부가 회수했던 특허전용권도 기존 재벌 중심으로 이루어진 도요[東洋]질소조합이 넘겨받게 된다. 하지만 도요질소조합은 '하버·보슈 합성법'으로 제조된 유안硫安이 수입될 때 그로부터 로열티 수익을 얻는 데 만족할 뿐, 그 합성법을 활용해 직접 비료 등을 생산하는 데에는 소극적이었다. 이에 대해 노구치는, 같은 암모니아 합성법이면서도 '하버·보슈'와 구별되는 공정으로 특허권을 갖고 있던 이탈리아의 과학자 루이기 카잘레Luigi Casale의 방법을 도입한다. 기존의 질소비료 제조공정에 적용되었던 석회질소 제작방식과는 비교할 수 없을 만큼 저비용, 고효율에 높은 활용도를 지닌 암모니아 합성법을 도입하자마자 일본질소는 미야자키宮崎현 노베오카延岡에 '카잘레식' 공장을 신설(1922)했고, 새로운 생산능력을 갖추고 비료 및 응용화학 분야 사업의 확장 기반을 다진 일본질소는 이 시기부터 치밀한 조사를 거쳐 식민지 개발에 뛰어들게 된다.[16]

카잘레식 암모니아 합성법을 도입한 이래 일본질소는 당시 시장의 과반을 점하고 있던 값싼 외국 유안과의 경쟁력을 확보할 수 있었지만, 이 경쟁력을 지속적으로 강화해 가기 위해서는 값싸고 풍부한 전력(최소한 10만kW)이 필요했다. 전력문제를 타개하기 위해 고민하던 1924년 가을, 노구치의 대학 동창생인 모리타 가즈오森田一雄(1872~1966)와 후배인 구보타 유타카久保田豊(1890~1986)[17]가 부전강赴戰江 20만kW의 발전계획을 제안했다. 1914~15년 무렵 낙동강을 시찰한 바 있고, 1918년에는 선남은행鮮南銀行, 1920년에는 순천광산을 매수하기도 했던 노구치는 일찍부터 개발지로서 식민지 조선에 관심을 가지고 있었다.

모리타가 《경성일보》 사장 소에지마 미치마사副島道正(1871~1948)의 초대로 조선을 방문할 때 구보타로부터 최신 조선 지도를 빌려 한반도의 지형을 탐구한 것이 시작이었다. 두 사람이 면밀히 조사한 결과, 유역流域 변경방식을 통해 부전강 20만kW, 장진강 30만kW, 한강에 5만kW 등의 수력발전이 가능할 것으로 예측되었다. 모리타는 직접 현지를 답사한 후 소에지마 사장을 대표발기인으로 해 부전강 16만kW의 개발계획을 가지고 수리권水利權 신청서를 총독부에 제출했고, 총독부는, 당시 전력수요에 비춰볼 때 지나치게 거대한 계획이었기 때문에, 전력소비방안을 확보할 것을 조건으로 수리권을 허가했다. 이를 계기로 모리타와 구보타는 노구치의 일본질소와 접촉하게 된다.

식민지 '개발'과 사업 확장에 적극적이었던 노구치 자신과 일본질소의 중역들이 발기인으로 추가 참여하고 계획도 20만kW로 수정해 다시 총독부에 신청했으나, 이미 미쓰비시가 총독부에 부전강과 장진강에 대한 수리권을 신청해 놓은 상태였음을 뒤늦게 알게 되었다. 이때 노구치는 자신이 지원하고 있던 민정당 대의사代議士를 통해 정무총감 시모오카 추지下岡忠治(1870~1925)에게 공작을 펼쳤고, 그 덕택에 1925년 6월 일본질소에게는 부전강, 미쓰비시에게는 장진강 개발이 허가되었다. 일본질소가 기존 재벌보다 뒤늦게 조선 '개발'에 뛰어들었음에도 총독부를 설득해 이용권을 획득할 수 있었던 사정은, 기업의 성장이 '국가의 이익'과 병행하는 신흥 중화학공업 재벌의 특성을 떼어 놓고선 이해할 수 없을 것이다. 일본질소는 자신들의 사사社史에서도 이 대목을 자랑스러운 듯이 기록하고 있다.

> 과거의 출원자出願者에 대해서는 종종 난색을 표했던 것 같지만, 당사當社가 단순한 이권을 목적으로 하지 않고 현실에 이것을 구체화하고 사업화할 실력과 결심을 가지고 있다는 것, 그리고 당사가 계획하는 사업이 국가적으로 대단히 중요하다는 것이 인정되어 대정 14년(1925) 6월 당사에 허가가 내려졌다.[18]

이리하여 일본질소는 1926년 1월 자신들의 전액 출자(자본금 2,000만 엔)로 조선수전을 설립하고, 이듬해인 1927년 5월에 조선질소를 설립하면서 본격적인 조선 '개발'에 박차를 가했을 뿐만 아니라, 식민지라는 유리한 조건을 십분 활용하기 위해 생산근거지를 조선으로 옮기다시피 했다. 20만kW의 부전강 발전소와 40만 평의 흥남 유안공장을 건설하는 데 투자한 금액만 5,500만 엔이었는데, 투자액을 합하면, '내지'의 일본질소 자본금(2,200만 엔)의 5배에 달할 정도였다. 그리고 흥남공장 건설과 함께 설정한 유안비료 연생산 40만 톤이라는 계획이 '내지'의 수요(1925년 기준 36만 톤)를 상회할 정도였다는 점에서도 그 생산 인프라의 규모를 짐작할 수 있다. 실제로 흥남공장은 1932년에 유안 40만 톤을 생산하게 되는데, 〈표 3〉에서 알 수 있듯, 일본질소와 조선질소의 유안 생산량은 당시 일본의 대표적인 비료회사들의 총 생

〈표 3〉 합성유안 제조 회사들의 생산능력[19]

회사명	공장 소재지	생산개시	유안 생산능력 (톤/연)		
			1924년	1929년	1932년
일본 질소비료	미야자키현 노베오카	1923년 10월	12,500	50,000	50,000
	구마모토현 미나마타	1926년 12월		60,000	70,000
조선 질소비료	조선 흥남	1930년 1월			400,000
클로드식 질소공업	야마구치현 히코시마彦島	1924년 12월		6,000	10,000
대일본 인조비료	도야마현 하야호시速星	1928년 3월		30,000	50,000
쇼와昭和 비료	가나가와현 가와사키川崎	1931년 4월			150,000
스미토모住友 비료제조소	에히메현 니이하마新居浜	1931년 4월			40,000
미이케三池 질소공업	후쿠오카현 오무타大牟田	1931년 9월			36,000
합계			12,500	146,000	806,000

산량의 약 3분의 2에 달하는 막대한 양이었다.

한편, 일본질소가 조선질소의 공장 용지를 물색하던 당초에는 함흥, 정평, 신흥, 원산 등이 그 후보지로 유력시되었다.[20] 그중에서도 원산은 1880년 이래의 개항장으로, 일본인의 사업활동도 활발했고 행정 당국자도 공장 유치에 적극적인 편이었다. 하지만 약 1년간의 조사 후 일본질소는 최종적으로 흥남 지역을 선정하게 되는데, 그 이유는 다음과 같은 데 있었던 것으로 보인다.

> 대공장을 설치할 장소로서는 발전소에 가능한 한 가까울 것, 광대한 부지를 확보할 수 있을 것, 부지를 매수할 때 소유권 및 지가地價 등과 관련해 번거로운 일이 생겨나지 않을 것 등의 조건을 고려했고, 인사人事 상의 갈등이 수반되는 **기성의 개발지보다는 미개의 처녀지**, 흥남이 적절하다고 판단되었다.[21]

다음 장에서 좀 더 구체적으로 살펴보겠지만, 조선질소 공장이 들어서기 전까지는 흥남이라는 지명을 갖지 않았던 이 지역(함흥군 운전면雲田面 복흥리福興里, 호남리湖南里 일대)에는 농어업을 겸한 조선인 선주민들이 200여 호의 군락을 형성하고 있었다. 그럼에도 불구하고 대규모 중화학공장을 건설하고자 하는 식민자들의 눈에 이곳은 "미개의 처녀지"로 보일 뿐이었다. 식민자에게는 다른 식민자가 먼저 발을 들여놓은 곳, 따라서 식민자들 상호 간에 '소유'와 '권리'를 둘러싼 갈등이 유발될 수 있는 곳이 아니라면, 피식민 선주민들이 아무리 먼 과거부터 터를 잡고 생활해 온 땅이라 할지라도 사람이 존재하지 않는 한낱 자연 풍경처럼 비쳐질 뿐이다. 식민 행정권력의 '허가'를 얻음으로써 마음 껏 소유하고 변형하고 이용할 수 있는 권리를 얻은 땅과 물에서 유일한 인간은 식민자 자신이었다.[22)]

이러한 식민주의적 태도는 공장 부지를 매입하는 과정에서도 그대로 관철되었다. 외관상으로는 조선인과 일본인 유력자들로 구성된 '함흥번영회'가 일본질소와 선주민들 사이를 중개하며 토지 매매가 이루어진 것처럼 보이지만, 실제로는 식민지 행정체계를 통해 공장 설립 예정 부지의 선주민들에게 일방적으로 시세보다 낮은 가격을 통보하고 토지 매매를 강요했으며, 생계에 위협을 받은 선주민들의 반발에는 행정권력의 협박과 회유, 경찰의 폭력을 동원했다. 게다가 주민들의 이주지로 제공된 구룡리에 항구, 도로, 우물 등의 필수적인 생활 기반시설 설치를 약속했던 일본질소는 그조차도 제대로 이행하지 않았고, 행정 당국은 무관심했다. 한설야의 소설 〈과도기〉가 보여주듯, 일본질소의 공장에 터전을 빼앗긴 주민들은 심각한 빈곤상태에 전락하게 된다.[23)]

이렇게 식민 행정·치안 권력과 지역 유력자들의 힘을 빌린 일본질소는 1927년 초, 사택 부지 포함 전체 47만 평의 토지를 저렴하게 구입하고, 착공 후 2년 반 만인 1929년 말에 조선질소 흥남공장 1기 공사를 마무리했다. 아울러 부전강수력발전소(1926년 설립, 1932년까지 4개 발전소 건설. 총 출력 19만 9,000kW)도 1927년 말부터 준공되기 시작했고, 흥남공장은 그 전력을 끌어와 1930년 1월 2일 조업 개시와 함께 본격적인 비료 생산에 돌입한다.[24)] 이후 노구치 콘체른은 금속, 제련, 화약,

액화석유 등으로 사업을 확장해 가면서 흥남, 본궁, 영안永安, 아오지 등 북선 지역 전체로 개발 지역을 넓혀 간다.

한편, 1931년 6월에 조선총독으로 취임한 우가키 가즈시게宇垣一成 (1868~1956)는 '농공병진' 슬로건을 내걸고 조선의 산업개발 정책을 추진한 것으로 유명하지만, 취임 전부터 조선을 핵심고리로 한 '내지' – 조선 – 만주의 경제블록 건설을 구상하면서 조선의 공업화에 관심을 갖고 있었다.[25] 때마침 식민지 '개발'과 공업화에 적극적인 총독의 취임으로 일본질소에게는 여러모로 유리한 환경이 조성되었다.

그중 하나로, 장진강 수력발전을 일본질소가 담당하게 된 일을 들 수 있다. 앞서 언급했듯, 일본질소가 총독부로부터 부전강 개발 허가를 받았던 1925년, 장진강 수리권은 미쓰비시에게 부여되었다. 그러나 미쓰비시는 그 후에도 조사만 반복할 뿐 구체적인 개발계획을 세우지는 않은 채 수리권을 보유만 하고 있었다. 이전이라면 형식적인 수리권 연장신청만으로 권리를 계속 보유할 수 있었지만, 우가키가 총독으로 취임한 이후로는 일정 기한 내에 발전소 건설 공사를 시작하지 않으면 수리권을 반납해야만 하게 되었다. 1932년 총독부는 미쓰비시에게 착공을 요청하며, 단독으로 착공하기 어려울 경우 다른 회사와 합동을 해서라도 추진하라고 압박했다. 이에 대해 미쓰비시는 이사회 논의를 거쳐 결국 수리권을 포기하기로 결정한다.

이 시기 부전강 제4발전소 공사를 진행하고 있던 일본질소는 마침 새로운 전원電源 개발계획을 논의하던 중이었다. 우가키의 총독부가 조선 공업화를 위해 전력통제를 기획하고 있음을 파악한 구보타는 장진강 32만kW 계획으로 경성, 평양에 대한 송전계획까지 포함해 개발계획안을 제출했고, 1932년 4월 수리권 허가를 받게 된다. 장진강의 수리권 이전과정은 총독부를 가운데 두고 미쓰비시와 일본질소, 즉 구 재벌과 신흥재벌 사이에서 벌어진 식민지 이권 쟁탈전이라고도 할 수 있다. 이때 신흥재벌인 일본질소는 총독부와 이해가 일치했기 때문에 사업 확대의 길을 열어 갈 수 있었다.[26]

마침내 일본질소는 1933년 5월 장진강수전주식회사를 설립한 후, 1935년 11월 제1발전소(14만 4,000kW) 완공을 시작으로 1938년까지 4개 발전소를 건설했고, 총 생산 전력은 33만 2,000kW에 달했다. 장진강수전에서 생산된 전기의 절반 정도는 총독부의 요청에 의해 평양의 도시 전력으로 공급되었고, 이후 허천강虛川江 수력발전에서는 비산업용 일반 공급 전기를 총 생산 전력(33만 8,800kW)의 3분의 2까지 늘렸다. '전력'이라는 사업의 성격 자체가 그러하기도 하지만, 일본질소의 조선에서의 사업은 단순히 민간기업의 식민지 진출에 그치지 않고 압록강 개발에서 만주까지 포함한 제국주의적 '개발'의 원동력으로서 국책과 긴밀히 결합된 것이었다.

국책과 기술의 결합

일본 신흥재벌 기업들이 가지고 있는 기술적 결합과 국책적 결합이라는 특징은 노구치의 일본질소가 구축한 식민지 기업도시 흥남에서 극단적인 형태로 드러난다. 뒤에서 더 상세히 검토하겠지만, 흥남을 거점으로 한 기술적 결합은 식민지/제국을 횡단하는 자본, 노동, 환경의 새로운 생태–지리적 연쇄를 형성했다. 앞서 서술한 바와 같이, 일본질소는 조선수전을 설립한 후 1929년부터 약 20만kw의 전력을 제공할 수 있었던 부전강수력발전소를 비롯해, 장진강(1938년까지 4개 발전소 건설), 허천강(1943년까지 4개 발전소 건설) 등에 연달아 발전소를 세우고 흥남 공장지대로 막대한 전력을 끌어왔다. 이들 압록강 상류의 수력발전소들은 서해 쪽으로 흘러가는 강을 막아 인공호수를 만들고 산맥에 터널을 뚫어 그 반대편인 동해 쪽으로 강물이 떨어지게 함으로써 큰 낙차를 이용해 전력을 얻는 유역 변경방식을 채택했다.[27] 이 전력으로 흥남 비료공장에서 질소비료를 대량생산하고 화약, 액체연료, 마그네슘, 알루미늄 등의 분야로 흥남을 비롯한 한반도 북부 지역 일대로 기업연합을 확장시켜 갔던 것이다. 이렇듯 흥남은 수력발전소로부터 저렴하고 풍부한 전기를 송전받기에 상대적으로 가까운 위치에 있을 뿐만 아니라 동해를 통해 일본 및 해외로 비료의 수송 및 수출을 용이하게 할 수 있는 최적의 장소였다. 또한 관북의 산악 지방은 다양한 공업원료로 활용될 수 있는 지하자원의 풍부한 매장지이기도 했다. 흥남이라는 장소는 원료 공급지 및 발전시설과 긴밀하게 연결될 수 있었기 때문에 공장지대 부지로 선정될 수 있었고, 조선질소를 중심으로 한 기업연합은 관련 기업과 공장들이 밀집해 있는 흥남 지역을 넘어서 송전선과 급수 파이프와 철도와 항구로 이어져 있는 한반도 동북의 광범한 지역을 거대한 생산현장으로 변형시켰다고 할 수 있다.

일본질소의 기술적 실험은 공기로부터 질소를 추출해 비료로 가공하는—공장 내부에서 행해지는—새로운 생산기술의 적용에만 그쳤던 것이 아니라, 이를 통해 식민지의 공간을 격렬히 변형시킴으로써 그 공간들이 가지고 있던 지속성durée을 뒤바꿔 놓는 데까지 이르렀다.[28] 이 실험은, 한설야의 〈과도기〉에서 볼 수 있듯이, 많은 뿌리 뽑힌 자들을 파생시켰다. 한편에 발전소, 철도, 도로, 공장이 만들어 낸 새로운 지도에 의해 축출되는 이들이 있는가 하면, 다른 한편에는 국경과 지역을 넘어 토목공사 현장과 공장지대로 이동해 오는 노동력들이 있었다. 특히 후자의 경우가 대규모의 인구이동을 초래했다. 1929년 대공황 이후 급증한 식민지 유휴노동력이 중국, 일본 각지에서 오는 구직자들과 함께 흥남 일대에 산업예비군의 저수지를 형성하기도 했거니와,[29] 중일전쟁 발발 이후 군대에 징집되어 간 일본인 노동자들의 빈자리를 채우기 위해 조선 각지에서 노무동원을 실시하면서 노동력의 이동이 일반화되었다. 일본질소는, 화학비료 생산을 통해 일제의 산미증식계획 실현에 기여했고, 전시기에는 화약과 항공기 연료 등 군수물품 생산에 집중하며 병참기지로서의 기능에 충실했을 뿐만 아니라, 인구 또는 노동력의 이동 및 관리의 주요 요인이자 장치이기도 했다는 점에서 역시 그 '국책적 결합'의 성격을 강하게 드러낸다.

〈그림 3〉
흥남을 중심으로 한 한반도 동북 지역의 전기·자원 연결도
《事業大觀》, 日本窒素肥料株式會社, 1937)

〈표 4〉 조선에서 전개된 일본질소의 사업[30]

지역	회사명	사업구분 또는 생산제품	설립 연도	비고
흥남	조선질소비료 주식회사	질소비료, 다양한 화학제품	1927	1941년 모회사인 일본질소비료 주식회사로 합병
	신흥철도 주식회사	운수	1930	
	조선 알루미늄공업	알루미늄	1941	
	일본마그네슘금속 주식회사	금속 마그네슘 및 합금	1934	1944년 일질마그네슘으로 변경
	조선질소화약 주식회사	화약류, 화공품	1935	
	일질 연료공업	카바이드, 아세트알데히드, 이소옥탄 등	1941	
신흥	조선 수전주식회사	전기	1926	1930년 조선질소비료 주식회사로 합병
	신흥 철도주식회사	부전강·장진강 발전 사업지와 흥남 사이 철도 부설 및 경영	1930	
	장진강수전 주식회사	전기	1933	1943년 조선전업 주식회사로 합병
	함흥합동목재 주식회사	목재 벌채, 제재製材	1938	
신의주	조선압록강수력 발전주식회사	발전, 송전	1937	
	조선압록강항운 주식회사	압록강 하천 운수	1938	

신의주	국경교통 주식회사	압록강 연안 자동차 운수	1939	
	신의주제재합동 주식회사	목재 매매	1938	
영안	조선광업개발 주식회사	금광, 유화광 등 채굴, 금·은 제련	1929	1939년 일질광업 개발로 명칭 변경, 1943년 일질광업을 흡수, 합병
아오지	조선석탄공업	석탄 액화로 휘발유, 중유 등 제조	1935	1941년 조선인조석유로 변경
청수	일질고무공업 주식회사	합성고무	1942	
웅기	웅기전기	발전, 송전	1924	1938년 조선전기, 회령전기, 함남합동전기를 합병해 북선합동 전기로 변경
	조질수산공업 주식회사	어유魚油, 수산물 가공	1937	
경성	함경목재 주식회사	목재 벌채, 철도 침목·포장 재료 제조	1935	
	조선빌딩 주식회사	임대업	1936	
	평북철도 주식회사	압록강 발전사업지의 철도 경영	1937	
	서풍철도 주식회사	허천강 발전사업지의 철도 경영	1937	
	일질염야제약 주식회사	각종 약품	1942	

2.

흥남의
발명

제국의 헤테로토피아, 식민지

푸코는 우리가 사는 모든 공간들에 신화적이고 실제적인 '이의 제기 contestations'를 수행하는 다른 공간들, 다른 장소들, 즉 헤테로토피아 hétérotopies가 존재한다는 사실을 일깨워 준다. 그에 따르면, 헤테로토 피아는, 현실적 공간들의 배치가 환상이라는 사실을 고발하는 환상— 예컨대 매음굴—을 만들어 내는 방식을 취하거나, 현실보다 "완벽하고 주도면밀하고 정돈된 또 다른 현실 공간을 실제로 만들어" 내는 방식 을 취하면서 이의 제기를 수행한다.[31] 이 중 푸코가 후자의 방식의 사 례로 들고 있는 것은 다름 아닌 식민지이다. 여기서 식민지란 과거(주로 18세기) 유럽이 비서구권 지역에 세운 식민지의 어떤 전형, 즉 마치 '처 녀지'에 첫발을 내디딘 로빈슨 크루소처럼 '완전한 자연상태' 위에 어 떤 방해도 없이 문명의 질서를 구축하고자 했던 계몽주의적 또는 종교적 기획의 이상적 실험장을 뜻한다. 푸코는 바로 이 이국적인exotic 실험장에 이상적 질서를 구축하려는 시도 자체가 이른바 '유럽 문명'의 불완전과 결여를 폭로하고 있음을 보여준다. 하지만 완전한 자연상태란 존재하지 않을 뿐더러, 저 계몽주의적 기획이라는 것도 선주민들의 지속durée을 총체적으로 절단한 식민주의적 본원적 축적 위에서 선주민들의 노예노동을 통해서만 가시화될 수 있는 것이었음을 잊어서는 안 될 것이다.

아마도 푸코가 헤테로토피아의 하나로 식민지를 상정했을 때 그가 염두에 뒀던 것은, 지리적인 거리만큼 역사로부터도 격리되어 자족적이고 폐쇄적인 문명의 규칙을 순수한 형태로 구현할 수 있으리라 기대되었던 유럽의 식민지, 즉 아프리카, 남아메리카, 아시아의 어떤 장소들이었을 것이다. 이에 비하자면 동일 권역 내에서 식민지/제국 관계가 형성되는 경우는 사정이 달라 보인다. 이를테면 제국주의 일본이 식민지화한 타이완·조선 등은, 일본과 공간적으로 '이웃'하고 있을 뿐만 아니라 경제적·문화적으로 오랫동안 교류를 반복해 왔다는 점에서, 역사로부터 분리시켜 이념적 대상으로 만들기에는 지나치게 '오염된' 존재들이었기 때문이다. 그러나 어떤 제국주의도 식민주의적 본원적 축적 없이 자신의 식민지를 소유할 수 없고, 어떤 식민지도 근대의 실험장 아닌 곳이 없다는 점에서, 모든 식민지는 (제국의) 헤테로토피아적 위상을 가진다고 말해도 좋을 것이다.[32]

식민주의적 본원적 축적이란 특정한 장소 및 그곳을 점유하고 있거나 그곳에서 활동하고 있는 다양한—정신적 및 물리적—존재들을 식민지/제국 체제 내부로 포획하는 '원천적ursprünglich' 사건을 지칭한다. 이 사건은 식민지를 창출하는 일종의 정지작업整地作業으로서, 해당 지역의 인민을 "제국의 주권적 지배와 신민적 복종이라는 체계 안으로 포섭"하는 동시에 토지로부터 분리된 "균질적 노동력"으로 전환시키는 작업, 따라서 그 인민들이 "벌거벗은 채로 국민으로 등기되는 일 없이 자본주의적 생산관계로 내몰리는" 경험[33]을 포함한다. 그런데 주의할 것은 이러한 정지작업이, 제국주의 권력이 특정 장소와 존재들을 정치적·경제적으로 점령·장악했음을 표시하는 어떤 객관적인 사태(우리의 경우, 예컨대 '한일합방', '조선민사령' 공포, '토지조사사업' 등)와 그 자체로 동일시될 수는 없다는 사실이다. 요컨대 식민주의적 본원적 축적이 연대기적으로 확인될 수 있는 어떤 '최초의' 기점으로 환원될 수는 없다는 것이다. 저 축적이 원천적인 이유는, 특정한 장소와 그곳의 존재들이 식민지/제국의 법적·정치적·경제적 장치들 내부의 대상으로 새롭게 발명될 때 비로소 식민지가 식민지로서 생성되기 때문이며, 또한 그 특정한 장소와 그곳의 존재들이 끊임없이 식민지/제국 체제에 포획/재포획되는 순간에 부딪칠 때 비로소 식민지가 식민지로서 지속되기 때문이다. 이렇게 볼 때 식민주의적 본원적 축적은 특정한 장소와 그곳의 존재들이 공식적으로 제국의 소유가 될 때뿐만 아니라, 식민지/제국 체제에 포획/재포획—동시에 배제/재배제—되는 매 순간 그 체제의 근원적 구조의 현시를 수반하면서 수행되는 것이라고 할 수 있다.[34]

식민지 조선의 경우에도 제국주의 일본이 한반도를 장악하고 있던

〈그림 4〉
조선질소 공장이 건설되기 전인 1926년 무렵의 흥남 지역
(《事業大觀》, 日本窒素肥料株式會社, 1937)

〈그림 5〉
경찰관 입회하에 흥남공장 부지 매입이 이루어지는 장면
《事業大觀》, 日本窒素肥料株式會社, 1937)

〈그림 6〉
조선질소 흥남공장 기공식 장면(1927년 6월 15일)
《事業大觀》, 日本窒素肥料株式會社, 1937)

시간 동안, 즉 식민지/제국 체제가 지속되던 시간 동안 이런 의미의 식민주의적 본원적 축적은 부단히 진행되었다. 한반도의 대지와 공기와 물을 포함한 모든 자연 사물부터 생명을 거쳐 인간의 정신활동에 이르기까지 식민지/제국 체제의 장치들은 '그 자신의 대상'을 지속적으로 발명해 왔다. 그러므로 식민지의 계절이 바뀌는 순간마다 한반도의 도처에서 끝없이 회귀하는 식민지/제국 체제의 원천으로 식민주의적 본원적 축적이 수행되고 있었다. 그 범례적 장소의 하나가 바로 노구치의 일본질소가 건설한 공업도시 흥남이다.

전기-화학 공업을 위한 도시

식민지 조선에 있어 노구치와 일본질소의 의미는 단순히 조선의 흥남 일대에 거대한 콤비나트를 건설하고 다양한 산업부문을 독점적으로 장악했다는 데 있다기보다는, 오히려 '흥남' 자체를 만들어 냈다는 데 있다. 노구치는 흥남에 단순히 공업단지를 조성한 것이 아니라 문자 그대로 **도시**를 세운 것이다. 일본질소가 저렴한 비료의 대량생산을 가능하게 할 에너지원의 심장으로서 부전강 등지에 수력발전소를 건설하고, 광범위한 지역을 관통하는 송전·급수 설비와 원료·생산물의 신속한 수송을 가능하게 할 현대식 항만시설을 통해 공장의 순환계와 소화계를 조직하고, 대규모 공업단지의 몸체를 구성하면서, 작은 어촌 마을에는 비로소 '흥남'이라는 이름이 부여되었다.[35] 앞 장의 모두冒頭에 인용했듯, 한설야의 〈과도기〉에서 창선 등이 고향을 알아볼 수 없었던 것은 당연했다. 그들의 고향은 실질적으로도 명목적으로도 사라졌기 때문이다.

흥남면은 공장 설비 및 부지의 확장과 함께 1년 만에 흥남읍으로 승격되는데, 의미심장하게도 그 초대 읍장은 일본질소의 대표인 노구치 자신이었다.[36] 노구치와 일본질소는 주재소가 경찰서로 확장·개편되는 데 개입했고,[37] 조선질소의 간부들은 읍의회와 학교조합 의원 등으로 배치되었다.[38] 인구의 대부분이 공장의 노동자와 그 가족으로 구성된 지역에서 자본이 행정, 경찰, 교육 등 규율·통제 권력과 일체화되어 통치하는 도시, 따라서 그 구성원들의 경제활동뿐만 아니라 일상적인 삶 전체가 자본-국가 복합체의 하나의 눈에 의해 포획된 도시, 이 새로운 형태의 헤테로토피아적 장소에 어떤 이름을 붙일 수 있을까. 여기에서는 일단 잠정적으로 '기업도시'라 지칭하도록 하자.[39] 하지만 '기업도시'라 칭하더라도, 주민들의 생명과 일상의 통치성에 개입하는 식민지/제국의 자본이 도시를 단지 경제적으로 장악하는 데 그치지 않는 것은 물론, 식민주의적 통치와 구별되는 자율적 질서를 구축하지도 않는다는 점은 기억해 둬야 할 것이다. '기업도시'의 성립 자체가 식민주의적 군·정·산 결합에 의해 가능했으며, 이 결합의 실체는 특히 중일전쟁 발발 이후 폭약과 항공기 원료를 비롯한 군수산업부문 생산에 주력하게 될 때 더욱 뚜렷이 가시화된다.

공장과 도시가 일체화되는 방식으로 자본-국가가 노동자와 도시 구성원들의 삶 전체를 장악한 흥남이라는 장소는 식민지/제국 체제의

〈그림 7〉
흥남공장 부속병원
(《事業大觀》, 日本窒素肥料株式會社, 1937)

〈그림 8〉
흥남공장 공급소와 그 내부 전경
(《事業大觀》, 日本窒素肥料株式會社, 1937)

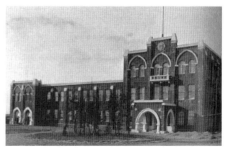

〈그림 9〉
일본질소가 세운 흥남공립심상소학교(왼쪽), 흥남공립고등여학교(오른쪽)
《事業大觀》, 日本窒素肥料株式會社, 1937)

〈그림 10〉
일본질소가 세운 흥남경찰서
《事業大觀》, 日本窒素肥料株式會社, 1937)

〈그림 11〉
일본질소가 세운 흥남읍사무소
《事業大觀》, 日本窒素肥料株式會社, 1937)

'삶의 형식'[40]을 극단적으로 드러내 준다. 이곳에서는, 새로운 물질(상품)을 개발하는 기술적 실험, 생산효율성을 제고하기 위해 배려된 시간-공간의 기술적 배치, 노동자와 도시 구성원들의 삶을 규율하는 기술적 장치 등이 서로 분리되지 않은 채 자본-국가의 통제적 고려 아래로 수렴된다. 이 통제적 고려는 오로지 생산과 이익(국익)에 몰두한 것으로서, 그 목적과 직결되지 않은 것에는 무심하고 그 목적에 반하는 것은 철저히 배제한다. 따라서 어떤 공정의 도입은 어떤 질병을 낳고, 공간의 어떤 효율적 활용은 어떤 재해를 낳고, 어떤 행정조치는 어떤 구금과 추방을 낳는다.

일본질소의 공장부지 매입 시기부터 식민지 행정권력이 깊이 개입했음은 1장에서도 언급한 바 있지만, '기업도시'로서의 흥남의 급속한 성장 역시 총독부의 전폭적인 협력 위에서 이루어졌다. 수력발전소 개발 허가부터 공장 확장 및 도시개발 과정까지 총독부 행정권력과 경찰의 지원은 다분히 '내부자'의 그것이었다.[41] 흥남면이 만들어진 지 겨우 1년 만에 "총독부와 도와 군 당국으로서 사무관 래왕이 빈번하더니"[42] 흥남읍으로 승격(1931년 10월 1일)되었음은 앞서도 언급했지만, 조선질소의 대표이자 흥남읍장인 노구치와 총독부의 공조하에 '흥남도시계획'이 추진되기도 했다. 자본가가 행정권력까지 함께 장악하고 있던 흥남은 말 그대로 '노구치 왕국'이었다. 이곳에서 자본의 '국책적 결합'이란 단순히 국가의 주문에 의해 생산이 진행된다거나 군수품의 독점적 생산을 배정받는다거나 하는 특수한 계약관계만으로는 설명될 수 없다. 전기, 비료, 철강, 연료, 폭약 등, 거의 모든 산업부문의 생산능력

뿐만 아니라 국가의 전쟁수행 능력까지 결정할 수 있는 기간산업을 담당하고 있는 자본, 동시에 행정권력까지 장악해 해당 지역의 개발과 변형에서 인구의 이동과 편성에 이르기까지 직접 조작의 주체가 되는 자본, 그리하여 '자본의 영토'와 '국가의 영토'가 하나의 신체 위에 고스란히 덧씌워져 있는 장소, 이것을 **자본-국가 콤비나트**라고 명명해도 좋을 것이다.

흥남 조선질소의 이 자본-국가 복합체는, 흥남을 중심으로 하는 북선 지역을 **실질적으로** 포섭하고 있었다. 발전소, 탄광, 공장, 철도, 항만 등의 네트워크에 의해 그 지역과 그 지역의 생명은 자본-국가 복합체 "내부로 용해"[43]된 것이다. 다시 말해 일본질소 재벌이 흥남에 '진출'했다기보다는 흥남이 식민지/제국 체제의 자본이 구성한 자본-국가 콤비나트로 '용해'된 것이다. 흥남의 공기는 질소를 얻기 위한 것으로만, 개마고원에서 압록강으로 흐르는 강물은 전력을 만들어 내기 위한 것으로만, 토지와 삼림은 광물을 캐내고 목재를 획득하기 위한 곳으로만, 그리고 인간의 신체는 노동력을 착취하기 위한 것으로만 흥남의 자본-국가 복합체와 연결되었다. 그 이외의 것은 전적으로 배제되거나 아무래도 상관이 없었다.

'태양 없는 거리'[44]

선주민들을 축출함으로써 평평하게 만든 '빈 공간'에 치밀한 기술적 배려에 따라 "화학과 전기의 이상향"을 건설하는 일련의 과정은 식민주의적 본원적 축적이 식민지의 도처에서 반복적으로 수행된다는 사실을 범례적으로 보여준다. 요컨대 흥남은 식민지의 발생사를 반복하는 장소라고 할 수 있다. 흥남이라는 장소가 특히 범례적인 이유는 저 축적이 질적으로 다른 여러 층위에서 수행되었기 때문이다.

첫째, 이곳은 인간에 의한 자연 착취가 집약적으로 이루어지는 장소이다. 질소비료 생산에 필요한 막대한 전기를 공급하기 위해 산에 터널을 뚫는 방식으로 압록강 상류의 물길을 반대 방향으로 돌려 큰 낙차를 획득했고, 비료부터 폭탄까지 삶과 죽음에 개입하는 새로운 '상품'들을 생산하기 위해 공기로부터 질소를 분리하고 화학적 변형을 가했다. 제철, 금속, 연료 등의 분야까지 확장된 콘체른은 토지의 입을 강제로 벌려 광물을 토해 내도록 했으며, 기름을 얻고 비누를 생산하기 위해 다량의 어류를 압착시켰다. 첨단의 테크놀로지와 새로운 공정은 자연 사물을 가장 효율적으로 착취하기 위해 창안되거나 도입되었고, 이 기술의 마법 같은 손길이 닿는 순간 자연은 '원료'로 변신했다. 이 손길은 자연을 인간화하는 가장 전위적인 위치에 자리 잡고 있다. 그러나 이 거침없는 자연 착취와 인간화는 자연의 보복을 불러일으킨다. 황산, 유안, 암모니아 등 공장 내부의 생산과정에서 파생되는 유독성 물질들은 노동자들의 신체를 파괴했고, 가공되고 버려지는, 연소되고 배출되는,

'쓰레기'가 된 자연은 흥남 일대에 원인불명의 질병이 창궐하게 만들곤 했다.[45]

둘째, 이곳은 식민지/제국 체제가 기초하고 있는 민족적 차별이 계급적으로 구조화된 장소이기도 했다. 말할 것도 없이 식민지/제국 체제를 불안 속에서 지속시키는 가장 강력한 정치적·정동적情動的 동력 중 하나는 민족 간 차별이다. 민족적 차별은 불만과 저항을 야기함으로써 체제를 불안하게 만드는 요인이지만, 차별 극복의 통로를 체제 내부로 뚫어 놓기만 한다면 언제든 체제를 지속시키는 역동적인 에너지로 전환시킬 수도 있다. 일제 말기 '황민화'의 노선이 그 노골적인 전략의 하나였음은 주지의 사실이다. 그러나 흥남의 공장에서는 민족적 차별의 폭력성이 노동의 규율 속에 각인됨으로써 민족이 곧 계급이라는 사실이 일상적으로 가시화되고 있었다.

흥남공장의 생산력의 근간은 '내지'로부터 이주시킨 기술자, 숙련공 등에 의해 확보되었고, 조선인과 소수의 중국인은 대부분 단순 노동 및 일용 노동에 충당되었다. 구체적으로 전문기술자들의 대부분은 내지의 제국대학 이공계를 졸업한 기술엘리트들로서 새로운 제품, 설비 및 생산공정의 개발을 담당했고, 내지에서 온 숙련공 및 일반 직공들—이들 상당 부분은 일본질소 미나마타 공장에서 근무한 경력을 갖고 있었다—은 정밀한 작업을 담당했는데, 그 "거의 전부는 조선인 노동자를 지도하는 입장"[46]에서 관리 및 감독 업무를 맡았다. 이른바 '조선수당'을 비롯해 각종 수당을 받는 내지인 노동자와 조선인 노동자 사이에 약 2배가량의 임금 격차가 있었으며,[47] 조선인 노동자들이 기술적 노동으로부터 배제된 채 "일본인의 보완적 노동으로서 육체소모적인 노동"[48]에 종사당했다는 사실보다 더 의미심장한 것은, 작업장 내 직급에 따른 엄격한 서열구조와 권위적이고 폭력적인 일상적 '노무관리'가 민족의 계급화 또는 계급의 민족화를 고착시켜 갔다는 점이다. 이와 관련해서는 뒤의 5장에서 좀 더 상세히 다루겠지만, 어쨌든 노동규율 속에 민족차별이 깊이 침투해 있는 흥남은 자본주의의 식민주의적 성격을 일상적으로 상기시키는 곳이었다.

셋째, 이처럼 계급화 또는 거의 신분화된 민족적 차별의 필연적 결과로서, 그리고 거대한 콤비나트가 대규모의 노동자군과 '산업예비군'을 거느리고 있는 장소로서, 흥남은 노동/자본의 대립이 집중된 곳이기도 하다. 흥남공장이 본격적으로 가동된 시점부터 다양한 형태의 노동운동과 조직운동이 전개된 바 있다. 자생적인 쟁의들이 간헐적으로 나타나기도 했지만, 특히 한반도의 관북 지역에 자리 잡고 있다는 지리적 조건의 영향도 있어, 소비에트 러시아 및 프로핀테른과의 연계하에서 혁명적 노동조합을 조직하려는 운동이 여러 해에 걸쳐 반복적으로 시도되었다.[49] 공업도시는 동시에 노동자 도시이기도 했고, 제국 자본이 집약된 장소는 동시에 식민지/제국 체제 바깥으로부터의 침투 시도가 집약되는 장소이기도 했던 것이다. 그런 의미에서 흥남은 식민주의적 본원적 축적이 반복적으로 이루어지는 장소이자 실패할 수 있는 장소, 달리 말해 **식민지/제국 체제의 최전선**이었다고 할 수 있다. 따라서 공장은 동시에 요새여야 했다. 공장은 "단 1초도 헛되지 않은"[50] '생산'으로 충만한 공간이어야 했다. 자본의 기획을 가장 완벽하게 실현하기 위한 실험장으로서 공장은 24시간을 3교대 노동으로 빈틈없이 채우면서 강박적으로 생산에 몰두했다. 공장=요새는 자연, 식민지, 노동을 향해 가장 앞장선 공격을 담당하는 곳인 동시에, 당연하게도 그에 상응하는 저항과 보복으로부터 스스로를 방어해야 하는 곳이었다.

죽음의 공장=요새

함흥 출신이자 흥남의 조선질소비료공장 건립 초기에 공장노동자로 약 3년간 근무한 경력을 가지고 있는 이북명은 자신의 경험에 기초해 흥남공장 안팎의 삶을 다룬 일련의 소설들을 발표한 바 있다. 그중 대표작이라 할 수 있는 〈질소비료공장〉은 조선질소공장 유안계에서 4년간 아무 문제도 일으키지 않고 묵묵히 일해 왔지만 폐결핵에 걸리자마자 회사 측으로부터 '노동 부적격자'로 분류되어 해고당하는 상황에 처한 문길이라는 인물을 통해, 자본의 비인간적이고 부당한 처우에 맞서 노동자계급의 단결과 투쟁의 당위성을 역설하는 서사로 이루어져 있다. 조선질소공장의 노동자는 콘베이어 시스템을 도입해 인건비를 삭감하고자 하는 회사 측의 이른바 '산업합리화'라는 명분 아래 언제든 해고되어 공장으로부터 추방될 수 있었다. 특히 공장의 유해한 환경으로 인해 질병을 얻었음에도 불구하고 노동력의 '정상적인 사용'이 불가능한 경우, 그리고 회사 측에 대항해 노동자들의 요구를 단합된 목소리로 수렴하려는 '불온한' 조직활동을 도모한 경우는 우선적으로 '산업합리화'의 타깃이 되었다. 〈질소비료공장〉의 서사는 이렇듯 노동자들이 처해 있는 열악한 환경과 부정의한 현실을 폭로하고 그들의 계급의식을 자각하게 하는 방향으로 직조되어 있다. '노동 부적격자'로 판정되어 해고당한 수십 명의 노동자들 중 한 명인 문길은 이 부당한 처사를 비판하는 삐라를 산포하는 일에 관여했다는 이유로 검거되어 취조를 받다가 폐결핵이 악화되어 끝내 숨을 거두게 되고, 이에 동료들은 문길의 장례식을 메이데이 시위와 결합시켜 노동자들의 단결된 힘을 과시하고 저항의 미래를 예감하게 한다.

해고 위협, 노동운동 탄압, 사용자들의 감시와 폭력, 노동자의 죽음, 계급적 분노, 해방의 예감 등으로 이어지는 서사는 식민지/제국 시기 노동소설이 가지고 있는 익숙한 구조에 해당된다고 할 수 있을 것이다. 그러나 몇 가지로 유형화될 수 있는 프롤레타리아소설의 서사구조를 포착하고자 하는 것이 아니라면, 더욱이 자본-국가가 하나의 복합체를 구성하고 있는 흥남이라는 장소의 특이성을 이해하고자 한다면, 이북명의 일련의 소설들에서는 노동현장에 대한 묘사 또는 그곳에서 발생하는 에피소드들이 더 많이 주목되어야 할 것이다. 이렇게 볼 때 가장 먼저 주목되는 것은 무척이나 반복적으로 묘사되는 저 많은 '소음'과 '악취'일 것이다.

유안 직장은 회전하는 기계의 소음과 벨트의 날개치는 소리로 으르렁 으르렁 신음을 했다. 아스팔트 지면과 콘크리트 벽이 지진 났을 때처럼 진동했다. 암모니아 탱크에서 새어 나오는 기체 암모니아는 눈, 목, 콧구멍을 극심히 파고들었다. 포화기飽和器에서 발산하는 유황 증기와 철이 산화하는 냄새와 기계오일이 타는 악취가 그리 넓지도 않은 직장 내에서 화합化合하여, 일종의 이상한 독취毒臭를 직장 내에 떠다니게 하고 있었다. 유안 직장에서는 목이 아프고 콧물이 흐르고 눈에서 눈물이 나와도 어찌할 수 없었다. 직공들은 거즈로 마스크를 만들어 썼지만, 그까짓 것은 억수같이 비가 쏟아지는 날의 찢어진 우산과도 같은 것이었다.[51) 52)]

아마도 이 '소음'과 '악취'에 대한 묘사 이상으로 이북명의 '공장 체험'을 입증해 주는 부분은 없을 것이다. 질소비료공장은 무엇보다도 귀와 코와 눈과 목을 강하게 자극하는 감각적 고통을 떠올릴 때에만 하나의 장소로 성립될 수 있다. 더욱이 거대한 기계들의 무거우면서도 냉정한 운동과 화학적 합성과정에서 파생되는 유해물질들이 주는 이 감각적 고통은 지나가지 않고 축적되며, 신체의 안팎을 공격한다. 〈질소비료공장〉의 문길이 공장생활 4년의 대가로 폐결핵을 얻은 것처럼 〈출근정지〉의 창수도 3년 만에 폐결핵에 걸린다. 〈암모니아 탱크〉의 동제는 탱크 청소작업 중 질식하고, 〈기초공사장〉의 봉원은 기중기의 핸들에 가슴을 가격당하며, 〈출근정지〉의 창수, 응호, 성삼은 암모니아 탱크의 폭발로 형체도 없이 산화되고 만다. 이들은 "전쟁할 때의 하졸下卒과 같이 공포 속에서"[53)] 노동하고 있다.

실제로 수력발전소 건설에서 흥남의 공업단지 구축에 이르기까지,[54)] 그리고 질소비료공장에서 화학합성물을 생산하는 과정에 무수히 많은 사고가 있었다.[55] 아울러 갖가지 질병이 창궐하기도 했다. 유독가스와 각종 미세 화학물질들 속에서 일하는 노동자들에게 호흡기 질환이 빈번히 발생한 것은 물론,[56] 공업단지 형성 이후 5년여를 지난 시점부터 흥남 일대에 원인을 알 수 없는 질병과 전염병이 창궐하여 흥남은 "전염병 도시"[57] 또는 "병마의 도시"[58]로 불릴 정도였다. 기자의 상식으로도 "흥남은 다른 지방보다 특수지대로서, 즉 비료공장의 유산 등 냄새와 제련소 연기, 해변의 부패물 악취 등등으로 항상 주민으로 특수한 공기를 호흡"[59]하고 있음은 알 수 있었으나, 정확한 원인규명 작업은 이루어진 바 없다.[60]

바닷바람에 실려 오는 은은한 갯내음과 함께 물가에 밀려오는 잔물결의 규칙적인 선율이 들려오면, 언덕을 넘어 들려오는 유산공장의 광석분쇄기 죠크랏샤와 로울러 크랏샤의 노호와 같은 울림과 부두에 있는 커다란 짐승 같은 크레인 소리가 무감정한 끈질김으로 그 물결소리를 삼켜버리곤 했다. 지금 생각해 보면 그것은 이른바 '공해'였는데, 식민지의 자연과 인간에 대한 방약무도한 도전을 알리는 최초의 예고였다고나 할까. 바닷물에는 공장폐수와 불탄 광석 찌꺼기가 아무런 거리낌도 없이 흘러 다니거나 내버려져 있었다.[61]

"유산계에서 태우는 유화 철광의 독특한 냄새가 해풍에 불리어서"[62] 공장 바깥의 흥남 주민들까지도 감각적 고통을 공유하게 되는 사태는 의미심장하다. 유독가스가 공장 담을 넘어 흥남 일대에 퍼져 나가듯이, 흥남은 공장 안팎이 분리될 수 없는 장소였던 것이다. 이는, 공장이 존재함으로써 공장 바깥의 공간이 언제나-이미 공장과의 관계 속으로 진입해 있다는 의미에서도 그러하지만, 공장 안의 삶과 바깥의 삶이 실질적으로 하나의 시선 아래로 포섭되고 있다는 의미에서도 그러하다. 인구의 거의 대부분이 노동자와 그 가족으로서 그들의 생계가 공장에 긴박되어 있는 도시,[63] 기업이 노동자에게 '구매권'을 판매해 공장 내에서 쌀, 의복, 잡화 등 생필품을 구입하게 만드는 곳,[64] 자본가가 출생과 사망신고서를 받는 곳, 경찰이 임금협상 테이블에서 자본가의 대리인을 자처하는 곳,[65] 자본-국가 콤비나트가 구축된 흥남은 공장으로부터 발원하는 하나의 시선에 의해 포착된다.

그러나 이렇게 동일한 시선과 각종 유해물질이 담장을 넘어가고 있음에도 불구하고, 다른 의미에서 공장 안과 바깥은 철저하게 분리되어 있다. 공장은 적색노조를 조직하려는 '불온한' 세력을 차단하고, 노동능력을 상실한 '노동 부적격자'를 추방함으로써 저 자본-국가 복합체의 심장을 '위생적인 생산현장'으로 보존하고자 한다. 이와 같은 '공장=요새'[66]는 마치 주권권력의 통치모델[67]을 작동시키는 듯하다. 공장=요새는 그 일대의 자연공간을 발전소, 탄광, 공장, 항만으로 이어지는 네트워크의 기술적 조직 내부로 용해시키며, 인간의 삶은 노동과 질병·재해와 추방의 순환과정 내부로 포획한다. 공장=요새는 그 주변에 수많은 산업예비군들을 포진시켜 값싼 노동력의 저수지를 보유하고 그들을 노동=삶의 세계로 유인하지만, 실제로 공장=요새 안에서 보장받는 노동=삶의 세계란, 장애인, 병자, 사망자를 낳는 노동=죽음의 세계를 공장=요새 바깥으로 끊임없이 배출·추방함으로써만 유지될 수 있는 것이다. 기업도시 흥남은 공장=요새가 살리는 도시이자 공장=요새가 죽이는 도시이다.[68]

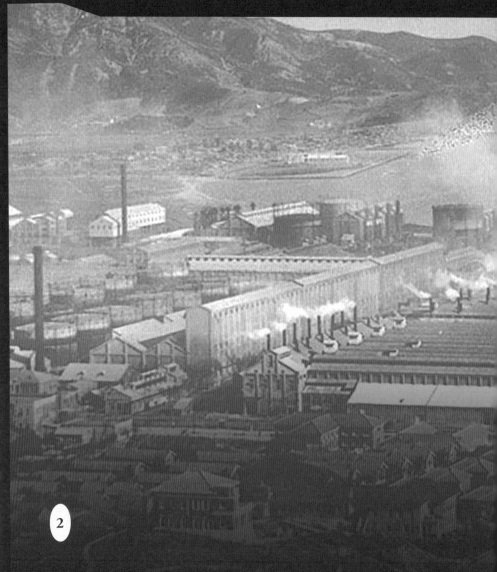

2

3.

식민지/제국의
그라운드 제로란
무엇인가

자연-식민지-노동 대 인간-식민 본국-자본의 전선

앞 장에서 살펴봤듯이, 흥남은 20세기 초부터 일본의 제국주의적 발전과 함께 성장해 온 신흥재벌 일본질소가 건설한 거대 중화학공업도시이자 '기업도시'였다. 사장인 노구치에게 '조선의 사업왕'이라는 이름을 부여해 준 그의 흥남 일대 개발은 압록강 상류(부전강, 장진강, 허천강)의 수력발전소 건설에서 시작해 전기, 비료, 철강, 연료, 화약, 비누 등에 이르기까지 다양한 상품의 생산은 물론, 학교, 병원, 도로, 항만, 철도 등 도시 기반시설까지 포괄하는 근본적인 것이었다. 흥남이라는 행정구역조차 그의 개발과 함께 형성된 것이었으며, 의미심장하게도 기업의 수장인 노구치 자신이 일제 말기까지 행정권력의 수장을 겸하기까지 했다. 말 그대로 국가와 자본이 하나의 신체로 결합된 곳이었다고 말할 수 있다. 반농반어로 생계를 삼던 이들의 작은 마을을 일거에 동양 최대의 중화학공업도시로 개변시켰다는 사실 자체가 '개발'의 식민주의적 성격을 드러내 주기도 한다. 하지만 일본질소가 행정·치안 권력과 함께 식민지의 선주민들을 그들의 땅에서 추방하고 피식민지 노동력에 대한 차별을 구조화하면서 식민지의 자연으로부터 거리낌 없이 자원과 에너지를 착취해 왔다는 사실과 함께 흥남이 주목되어야 할 또 다른 중요한 이유가 있다. 다름 아니라 식민지/제국의 자본이 노동력 재생산의 기반은 물론 공동의 생존조건에 깊이 개입하는 '집합적 소비재collective consumer goods'[69]를 생산했다는 사실, 즉 도로, 항만, 철도, 전기에서 비료, 폭약 등에 이르기까지 공동의 삶/죽음에 특정한 조건을 부여하는 상품을 독점적으로 생산했다는 사실, 따라서 공동의 삶의 조건이 자본의 이해관계에 내맡겨져 있다는 사실이 그것이다. 식민지/제국의 자본이 식민지에 '기업도시'를 건설했다는 사태의 심각한 의미는 이것에 다름 아니다. 여기서 우리는 공통적인 것을 파괴하고 그것을 시장으로 끌고 나와 총체적인 사유화를 꾀하는 오늘날의 재벌의 모습을 발견할 수도 있다. 요컨대 흥남은 공통적인 것을 생산하는 동시에 공통적인 것을 사적·공적인 소유의 그물 속에 넣는 방식으로 삶을 포획하는 장소였다.

따라서 흥남은 자연/인간, 식민지/식민 본국, 노동/자본이 마주치는 최전선을 지시하는 이름이다. 자연을 변형시켜 에너지를 추출해 내고 자연 요소를 분해·합성해 비료에서 화약까지 생산하는 곳, 민족적·직급적 차별에 입각해 생산라인이 접속·분리된 작업장을 훨씬 초과하면서 중국인·조선인·일본인 노동자들이 이합집산하는 곳, 이곳은 인간-식민 본국-자본이 완전한 포섭을 꿈꾸는 장소이자, 자연-식민지-노동이 거부하고 저항하고 이탈하는 장소이다. 단, 다시 분명히 해두지만, 자연-식민지-노동과 인간-식민 본국-자본 사이의 전선은 결코 어떤 단일한 '진영' 사이에 형성된 것도 아니고 전선의 양측이 상호 대칭적인 관계를 이루는 것도 아니다. 자연과 식민지가 동일시될 수 없는 것은 당연하며, 자본과 식민 본국 사이에도 균열과 적대가 존재할 수 있다. 모든 것을 떠나서 '자연/인간', '식민지/식민 본국', '노동/자본'은 서로 전혀 다른 범주에 속하며, 각각의 대립들 자체가 비대칭적이다. 이 전선은 식민지/제국 자본의 식민지 '개발'이라는 역사-지정학적으로 특정한 조건하에 형성된 것이며, 이 점에서 흥남이라는 장소가 상징적 의의를 갖는 것이다.

이렇게 형성된 전선의 한쪽, 즉 인간-식민 본국-자본의 편은 언어-법-미디어를 통해 식민지/제국의 통치성을 실현하고자 하고 그 안에서 규율화된 신체들을 만들어 내고자 한다. 식민지/제국의 언어-법-미디어는 제도화된 통로로 연결된 세계만을 유일한 현실로 구성하려 하며, 전선의 저편은 비가시적인 것으로 만든다. 자연은 인간화된 방식으로만 아름답게 떠오르고, 노동자는 자본의 명령을 자발적인 것으로 받아들일 때만 말하는 존재가 되고, 피식민지인은 '황국신민'을 향한 자기수양의 과정에서만 주체의 형상을 갖게 된다.

자연-식민지-노동과 인간-식민 본국-자본 사이에 형성된 이 전선을 나는 식민지/제국의 **그라운드 제로**Ground Zero라고 명명하고자 한다.

식민지/제국의 그라운드 제로

흔히 그라운드 제로는 핵폭탄 등이 떨어져 폭발한 지점, 즉 대량 살상과 파괴가 발생한 원점을 지칭하는 용어로 사용되어, 2차 세계대전 직후에는 히로시마, 나가사키의 원폭투하 지점을 지칭했고, 21세기에 접어든 이후로는 대체로 2001년 9월 11일 비행기 테러 공격에 의해 뉴욕 세계무역센터가 붕괴된 지점을 지칭한다. 이렇듯 파괴와 폐허의 이미지를 떠올리게 만드는 용어인 그라운드 제로를 축자적으로 받아들일 경우, 우리는 '대지의 영도零度'라는 다소 추상적인 이미지를 그려 볼 수도 있다. 거대한 폭발은, 폭발로 인한 파괴가 없었다면 그 장소에 살아 있었을 생명체들과 물질적·상징적 구조물들을 일거에 소멸시키거나 치명적으로 훼손시킨다. 즉 그 장소에 누적되어 왔던 시간—인간의 활동, 그 산물 및 흔적들, 그리고 그와 분리불가능하게 결합되어 온 시간—을 '제로[0]'의 시점으로 돌렸다고 할 만큼 파괴가 근본적일 때 우리는 그라운드 제로라는 표현을 사용한다. 아마도 충격과 공포와 애도를 거친 후, 그 '대지의 영도' 위에서는 다시금 인간적 활동이 시간을 축적해 갈 것이고 그와 더불어 다시금 여러 생명체들과 물질적·상징적 구조물들이 들어서게 될 것이다. 따라서 그라운드 제로라는 명명의 이면에는 '(재)시작'의 시간성이 부착되어 있다. 즉 그라운드 제로는 종말의 시간과 창조의 시간의 동시성을 공간적으로 표상하는 개념이라고 할 수 있다.

'제로[영도]'에서 다시 시작되는 인간의 시간은, 이를테면 거의 모든

'전후post-war' 사회가 만들어 낸 '~의 기적'의 서사에서 발견할 수 있다. 저 '라인강의 기적'에서 '한강의 기적'에 이르기까지. 당연한 말이지만, '~의 기적'의 서사는 그라운드 제로 이후의 세계의 주체만이 쓸 수 있다. 거대한 파괴 이후 폐허 위에서 인간의 시간이 다시 시작된다 하더라도, 바로 그 '대지의 영도' 위에 실정적인 것the positive을 축적해 가는 주체만이 그 '제로 이후'의 세계를 경이로운 긍정의 서사 속에 포착할 수 있다. 아마도 우리가 접할 수 있는 히로시마 이후, 패전 이후, 9·11 이후, 3·11 이후의 다양하지만 동일한 '극복'과 '복구'와 '갱생'의 서사는, 모두 '제로 이후'의 세계를 구성해 간 주체들의 이야기이며, 동시에 그 주체들을 만들어 내는 이야기이기도 할 것이다.

이런 의미에서, '제로 이후'의 서사는 그것이 '복구'의 플롯을 취한다 할지라도 결코 '제로 이전'으로 돌아갈 수 없다. 저 '제로 이후'의 세계를 구성하며 긍정의 서사를 만들어 내는 자와 '제로 이전'의 세계에 속했던 자 사이에는 건너뛸 수 없는 차이가 존재한다. '이전'과 '이후'라는 표현이 단일한 시간축 위에서의 움직임을 상상하게 만들지만, 엄밀히 말해서 '대지의 영도'에 값하는 사건 '이전'과 '이후'는 비대칭적이다.

사실 모든 사회의 중대한 '전환기'에는 환원불가능한 '이전'과 '이후' 사이의 간극이 의식되기 마련인데, 아마도 한국 근현대 역사에서 범례를 찾자면 근대적 전환과 식민지화, 그리고 분단과 한국전쟁 등을 들 수 있을 것이다. 이 책에서는 식민주의적 본원적 축적의 문제를 대상화하고 있으므로, 우선 근대적 전환과 식민지화의 '전환'에 주목하도록 하자. 19세기 말 20세기 초 한반도에서 일어난 일련의 정치적 사건들과 제도적 변화들은 이 중대한 전환의 계기들로서 작용했고, 새로운 언어-법-미디어에 포획된 근대 식민지의 삶은 '아무것도 변하지 않았지만 모든 것이 뒤바뀐' 세계 안에서 규율되어 갔다. 근대 식민지의 삶은 여전히 삶이지만, 자본주의적 관계 속에서, 식민지/제국의 언어-법-미디어의 포획 속에서 신체를 변형시켜 가는 삶이었다. 그라운드 제로란 바로 이렇게 신체의 변형이 이루어지는 경계에 다름 아니다.

자본주의의 본원적 축적이 발생하는 지점/시점, 식민주의적 축적이 발생하는 지점/시점은 결코 특수한 지역에 국한되지도 일회적 전환기로 환원되지도 않으며, 반복적이고 지속적이고 전면적이다. 자본주의가 체제를 형성하며 지속되기 위해서는 자본의 본원적 축적이 지속적·반복적으로 이루어져야 하고, 식민지/제국 체제가 유지되기 위해서는 식민주의적 관계의 본원적 창출이 지속적·반복적으로 행해져야 한다. 다시 말해 자본-임노동 관계의 (재)생산은 최초의 '인클로저Enclosure 운동'으로 이루어지는 것이 아니라 자본가적 신체와 프롤레타리아적 신체의 부단한 창출에 의해 가능해지며, 식민지/제국 체제의 (재)생산은 물질적·정신적 차원에서 식민주의적 관계를 창안하는 부단한 시도에 의해 가능해진다. 자본주의적 축적의 현장도 식민주의적 축적의 현장도, '자본주의화' 하고 '식민지화' 하여 소유공화국을 건설하고자 하는 자들의 '투쟁'의 장소가 아닌 곳이 없다. 따라서 역설적으로 이들의 '투쟁' 자체가 언제나 이미 포획해야만 하는 비자본주의적이고 비식민주의적인 영역이 존재함을 알려온다. 그런 점에서 식민주의적 축적이 이루어지는 모든 곳이 그라운드 제로라고 해야 할 것이다.

그러나 비자본주의적이고 비식민주의적인 영역이 있다 해도 그것이 순수하게 무규정적인 상태로 존재할 수 없음은 말할 필요도 없다. 그 영역을 '백지상태', '처녀지'로 간주하는 이들이야말로 자본주의적·식민주의적 '투사들'과 '개척자들'일 것이다. 자본주의적·식민주의적 관계에 낯선 '다른 관계들'의 복잡한 현존을 '백지상태' 또는 '처녀지'로 환원하고 그곳에 **처음으로** '문명의 세계', '제국'을 건설한다는 서사가 오히려 '그라운드 제로'를 실정화한다. 하지만 거대한 파괴가 있는 '모든' 곳에 적용될 수 있는 그라운드 제로라는 용어가, 뉴욕 세계무역센터가 있던 자리처럼 파괴가 이루어진 특정한 지리적 장소에 부착되어 고유명사처럼 사용되기도 하듯이, 우리는 특정한 역사적 장소에 결부시켜 사용할 수 있다. 이 책에서는 1920년대 중반 이후 제국 자본의 식민지 개발과 함께 형성된 '자본-국가 복합체'의 역사적·상징적 장소로서 흥남을 식민지/제국의 그라운드 제로로 명명하고자 한다.

그곳에서 형성된 전선은 앞서 요약적으로 검토했듯이 자연-식민지-노동 대 인간-식민 본국-자본으로 표상할 수 있다. 그러나 이 그라운드 제로에 그어진 대립선은 결코 단일한 전선으로 환원될 수도 없고, 무엇보다 실체화될 수도 없다. 앞서 언급한 바와 같이, 이 전선은 일회적으로 형성되어 고정되는 것도 아니고 (재)생산하기 위한 다양한 싸움과 갈등에 의해 유동적으로 흔들리고 있으며, 궁극적으로 신체성과 의식의 차원에서 형성되기 때문에 결코 하나 또는 몇 가지의 대표적 전선 표상으로 환원할 수 없는 것임을 잊지 말아야 한다. 중요한 것은,

식민지/제국의 언어–법–미디어가 긍정적인 방식으로든 부정적인 방식으로든 세계와 인간 전체를 포획하려 하지만, 결코 모든 것이 저 언어–법–미디어의 규칙 속으로 번역되어 들어갈 수는 없다는 것을 확인하는 데 있다.

언더그라운드의 삶–운동

전선의 다른 한쪽, 즉 인간–식민 본국–자본이 조성해 놓은 틀을 언제나 이미 초과하는 자연–식민지–노동은 전혀 다른 신체성을 형성하면서 전혀 다른 형태로 운동한다. 이를 이해하기 위해 주인규朱仁奎(1901~1956)라는 인물이 걸어간 경로를 잠시 따라가 보자. 함흥이 고향인 주인규는 나운규의 〈아리랑〉(1926)과 〈풍운아〉(1926), 심훈 제작의 〈먼동이 틀 때〉(1927) 등에 출현한 영화배우로 식민지/제국의 언어–법–미디어의 장에서 그 존재와 이름을 알린 바 있다. 그런 그가 1930년을 전후한 시점에 조선질소 흥남공장의 노동자가 되었고, 공장 내에서 스트라이크를 조직하다 해고되었으며, 혁명적 노동조합 건설운동에 뛰어들어 동생인 주선규, 주인선 등과 함께 〈노동자신문〉이라는 지하인쇄물을 제작하고 블라디보스토크로부터 프로핀테른 계열 태평양노동조합 비서부의

〈그림 12〉
주인규 (1901~1956)

〈10월 서신〉을 비밀리에 반입하기도 한다. 그의 '지하' 활동은 총독부의 경찰-사법 권력에 의해 포획·저지당했고, 이른바 '제2차 태평양노조 사건' 또는 '혁명적 노동조합 조직운동 사건'이라고 지칭된 검거사건을 통해 그는 식민지/제국의 언어-법-미디어의 장에 다시 출현한다.[70]

주인규는 식민지/제국의 언어-법-미디어의 장에서 영화배우였고 조직사건의 수뇌인물이었지만, 전자와 후자의 간극 사이에 언어-법-미디어의 장에 떠오르지 않는 다른 삶이 존재한다. 그 삶의 많은 부분은 '지하'활동을 포함하고 있지만, 실제로 그 활동은 '지하'가 환기시키는 공간적 표상의 착각과는 달리 언어-법-미디어 **아래**에서 이루어진 것이 아니라 오히려 언어-법-미디어를 **초과**하는, 따라서 그것이 포획할 수 없는 특이성의 증식이라는 형태로 전개된다.[71]

주인규는 공장 내부와 외부를 연결하며 24시간 생산으로 가득 찬 세계에 다른 세계의 소식을 전달한다. 외부를 내부에 도입함으로써 생산에 몰두해 있는 경직된 신체들은 공장 너머를 응시하거나 주의력이 분산되리라 기대된다. 그런가 하면 그는 국경을 넘어 〈10월 서신〉을 반입할 때는 명태장수로 변장했고,[72] 검거 당시에도 변장한 상태였다. 또한 그는 고기수高基洙, 주광해朱光海 등의 가명을 사용하며 활동하기도 했다.[73] 요컨대 주인규는 '지하'에서 하나의 정체성을 갖는 신체가 아니었다. 변장과 가명은 서로 다른 다수의 관계들의 통로를 나타내는 표지이자 이름이다. 이 다른 얼굴과 다른 이름은 조선질소 흥남공장의 노동자들, 적색노조운동의 동지들, 태평양노동조합 사무국 요인들, 특고형사들, 또는 그 밖에 우리가 알 수 없을 무수한 존재들과 서로 다르게

〈그림 13〉
주인규의 집 뒤편에 만들어 놓은 비밀 지하실.
이곳에서《노동자신문》을 비롯한 문건, 격문 등이 제작된 것으로 알려져 있다.
(《동아일보》1933년 7월 1일 자)

마주치고 접속하고 개입하고 충돌하는 관계들 속으로 분산된다. 이 중 우리에게 알려진 관계들은 아마도 특고 형사들과의 '슬픈 마주침'을 통해 식민지/제국의 언어-법-미디어 장 위에 고정될 수 있었던 것들뿐일 것이다. 어쩌면 '지하의 주인규'는 다수와 관계 맺고 다수를 연결하는, 그 자체 미디어로서 살아 움직이고 있었는지도 모른다. 식민지/제국의 언어-법-미디어 안에서 주인규는 '불령선인'이자 '적색노조사건의 수뇌인물'로, 그의 활동은 '국체 변혁의 음모'로 고착되지만, 이러한 고정화는 사실 미디어=신체를 그것이 연결되어 있던 무수한 관계들로부터 절단해 격리시킬 때에만 가능한 일이다. 이로써 '초과'의 의미는 보다 명료해진다.

여기서 주목해야 할 것은 주인규 개인의 유별난 이력과 과감한 실천만이 아니다. 오히려 그가 미디어=신체로서 다수와 관계 맺으면서 만들어 낸 특이한 신체성이야말로 중요한 의미를 갖는다. 물론 주인규들 역시 식민지/제국의 언어-법-미디어와 무관한 별개의 세계의 사람들이 아니며, '태평양노조사건'처럼 언제든 그 언어-법-미디어에 의해 포획되고 코드화 될 수 있는 존재들이다. 또한 그들의 활동이 동아시아 지역의 식민지/제국 체제와 자본/노동관계의 특수성을 고려한 지침에 따라 이루어졌고, 나아가 기존의 공산당(재건)운동과 달리 밑으로부터 혁명역량을 강화해 가는 방향을 중시했다 하더라도, 코민테른과 프로핀테른이라는 현실적인 국제 사회주의 노선의 영향력이 강하게 작용하고 있었음에는 틀림없다. 그러므로 그들의 실천과 상상력은 근대성과 반근대성의 변증법에 묶여 있었을지도 모른다. 하지만 조직운동 과정에서 만나고 헤어지는 무수한 사람들, 미행하는 형사의 시선을 피해 개척되는 무수한 길들, 공장의 경계는 물론 식민지/제국의 경계 바깥과 내통하는 무수한 구멍들은 하나의 정체성으로 붙들어 매놓을 수 없는 다수성의 신체를 생산한다.

'지하', 식민지/제국의 언더그라운드에서는 '길 없는 길', '지붕 없는 집'이 만들어지고, '이름 없는 이름'들이 관계 맺고 흩어진다. 단일한 정체성을 확인할 수도 없고 확인할 필요도 없는 관계들이 네트워크를 형성한다. 그리고 이 네트워크를 따라 퍼져 나가는 소문과 풍문이 정보를 대체한다. 발신자와 수신자를 확정할 수 없고, 전달과정에서 메시지의 내용과 성질이 변형될 수 있는 불확실한 커뮤니케이션이 일반화된다. 하지만 이 불확실성은 '원래의 정보의 손상' 또는 '정보의 부정확성'과는 다른 차원의 것이다. 그렇기는커녕 오히려 다수의 입과 귀를 통해, 또는 손과 손을 통해 전달자들의 의지와 정동이 누적적으로 부가되면서 '정보를 초과한 정보'를 생산한다. 이렇게 규칙을 벗어난 활동, 의미로 고정되지 않는 잡음, 예기치 못한 만남들은 식민지/제국의 언어─법─미디어가 박제화할 수 없는 신체들을 생산해 내며, 그 신체들이 살아 움직이는 곳이야말로 새로운 '공통적인 것'의 자리라고 할 것이다.[74]

통치불가능성의 예감

앞서의 서술에서도 암시되었듯이, '자연─식민지─노동'과 '인간─식민 본국-자본' 사이의 전선은 절대적으로 비대칭적인 관계에 놓여 있다. 여기서의 비대칭성이란 권력의 위계를 뜻할 뿐만 아니라 오히려 양자가 공통의 규칙을 나눠 갖고 있지 않다는 것을 의미한다. 따라서 착취와 수탈을 통해서든 통치를 통해서든, 후자가 전자를 완전히 장악하거나 지양하는 것은 불가능하다. 여기서 양자 사이의 비대칭성을 드러내는 균열은, '자연-식민지-노동'의 편이 현실적인 노동/자본 관계를 초과할 만큼 무한한 생산성을 가지고 있기 때문이라기보다 오히려 생산불가능성에 가까울 만큼 "통치될 수 없는 것'Ingovernabile"[75]으로 존재하기 때문에 발생한다.

특히 노동의 측면과 관련해 흥남으로부터 증표를 찾자면, 우선 생산과 착취가 이루어지는 현장에서 노동규율이 실패하는 장면에 주목할 필요가 있다. 조선인 노동자들은 일본인 관리자로부터 언제나 '게으르다', '책임감이 없다', '향상심이 없다'는 평가를 받으며 비숙련 단순 작업에 배치되곤 했다. 피식민자 노동력에 대한 이러한 평가절하는 일차적으로 근대적 공장노동의 규율이 조선인 노동자들의 통치할 수 없는 신체 앞에서 좌절하는 순간을 알려준다. 조선인 노동자에게 나타나는 노동규율의 부재는 노동의 숙련 그 자체를 불가능하게 하는 식민지적 노동유동성의 조건과 분리될 수 없는 현상이며, 또한 노동에 대한 식민주의적 위계구조를 유지하면서 노동력의 가치를 부단히 과소평가하기 위한 장치이기도 했다. 하지만 이 규율화되지 않은 신체들은 작업장으로부터의 이탈은 물론 공장설비의 고장·파괴 등을 불러일으킬 수 있는 요인이었다. 그런 점에서 작업 중 빈번히 이 신체들에 가해졌던 폭력은 규율되지 않는 것에 대한 조바심을 포함하고 있었다. 식민지 노동력에 대한 평가절하와 폭력적인 방식의 규율은 역설적으로 통치불가능한 것을 온존시키는 결과를 낳았다.

다음 장에서 식민지/제국의 역사-생태적 연쇄에 초점을 맞춰 다시 언급하겠지만, 조선인 노동자들에게 '향상심이 없다'는 평가는, 뒤집어 보면, 피식민자 노동자들이 식민지/제국 자본과 같은 시간 속에서 미래를 꿈꿀 수 없었다는 사실을 암시한다. 이 역시 식민지/제국 자본-국가 복합체의 통치불가능성과 관련된 것이지만, 피식민자 노동자들이 규율화되지 않고 이탈하는 경향을 보였다면, 그것은 식민지/제국 자본이 제시하는 '발전(향상)'의 미래 속에 자신들이 포함되어 있지 않다는 것을 어떤 형태로든 인지했기 때문이 아닐까. 따라서 피식민자 노동력에 꼬리표처럼 따라다니던 부정적 징표는 피식민자 노동력의 '결여'를 나타내는 기호가 아니라 오히려 다른 미래를 향해 분산하는 움직임들에 대한 식민지/제국 자본의 이해불능을 반증하는 것일 수 있다.[76]

이와 더불어, '인간-식민 본국-자본' 측의 통치불가능성은 공장 안팎에서 끊임없이 발생했던 사고와 질병을 통해서도 확인할 수 있다. '죽음의 공장', '질병의 도시'라고 불리곤 했던 공장가는 그 내부에 강박적으로 생산적 노동을 채워 넣으려 하면 할수록 노동하는 신체들 안팎을 파괴하는 결과를 낳곤 했다. 각종 폭발사고가 잇달아 발생했을 뿐만 아니라 공장에서 나오는 유해물질들이 노동자들과 공장 인근 주민들의 신체를 위협하고 있었다. 암모니아와 황산 등 유해가스가 발생하는 작업환경으로 인해 폐질환을 앓는 노동자들이 속출했고, 별다른 규제 없이 새로운 기술을 적용하고 특별한 제재 없이 폐기물들을 무단 방출함으로써 그 일대에서 새로운 질병들을 야기했다. 기술개발, 효율성, 무한한 생산은 언제나 죽음의 위협과 함께 공존했다.

또한, 부단히 출현했던 저항들을 주목할 수 있다. 감옥 같은 담장으로 둘러싸인 공장의 출입구는 주로 일본 헌병 출신자들로 이루어진 경비들이 감시하고 있었고, 작업장 내에서도 비생산적인 몸짓을 규제하는 감독관의 폭력이 항존했지만, 그러한 감시와 폭력은 오히려 공장 안팎에서 이루어지는 크고 작은 저항의 힘의 존재를 반증해 준다. 적어도 중일전쟁 발발 이전까지는 매해 조직운동 사건이 끊임없이 발생했다.

자연으로부터 새로운 물질을—예컨대 대기로부터 비료와 폭약을, 석탄으로부터 석유를—추출해 내는 고도의 기술적 실험도, 강도 높은 생산성을 유지하기 위한 노동력의 평가절하와 규율의 집행도, 그 힘이 대상에게 집약적으로 작용하는 장소에서 '생산불가능성'의 징후와 함께 좌절되곤 한다. 물론 자본은 언제나 예기치 못하게 발생하는 사고와 질병, 노동자들의 태업과 저항 등에서 드러나는 '생산불가능성'의 징후를 다른 대체물로 봉합시키곤 하지만, 대상을 완전히 장악하거나 통치할 수 없다는 것, 따라서 공통적인 것의 완전한 수탈이 불가능하다는 것은 '생산의 시간의 멈춤'이 일깨워 준다. 식민지/제국 자본은 공장=요새를 생산의 시간만으로 가득 채우고자 하지만, 필연적으로 산출되는 '쓰레기', '잔여', '저항' 등 생산불가능성의 징후들은 언제나 공장=요새 안팎에서 증식한다.

4.

미나마타병의
식민주의적
원천

"그러니까 결국 우리는,

이 반복되는 세월 속에서 하나로 묶여 있었던 것이다."[77]

'공해병'을 넘어서

1956년 5월 1일 신일본질소비료주식회사 미나마타[水俣] 공장 부속병원의 한 소아과 의사가 미나마타보건소에서 원인불명의 뇌증상환자 4명이 입원했음을 보고하면서 기이한 질병의 존재가 확인되었다. 미나마타가 속해 있는 구마모토현의 당국은 구마모토대학 의학부에 원인규명을 위한 연구를 의뢰했다. 환자의 임상 관찰, 사망자에 대한 병리해부학적 검사, 현지 조사 등을 거친 구마모토대학 미나마타병연구반은 1956년 11월 "본 질병은 전염성 질환이 아니라 일종의 중독증이며, 그

〈그림 14〉
일본질소의 미나마타水俣 공장 전경
(《事業大觀》, 日本窒素肥料株式會社, 1937)

원인은 미나마타만에서 나는 어패류의 섭취에 의한 것"으로 추정된다는 중간보고를 발표했다.[78] 조사 초기부터 망간 등의 중금속 중독이 의심되었고, 당연히 신일본질소 미나마타 공장이 원인을 제공했으리라 의심되었지만, 일본 후생성 공중위생국이 신일본질소 미나마타 공장의 폐기물이 영향을 끼쳤다는 견해를 처음 명시한 것은 1958년 7월에 이르러서였다. 1958년 무렵부터 '미나마타병'으로 불렸던 이 질병의 직접적 원인이 공장 폐수에 섞여 있던 유기수은화합물이라는 사실은 1959년 말이 되어서야 공인되었다.[79]

이후로 미나마타병의 원인 및 책임 규명, 보상 등을 둘러싸고 기업과 행정 당국에 대한 피해 주민들의 기나긴 투쟁이 이어졌음은 어느 정도 알려져 있다.[80] 거의 모든 '공해병' 피해사례가 그렇듯이, 다양한 증세와 사망 원인을 다름 아닌 '미나마타병'에 의한 것으로 인정받기란 결코 쉬운 일이 아니었다. 2020년 5월 31일 현재 공식적으로 인정된 미나마타병 환자는 2,283명(그중 1,963명 사망)[81]이지만, 이른바 최초 확인일인 1956년 5월 1일 이전 시기까지 포함해 지금까지 신일본질소가 배출한 유독물질에 중독된 정확한 피해자 수는 알 도리가 없다. 1953년 이전부터 까마귀가 추락해 죽거나 고양이가 미친 듯이 뛰뛰다 바다에 빠져 죽는 이변이 목격되기도 했거니와, 추적 조사 결과 이미 1941년 경부터 유사 증세를 보인 환자들이 있었다는 보고도 있다.[82] '인정'의 저편에 '원인을 특정할 수 없는' 죽음들이 얼마나 많이 있었는가는 다만 짐작할 수 있을 뿐이다. 식민지/제국 일본의 팽창과 함께 거대 전기 – 화학 콘체른으로 성장했던 일본질소가 패전과 더불어 식민지와 외지의 방대한 자산을 상실하고 급격히 왜소해진 뒤 전후 복구의 흐름 속에서 다시금 국책적 방향과 결합해 의욕적으로 대량생산체제를 재구축해 갔던 만큼, 미나마타병 발병의 직접적 원인인 유기수은화합물의 배출 시점과 범위를 실증적으로 확인하는 것 자체가 어리석은 일일지도 모른다. 미나마타병 환자와 가족들의 지난한 투쟁의 역사 자체가 말해주듯, 국가적 이익, 지역경제 활성화, 생산성 등이 가치의 위계를 결정하는 세계에서 생명 파괴의 현실은 마지막에 가서야 가시화될 수 있다. 이러한 점을 고려할 때, '공해병'의 기원과 범위를 확증하려는 시도는 자칫 '공해公害'의 심각성과 그에 대한 책임을 축소하려는 기업들의 입장을 강화할 수도 있다. 공해병은 그 생성에서 책임까지 단순한 '기업범죄'의 영역을 넘어선다.

하지만 그렇다고 해서 공해병을 근대산업과 기술문명의 불가피한 대가로 일반화해서는 안 된다. 물론 생태적 지구화가 고도화되기 시작한 산업혁명 이후로 어쩌면 지구상의 모든 생명체는 원인을 확정할 수 없는 저강도의 공해병을 앓고 있는지도 모른다. 자본주의든 사회주의든, 체제의 차이와 무관하게, 자연을 변형시켜 새로운 물질들을 만들어내는 기술이 적용된 모든 생산현장에는 공해병을 발생시킬 가능성이 항존한다. 그러나 미나마타병은 그저 일본질소공장이 특별히 위험한 물질들을 처리하는 시설이었기 때문에 우연히 발생한 것은 아니다.

기업 범죄의 문제로 축소시키지도, 근대산업 일반의 문제로 확대시키지도 않으면서 공해병에 접근하기 위해서는 미나마타병을 낳은 역사-생태적 연쇄a historico-ecological chain에 주목할 필요가 있다. 미나마타병이라는, 발병 지역의 명칭으로 불리는 이 공해병의 이름에는 일본질소가 20세기 초부터 그 지역에서 전기-화학 산업을 일으켜 온 시간이 함축되어 있다. 그리고 그 시간에는 또한, 식민지/제국 일본이 제국주의적 패권을 확장해 가며 동아시아 지역을 정치적-경제적-생태적으로 포획해 간 역사가 그림자를 드리우고 있다. 이 장에서는 미나마타병을 야기한 신일본질소가 흥남 및 한반도의 관북 지역에서 거대한 전기-화학 콘체른을 구축했던 식민지/제국의 대표적 신흥재벌이었다는 사실을 상기하면서, 식민지/제국 시기의 공업도시 흥남과 패전 후의 미나마타 사이에 형성된 역사-생태적 연쇄에서 미나마타병의 '원천 Ursprung'을 탐사하고자 한다.

원인에서 원천으로

마르크스는 〈임금, 가격, 이윤〉(1865)에서 자본주의적 관계의 창출, 즉 생산수단과 노동력을 구입해 잉여가치를 착취하는 자본가와 자신의 노동력을 팔아야만 하는 프롤레타리아가 생성되고 착취-피착취 관계가 형성되는 근본 계기로서 본원적 축적ursprüngliche Akkumulation에 주목한다.

> 우리는 이러한 이른바 **본원적 축적**이 노동하는 인간과 그의 노동수단 사이에 존재하는 **본원적 통일**의 **해체**로 귀결된 일련의 역사

적 과정에 지나지 않는다는 점을 알게 될 것이다. 그러나 그러한 연구는 당면 주제의 경계를 벗어나는 것이다. 노동하는 인간과 노동수단 사이의 **분리**가 일단 확립되면, 그러한 상태는 계속 유지되며 나아가 끊임없이 확대되는 규모로 재생산될 것이다. 그러다가 마침내 생산방식에서의 새롭고도 근본적인 혁명이 그러한 상태를 뒤집고 본원적 통일을 새로운 역사적 형태로 되살려 내게 될 것이다.[83]

이 글에서 마르크스가 이미 본원적 축적이란 "실은 **본원적 수탈**"[84]임을 강조하고 있거니와, 마르크스의 본원적 축적 개념이 우선적으로 지시하는 것은 자본주의적 관계의 형성에 애초부터 폭력이 전제되어 있다는 사실이다. 그는 이후 《자본론 1권》(1867)에서도 본원적 축적이 정복, 노예화, 강탈, 살인 등의 폭력적 과정을 통해 형성된다는 것을 거듭 강조한다.[85] 한편에는 생산수단을 독점한 자본가, 다른 한편에는 노동력을 판매할 수밖에 없는 프롤레타리아가 존재하기 위해서는 생산자를 생산수단으로부터 분리시키는 폭력이 실행되어야 하는데, 바로 자본주의적 관계, 상품적 관계를 창출하는 이 최초의 폭력이 본원적 축적인 것이다.

이 개념이 지시하는 두 번째의, 어쩌면 더 중요한 측면은, 이 '본원적 착취'가 결코 일회적인 것이 아니라는 사실이며, 바로 이곳에—'기원'이 아니라—'원천'이라는 말이 갖는 근본적 의의가 있다. 마르크스는 자본주의 생산양식을 전복해 (생산자와 생산수단의) "본원적 통일을 새로운 역사적 형태로" 되살려 놓을 "새롭고도 근본적인 혁명"이 도래하기 전까지는 생산자와 생산수단의 분리에 기초한 관계가 유지·확대되면서 부단히 재생산될 것이라 쓰고 있다. '분리'가 재생산된다는 것은 무엇을 뜻하는가. 이는 곧 생산자와 생산수단을 분리하는 폭력이 자본주의 생산양식을 생성하고 사라지는 것이 아니며, 자본주의적 착취체제를 재생산하기 위해 저 분리된 것들의 재결합을 가로막는 폭력이 지속적으로 작동한다는 것을 뜻한다. 즉 최초의 폭력적 분리와 축적 이후 법적·이데올로기적 장치들의 지원을 받으며 자본주의적 소유관계와 생산양식이 제도화·상례화되어 왔지만, 자본주의적 관계와 양식을 상례적인 것으로 만드는 힘은 생산자와 생산수단이 다시 결합하려는 시도들을 끊임없이 저지하며 부단히 새로운 분리를 만들어 내는 지속적이고 반복적인 폭력인 것이다. 개별 자본 각각의 착취와 축적은 자본주의 생산양식의 본원적 축적을 반복하며, 그런 의미에서 '본원적'이라는 표현은 '최초의 격발'보다 '근본적 동력'을 뜻한다.

이런 의미의 원천 개념을 좀 더 풍부하게 하기 위해 발터 벤야민의 그것을 추가로 참조할 수 있다. 벤야민은 《독일 비애극의 원천*Ursprung des deutschen Trauerspiels*》(1928)이라는 책 표제에서 '원천'이라는 용어를 사용하며 그 개념의 중요성을 드러낸다.

원천은 전적으로 역사적인 범주이지만 성립과는 아무런 공통점도 없다. 원천은 '이미 발생된 어떤 것의 생성'을 가리키는 것이 아니라 '생성과 소멸에서 발생하고 솟아나는 것'을 가리킨다. 원천은 생성의 흐름 속에 소용돌이로서 자리를 잡고 있고, 성립의 자료를 자신의 리듬 속으로 빨아들인다. 원천적인 것은, 사실들의 노출된 그대로의 명백한 존속상태에서 인식될 수 있게끔 주어지지 않는다. 원천적인 것의 리듬은 오직 이중적인 통찰에만 열려 있다. 그 리듬은 한편으로 복구로서, **회복**으로서 인식되고자 하며, 바로 이 점에서 그것은 다른 한편으로 **미완**으로서, 미결로서 인식되고자 한다. 모든 원천 현상에는 한 이념이 거듭해서—그 이념이 자기 역사의 총체성으로 완성되어 현존할 때까지—역사적인 세계와 담판을 벌이는 형태가 규정된다. 따라서 원천은 사실적인 상태에서 대두하는 것이 아니라 **사실적인 사태의 전사前史와 후사後史**에 관련된다. 철학적 고찰을 이끄는 인도선引導線은 원천에서 숨 쉬고 있는 변증법에 기재되어 있다. 바로 이 변증법에서 모든 본성적인 것의 일회성과 반복은 서로를 상호 제약하는 것으로서 입증된다.[86]

벤야민은 바로크 비애극에 대한 고찰에서, 기존 질서의 그물이 찢어지고 모든 것이 파편화된 것처럼 보이는 사물의 세계로부터 이념을 발견하기 위해 원천이라는 개념을 도입한다. "한 이념이 거듭해서 …… 역사적인 세계와 담판을 벌이는 형태", 즉 절대적이고 이념적인 것이 시간적이고 감각적인 개별자의 "생성과 소멸에서 발생하고 솟아나는 것"을 발견한다는 서술에서 그 관념론적 수사를 지운다면, 원천이란 어떤 현상 또는 존재—예술적, 종교적, 정치적 등등—를 다름 아닌 그것으로 출현하게 만드는 근본 동력을 지시한다고 할 수 있다. 따라서 원천은 지금 존재하는 것의 성립Entstehung이나 기원Origin을 실증적으로 소급하는 인과론적 논리로는 발견할 수 없으며, 지금 존재하는 것이 반복적으로 회복하는 계기와 그것이 미처 완전히 발현하지 못하는 계기를 함께 포착해 그 현상 또는 존재의 개별성과 총체적 연관을 이중적으로 포착하려는 시도 속에서만 발견할 수 있다.[87] 원천을 발견하고자 하는 벤야민의 시도가 그 특유의 성좌Konstellation론으로 표출되기도 했거니와, 그의 예술론, 정치학, 역사철학 등에서 핵심적인 개념들과 연동되어 있는 '원천'을 이곳에서 참조하는 이유는, 역사-생태적 연쇄에 대한 이해를 위해 대립적이고 양립불가능해 보이는 것을 함께 포착하고자 하는 눈이 요청되기 때문이다.

마르크스와 벤야민을 참조하며 '원천' 개념에 대해 장황하게 살펴본 것은, 미나마타병의 원천을 탐구하기 위해 우선 '기원'적 접근을 차단할 필요가 있기 때문이다. 어떤 현상 또는 존재의 '원인'을 해명하기 위해 그 현상 또는 존재의 최초 성립Entstehung 지점으로 소급하고자 할 때, 이미 우리는 기원적 접근로에 들어서게 된다. 원인을 밝히고자 하는 관심 아래 가려진 이 인과론적 사고의 가장 심각한 오류는 '결과'로서 존재하는 현상 또는 존재를 언제나 이미 어떤 자율적 대상으로 만들어 버린다는 데 있다. 어떤 현상 또는 존재를 자율적 대상으로 만든다는 것은 그것을 확증된 출현 시점부터 줄곧 동일성이 유지되는 실체로 만든다는 것을 의미하며, 따라서 '원인' 역시 그 실체 속에서—긍정적으로든 부정적으로든—일관된 작용이 입증될 때에야 원인으로서 특정될 수 있다.

이런 방식으로 기원에 소급한다면, 미나마타병은 인간과 생명체들의 내부에 치명적인 변형을 초래한 작용 요소, 즉 바다에 폐수를 무단 방류한 신일본질소와 유기수은이라는 화학물질에 의해 발생한 것이 되고, 어떤 방식으로든 그 원인 요소들을 차단함으로써 더이상 동일한 질병이 발생하지 않게 할 수 있을지도 모른다. 요컨대 원천적 관계의 근본적 변화 없이 "사실적인 사태"를 잠재울 수 있을지도 모른다. 지금 미나마타 사람들은 시라누이카이不知火海에서 잡은 해산물을 먹을 수 있다. 그러나 보상이나 인정을 둘러싼 법정투쟁을 차치하더라도, 미나마타병은, 그리고 미나마타병의 '원천'은 사라졌는가. 미나마타병의 등장 자체가 지시하고 있지만 동시에 미나마타병으로 모두 드러나지 않은 그 원천을 발견하기 위해서는, 미나마타병 출현 이전으로는 식민지 '개발'까지, 출현 이후로는 미나마타병의 '사회적 삶'[88]의 아직 도래하지 않은 시간까지 시야에 두고 미나마타병의 역사−생태적 연쇄를 탐사할 필요가 있다.

흥남에서의 식민주의적 축적

식민지/제국 시기 일본질소는 처음 전기−화학 사업을 일으켰던 미나마타에서와 마찬가지로 흥남에서도 자신들의 '왕국'을 건설했다.[89] 특히 흥남의 경우, 지금까지 살펴본 바와 같이, 일본질소가 자회사인 조선질소와 공장 및 관련 설비를 건설했을 뿐만 아니라 도시 자체를 형성했다는 점에서, 미나마타식 왕국을 더욱 극단화한 전형적인 식민지 '개발'의 산물이라고 할 수 있다. 흥남과 미나마타는 일본질소에 의해 지역 삶의 형태가 변형되어 온 장소로서, 식민지/제국 전체를 범위에 둔 자본운동의 주요 포스트였다.

일본질소는 '공장법'의 규정이 적용되지 않는 식민지에 집중적으로 자본을 투여하고 '내지'보다 월등히 유리한 착취환경에서 과감한 기술 실험을 행함으로써, 흥남을 미나마타보다 뒤늦게 개발되었음에도 불구하고 미나마타병의 원천을 발견할 수 있는 장소로 만들었다. 질소비료 공장이 본격적으로 가동되기 시작한 1930년 이후로 산업공해에 해당되거나 그로 의심되는 현상들이 부단히 나타난 바 있다. 그러나 그 피해 실상이 어떻게 어디까지 조사되었는지, 원인과 책임은 어떻게 규명되었는지, 보상이 어떻게 이루어졌는지에 대해서조차 정확히 파악할 수 없는 상태이다.[90]

이 장에서는, 미나마타병의 '원천'을 발견하기 위해 좁은 의미의 산업공해에 초점을 맞추기보다 식민지/제국 범위에서 진행된 자본의 식민주의적 축적에 주목하고자 한다. 식민지 '개발'과 국책·군수 사업을 주도적으로 수행하면서 식민지/제국 일본과 운명을 함께한 일본질소의 산업공해는 결코 그 자체만으로 대상화할 수 없기 때문이다. 고유명사이자 대명사로서 미나마타병은, 일본의 한 중화학기업이 야기한 것이기도 하지만 식민지/제국의 통치성 구조에서 발원한 것이기도 하다. 모두가 속해 있는 환경에 '공해'를 일으키는 일은 공동의 세계를 사적으로 소유하는 사태와 직결되어 있고, 식민지/제국의 통치성은 바로 이 같은 소유의 특권을 보장하며 형성되어 갔던 것이다.

마르크스가 자본의 본원적 축적이 가진 폭력적 성격을 강조했지만, 식민지/제국 자본의 식민지 '개발'이야말로 본원적 축적=착취의 전형을 보여준다. 물론 식민지/제국 자본은 이미 식민지/제국 전 범위에서 고도의 독점이 진행된 자본이기 때문에 엄밀히 말해 식민지에서 비로소 '본원적 축적'을 시작했다고 말할 수는 없다. 이곳에서 식민지/제국 자본의 본원적 축적이란, 식민지 통치권력과 연합한 자본이 식민지의 관습적 세계를 해체하는 정지整地 작업과 함께 인종적·민족적·지역적 차별을 내재화한 자본주의적 착취－피착취 관계를 이식하고 재생산한다는 것을 의미한다.

앞서 서술했지만, 대대적인 화학산업을 일으키기 위해 막대한 전기가 필요했던 일본질소는 조선의 관북 지역에서 수력발전에 유리한 환경을 발견했고, 식민지 시기 내내 거대 수력발전소를 건설해 가며 중화학공업의 에너지원을 마련했다. 부전강수력발전소(1926년 설립, 1932년까지 4개 발전소 건설. 총 출력 19만 9,000kW), 장진강수력발전소(1933년 설립, 1938년까지 4개 발전소 건설. 총 출력 33만 2,000kW), 허천강수력발전소(1943년까지 4개 발전소 건설. 총 출력 33만 8,800kW), 수풍발전소(1944년까지 6개 발전기 설치. 총 출력 60만kW) 등으로 이어지는 대규모 수력발전소 공사[91]로 인해 광범한 수몰지구가 발생한 것은 물론, 특히 큰 낙차를 얻기 위해 산맥에 수로터널을 뚫는 위험한 유역변경 공사는 많은 사상자를 낳았다.[92]

부전강수력발전소 1차 완공 시기에 맞춰 질소비료공장 건설을 추진하는 과정, 즉 반농반어半農半漁의 주민들이 200여 호의 군락을 형성하고 있던 운전면 호남리와 복흥리를 공장부지로 선정한 후 행정 당국과 경찰의 지원 아래 반강제로 토지를 매입하는 과정에서 식민지/제국 자본의 본원적 착취의 실상이 드러난다. 자본주의 생산양식이 형성되던 초기의 자본축적 역시 순수한 자본의 힘 또는 경제적 능력만으로 이루어질 수 없었거니와, 식민지/제국 자본이 식민지에서 착취의 조건을 구축할 때 식민지 행정권력과 자본은 거의 하나의 조직처럼 움직인다. 함흥군수, 함흥경찰서장 등이 직접 나서 땅을 소유한 주민들을 호남리 구장 집으로 모이게 한 후 경찰 수십 명으로 집을 에워싼 채 토지 매매 계약을 강요하기도 했으며, 역시 경찰을 동원해 일본질소의 토지 매수조건에 강하게 반대하던 주민들을 폭행, 구금하는 등, 일본질소의 공장부지 매입과정에서 식민지 행정·치안 권력은 거의 행동대 역할을 수행했다.[93)]

행정·치안 권력이 이토록 노골적인 폭력을 행사할 수 있었던 것은 무엇보다 그곳이 식민지였기 때문이다. 하지만 식민지/제국 자본의 본원적 착취의 성격을 파악하고자 할 때 함께 주목해야 할 것은, 소유권을 침해당한 호남·복흥리 주민들의 저항을 지역 전체의 발전을 저해하는 이기적 행동처럼 몰아가는 언설들이 저 폭력을 지원하고 있었다는 사실이다.[94)] 식민지/제국 자본과 식민권력, 그리고 지배 미디어는 선주민들을 그들의 삶의 터전에서 추방하며, '낙후된 지역의 번영된 미래'라는 서사를 위한 정지작업을 공동으로 수행했던 것이다.[95)] 이곳에서 우리는 식민주의적 축적이 식민지/제국 언어-법-미디어 체제의 형성과 함께 진행된 것임을 확인할 수 있다.

고향과 삶의 터전에서 뿌리 뽑힌 이들은 일본질소가 지정해 놓은 구룡리로 이주하지 않을 수 없었지만, 그곳은 삶의 기반이 전혀 준비되어 있지 않은 곳이었다. 구룡리는 저지대에 도로도 없고 어선이 정박할 만한 항구도 없으며 음료수도 구할 수 없는 곳이라며 주민들이 이주에 반대했을 때, 회사와 식민 행정 당국은 저지대를 매립해 주거 지역을 조성해 주고 500간 이상의 축항을 건설해 주고 6간 폭의 도로를 내고 우물 세 개를 제공해 주겠다고 약속했다. 그러나 공장부지 매입 계약이 완료되자 이 약속은 제대로 이행되지 않았다. 농사를 짓던 이들은 농경지를 잃었고, 어업자는 불완전한 항구로 인해 다수의 배가 파손되거나 손상되었으며, 우물도 수심이 얕아 음용할 수 없어 이주민들은 거의 생존을 위협받는 지경에 이르게 되었다.[96]

식민지의 법률, 치안권력, 미디어와 연합한 식민지/제국의 자본은 식민지에 동양 최대의 공업도시를 건설한 성과를 언제 어디서나 과시하며 식민주의적 축적을 정당화할 수 있었지만, 식민지 '개발'을 위해 추방당한 존재들이 겪어야 했던 '전환'은 문학적 서사에서 간간이 그 흔적을 찾을 수 있을 뿐이다. 한설야의 소설 〈과도기〉는 바로 이렇게 구룡리로 추방당한 이들의 삶이 그 후 어떤 형태로 전환되는가를 조명하고 있는데, 주인공 창선이 결국 "상투 짜고 감발 치고 부삽 들고 콘크리트 반죽하는"[97] 노동자가 되어 자신들이 쫓겨 나온 고향 땅에 세워진 조선질소비료 흥남공장으로 들어가게 되는 결말은 의미심장하다. 식민지/제국 자본의 본원적 축적과정에서 추방된 선주민들, 즉 생산수단을 상실한 피식민자들은 빈민 또는 자유노동자가 되어 '축적 이후'의 세계에 진입한다.

분리, 변형, 합성

생산자와 생산수단의 분리를 통해 자본주의적 소유관계와 착취관계를 형성·재생산하는 메커니즘은 모든 자본주의 생산양식에서 일반적으로 발견할 수 있지만, 식민주의적 본원적 축적에서는 이미 독점적 지위를 확보한 식민지/제국의 자본이 식민지 행정·치안 권력과 연계해 차별에 기초한 착취체제를 구조화하면서 동시에 식민주의적 통치성을 재생산한다는 특징을 찾을 수 있다. 호남·복흥리의 선주민들을 몰아내고 일본질소가 세운 거대한 공장도시 '흥남'의 초대 읍장에 일본질소의 대표 노구치 시타가우가 취임했음은 이미 언급한 바와 같다. 동양 최대의 비료화학 공업도시를 건설하고 자본과 행정권력을 인격적으로 통합·독점하고 있었기에 당시 세간에서는 흥남을 '노구치 왕국'이라 칭하기도 했지만, 실로 흥남은 과거 식민지 선주민들이 거주하던 곳과는 완전히 단절된 별개의 세계 속으로 들어갔다. 생산자와 생산수단의 분리뿐만 아니라 세계 자체의 분리가 발생했다. 그리고 그 분리는 새로운 변형과 합성으로 이어졌다.

　바다와 들이 있으므로 그곳에서 식량과 생계의 재료를 얻던 세계, 주위 환경의 리듬에 적응함으로써 그 경험으로부터 생존능력을 축적해 가던 세계는 파괴되어 버렸다. 이제 그 세계가 있던 장소는 압록강 상류의 수력발전소에서 끌어온 전기로 24시간 쉴 틈 없이 비료와 화학합성물을 생산하고, 동해 바다를 가로질러 미나마타, 노베오카 등 일본질소의 '내지' 공장들과 리듬을 공유하며, 함경북도의 영안, 아오지 등으로 확장되는 일본질소 콤비나트 속으로 편입되었다.

한설야의 소설 〈과도기〉의 주인공 창선을 다시 불러오자면, 생산수단과 분리된 선주민이 자유노동자가 된다는 것은 단순히 계급 전이만을 뜻하는 것이 아니라 이 질적으로 다른 세계에 진입한다는 것을 의미한다. 곡물을 재배하고 물고기를 낚던 경험이 능력으로 이어질 수 없는 이 세계에서 창선의 신체는 '순수한' 가능성으로서의 노동력이 된다. 물론 식민지/제국 체제에서 노동력은 쌀가마니를 들고 달리는 체력검사를 통과해야 할 뿐만 아니라 식민지 행정·치안 권력이 "순실하고 힘세고 반동사상이 없음"[98]을 보증한 신체와 결합될 때에만 그 순수한 가능성을 담지할 수 있었다. 하루 3교대로 분할된 작업시간에 삶의 리듬을 맞춰야 하는 직공들 중에서도 조선인들은 대체로 비숙련 육체노동 업무에 배속되었고, 임원 지위를 차지한 제국대학 출신 기술엘리트들을 포함해 정교하고 숙련된 기술을 요하는 핵심 작업의 담당자들은 거의 모두 일본인이었다. 그들은 대부분 일본질소의 '내지' 공장들에서 경험을 쌓은 숙련공들이었는데, 특히 미나마타 공장 출신들이 많았다. 그러다 보니 흥남에서 자리 잡은 직공들의 뒤를 이어 그들의 가족·지인들이 연계 이주를 하는 경우가 다반사였는데, 공장 경험이 없는 이들조차도 조선인 노무자들을 관리·감독하는 지위에 배치되곤 했다.[99]

일본질소는 흥남 일대의 땅과 바다에 연결되어 있던 삶에서 순수한 노동력을 '분리'하고, 기계 및 공장의 리듬에 상응하는 신체로 '변형' 시켰으며, 민족적 차별과 계급적 위계가 중첩된 기능체계 속에 '합성' 시켰다. 아울러 일본 열도 변두리 출신의 직공들을 제국의 프론티어로, 같은 출신의 농어민이나 서민들을 식민자의 첨병으로 변신시켰다. 식민지와 '내지', 흥남과 미나마타에 걸쳐 식민지/제국 자본 일본질소가 포섭한 세계에서 이루어진 이 분리–변형–합성의 과정은, 공장 내 노동규율과 식민주의적 지배가 분리되지 않고, 생산효율성에 대한 추구와 초법적 명령이 구별되지 않으며, 나아가 기업 콤비나트의 절합 conjunction이 고도국방국가의 '국토개발'과 연동하는 현실을 개시했다.

사실, 분리–변형–합성의 과정은 화학산업, 특히 프리츠 하버가 발명한 암모니아 합성법을 도입·응용해 저렴한 비용으로 화학비료를 대량생산하던 일본질소에게는 무척이나 친숙한 공정이었다. 공기에서 질소를 분리해 수소와 반응시킴으로써 암모니아를 합성하는 방법으로 대량의 질소비료를 생산한 일본질소에게 분리–변형–합성의 공정은 이윤창출의 핵심 프로세스였다. 좀 더 거시적인 차원에서 보자면, 강물을 본래의 흐름에서 분리해 산맥 반대편으로 낙하시킴으로써 전기에너지로 변형하고 화학 콤비나트의 주동력으로 연결한 기술적 생산체계 자체가 분리–변형–합성의 원리에 기초해 있었으며, 조선의 관북 지역에서 '내지'의 규슈 지역까지의 대지와 바다를 원료 채굴, 가공, 생산, 유통의 네트워크 속에 끌어들인 원리 역시 마찬가지였다. 식민지/제국 자본 일본질소의 축적과정에 피식민지인을 순수한 노동력으로 변형·

결합시켰듯이, 자연을 원료와 에너지 그리고 콤비나트 조직과 유통 경로로 분리-변형-합성시켰다.

물론 분리-변형-합성의 공정은 모든 근대적 공업의 가공-상품화 과정이 내포하고 있는 것이지만, 이 장에서는 미나마타병의 원천으로서 식민지-제국 자본의 축적이 흥남-미나마타의 역사-생태적 연쇄에 가져온 효과를 드러내기 위해 특히 주목한다. 분리-변형-합성의 공정은 철저히 효율합리적 기획으로서 상품생산과 이윤획득이라는 목적 아래에서 정당성을 갖지만, 식민지 '개발'과 거대 콤비나트 구성부터 화학비료 대량생산 기술에까지 관철되는 이 공정은 그것이 작동하는 세계에 필연적으로 잉여 효과surplus effect를 남긴다. 즉 분리-변형-합성은 식민지와 '내지'를 가로질러 형성된 일본질소 '왕국'의 안팎에 또 다른 분리-변형-합성을 초래하며 예기치 못한 부산물을 남긴다.

가장 빈번히 발생했던 두드러진 잉여 효과는 분리-변형-합성 과정에서 발생한 '오류'였다. 대체로 폭발 사고와 인명 피해로 이어졌던 이 오류는 분리-변형-합성의 공정을 위해 연결된 고온고압의 정밀기계 장치들에서 발생한 것으로서, 자연으로부터 분리해 낸 원료들이 인위적·기술적 변형과 합성에 저항한 결과라고도 말할 수 있다.[100] 공장 가동 초기부터 줄곧 폭발 사고가 이어진 주된 이유는 일본질소의 식민주의적 축적의 성격과 관련되어 있다. '공장법'의 규제로부터 자유로운 식민지의 착취조건을 충분히 활용하며, 일본질소는 흥남을 과감한 기술실험장으로 만들었다. '내지'에서라면 당연히 거쳐야 했을 절차들을 건너뛰면서 첨단 기술을 본 공정에 곧바로 도입했기 때문에 사고 위험은 도처에 산재했지만, 그 대가를 지불하더라도 빠르게 도달한 성공의 이익은 더 컸다.

> 보통은 파일럿 플랜트를 시행하고 그것을 스케줄 업해서 본 플랜트에 착수하지만, 일본질소는 그런 것을 좋아하지 않았다. 본 플랜트를 단번에 만든다. …… 단번에 본 플랜트를 하는 것은 위험성도 크고 경제력이 필요하지만, 어쨌든 빠르다.[101]

식민지 공장에서는 잦은 오류와 맞닥뜨리면서도 새로운 기술 도입의 결과를 그때그때 확인할 수 있었고, 그렇게 검증된 첨단 공정이 식민지에서 '내지'로 도입되었다. '내지'에서의 새로운 공정의 안정적 정착은 식민지에서의 많은—죽음을 동반한—시행착오 위에 있을 수 있었던 것이다. 따라서 패전과 함께 식민지에 투여했던 자산을 상실한 후, 일본질소는 위험한 실험실을 일본의 공장 내부로 가지고 들어와야 했다.

한편, 이렇게 분리—변형—합성의 잉여 효과로서 나타난 '오류'와 더불어, 마찬가지로 효율합리적인 공정이 의도하지 않은 또 다른 분리—변형—합성 과정이 비교할 수 없을 만큼 넓게 증식해 갔다. 자본과 기술엘리트들의 목적 및 기대에 종속된 전자의 공정과 달리 후자는 통치가능 영역을 초과해 발생하는 것이기에 예측불가능한 방향으로 가시권 너머까지 증식한다.

자본과 기술엘리트들의 시야에는 공기에서 질소비료를 얻어내는 공정만 포착되겠지만, 그리고 최소의 에너지로 최대의 생산물을 산출하기 위해 그 공정 전체를 효율적 고려로 가득 채우겠지만, 전체 과정은 결코 공기에서 시작해 질소비료에서 끝나지 않는다. 질소를 분리하고 촉매를 작용시키고 수소를 결합하는 등 복잡한 화학작용을 거쳐 가며 최종 상품에 도달하기까지 암모니아, 황산, 인산 등 각종 화학물질들이 파생되며, 나아가 최종 상품 내부까지 전달되지 않고 폐기되는 부산물, 즉 '쓰레기'가 산출된다. 아울러 자본은 최종 상품인 비료가 높은 가격에 팔리는 데에는 관심이 있지만, 팔려 나간 비료가 논밭에 뿌려지고 물에 용해되어 대지에 스며든 이후 어떤 분리 – 변형 – 합성이 진행되는지는 안중에 없다. 따라서 이 예측불가능한 분리 – 변형 – 합성 과정은 가시화되기 어렵고, 파괴되고 훼손당한 생명이 불길한 계시처럼 떠오를 때에야 뒤늦게 문제로 부각된다.

사정이 이렇다 보니, 일본질소의 화학물질 생산과정에서 배출된 유독물질에 오염되었거나 중독되었음이 분명한 사례가 확인되는 경우는 많지 않고,[102] 오히려 원인을 알 수 없는 '기병奇病'이 유행하는 현상 등에서 저 위험한 분리 – 변형 – 합성 과정을 추측하거나 짐작해야 하는 경우가 더 많을지도 모른다.[103] 사실 질소비료는 농작물의 생산성을 비약적으로 증대시킴으로써 인류를 식량위기로부터 구제한 놀라운 발명품 중의 하나임에 틀림없다. 하지만 질소비료를 생산하기 위해 반드시 필요한 암모니아가 폭약의 원료이기도 하다는 점은 차치하더라도, 질소비료 자체가 애초의 목적 속으로 완전히 소진될 수 없는 존재라는 점에서 필연적으로 생태계 교란의 문제가 파생된다. 화학비료가 일반적으로 사용되면서 농작물의 성장이 가속화되기도 했지만, 농작물에 미처 흡수되지 못한 질소 성분이 토양과 대기 중으로 퍼져 나가면서 예컨 대 대기 중에 떠다니는 질소산화물이 산성비를 만들기도 하고, 하천으로 흘러든 질소가 바다의 질산염 농도를 높이고 해조와 잡초에 영양을 과잉 공급해 햇볕을 차단하며 바다의 산소 밀도를 떨어뜨리는 등 해양 생물들에 치명적인 영향을 미치기 때문이다.[104]

게다가 흥남에서도 미나마타병 발병의 직접적 요인인 수은의 방류가 이루어졌던 것으로 보인다.[105] 특히 흥남의 용흥공장에서 항공연료로 사용할 이소옥탄을 카바이드로부터 합성하는 과정에 수은과 망간이 사용되었는데, 이 공정에 참여했던 일본인 직공들이 일본 패전 후 미나마타 공장의 아세트알데히드 제조공정의 기본 인력이 되었다.[106] 식민지에서의 화학물질 제조와 폐기물 처리 관행이 패전 일본의 미나마타에서 반복되었으리라는 것은 충분히 짐작할 수 있고, 그 치명적인 결과가 식민지/제국의 붕괴 후 미나마타에서 발생한 것을 통해 흥남과 미나마타를 잇는 역사적-생태적 연쇄를 사후적으로 확인할 수 있다.

하지만 식민지/제국 시기 흥남의 공장 폐수에 수은 함유 화학물질이 있었는가, 그리고 그로 인한 생명 파괴가 있었는가 여부보다 중요한 것은 저 예측불가능한 분리-변형-합성의 연쇄에 대한 염려를 차단하는 체제이다.

자본은 생태계 전체로 퍼져 나가는 이 예측할 수 없는 분리-변형-합성의 연쇄를 근본적으로 통제할 수 없다. 더욱이 식민지 '개발'을 통해 초과이윤을 획득하고자 하는 식민지/제국의 자본, 즉 식민지의 생태계와 '미래 없는 관계'를 설정하는 자본의 기획에 저 예측불가능한 연쇄에 대한 사고는 부재한다. '관계'라는 것은, 그것이 어떤 성격의 것이든, 필연적으로 거기에 참여하는 존재들의 미래 시간을 함축할 때만 성립한다는 점에서 '미래 없는 관계'란 어불성설이다. 하지만 식민주의적 관계는—인식의 영역에서뿐만 아니라 실천의 차원에서도—타자와 함께 참여하는 세계의 지속성과 존재의 상호연관에 대해 크게 염려하지 않는다. 식민지 선주민들이 살아 가고 있는 땅을 '미개의 처녀지'로 대하는 식민지/제국의 자본은 그 땅의 물, 흙, 공기 그리고 그곳에서 비롯된 생명을 '소유'함으로써 자신이 마치 그 생태계 바깥에 있기라도 한듯이 행동한다. 따라서 자연 착취와 변형에 기초한 근대산업의 폭력성이 식민지 '개발'에서 보다 극단화되는 데는 이유가 있다.[107]

생산자를 생산수단으로부터 분리하는 반복적 폭력이 자본의 본원적 축적의 근본 운동이라면, 이 운동을 통해 소유를 확장해 가며 '미래에의 권리'까지 독점하려는 폭력성이야말로 식민주의적 본원적 축적의 본질을 구성한다고 하겠다. 식민지/제국 자본이 꿈꾸는 식민지 '개발'의 미래에서 정작 식민지의 자연과 생명은 생산과정 속에 소멸되기 위해서만 사용된다. 이 점에 주목할 때, 식민지 노동력에 대한 식민지/제국 자본과 행정 당국의 판에 박힌 평가절하, 이를테면 조선인 노동력은 "공정이 향상되지 않"고 "노동의 계속성이 결핍"되어 있다는 일반화된 평가[108]는, 피식민자 노동자들이 식민지/제국 자본의 시간 속에서 '향상'과 '계속'의 미래를 발견할 수 없었음을 반증한다. 이는, 달리 말하자면, 양측이 서로 전혀 다른 미래에 투기投企하고 있었음을 암시하기도 한다. 일본의 제국주의적 팽창이 이처럼 공동의 미래가 부재한 식민주의적 축적에 기초한 것이었으므로, 아시아에 '공영권共榮圈'을 건설하겠다는 식민지/제국 일본의 정치적 비전은 애당초 설득력을 가질 수 없었다.

미나마타병 이후

일본 패전 직후 미국과 점령 당국 GHQ는 일본의 비군사화와 민주주의적 개혁을 점령정책의 기조로 표방했고, 그 일환으로 〈지주회사의 해체에 관한 각서〉(1945년 11월 6일)를 제출하며 미쓰이, 미쓰비시 등 9개 재벌의 해체를 추진했다. 일본질소 역시 이 9개 재벌에 포함되어 있었고, 비료와 화학을 제외한 관계 회사들을 분리함으로써 '그룹'으로서의 성격은 희미해졌다. 그러나 중국의 공산화, 미소 대립의 격화 등 동아시아 지역에서 공산주의가 세력을 확대해 가는 데 불안을 느낀 미국은, '민주화, 비군사화'라는 일본 전후처리 정책 기조에 역행하는 이른바 '역코스' 노선을 강력히 추진한다. 이후 미국과 GHQ가 제국주의 시대를 막 벗어난 일본 민중들의 쟁의나 시위 전반을 강력히 규제하고 사회주의운동을 탄압하는 한편, 일본을 미국의 대공對共 방위선으로 설정하고 일본의 재군비화를 추진했음은 역사적 상식에 속한다. 바로 이 재군비화는, 제국주의 시대 전쟁 및 식민지 '개발'과 더불어 성장해 왔고, 따라서 식민지/제국 체제 붕괴로 인해 엄청난 손실을 입어야 했던 일본질소 등의 중화학공업 분야 재벌들에게 더할 바 없는 '재건'의 발판이 되었다.

특히 패전 후 식량난 문제를 해결하고자 한 일본 정부와 GHQ의 지원 아래 일본질소는 우선 비료산업부터 급속히 복구를 시작했다. 1930년대 중반 생산량의 4퍼센트까지 추락했던 패전 직후 일본 전체의 비료 생산량은 불과 2년 만인 1947년에 회복되었고, 한국전쟁이 발발한 1950년에는 패전 이전 최고였던 1941년 생산량(124만 295톤)까지 넘어서게 된다.[109] 이렇듯 패전 후 가장 빠르게 '복구'의 길을 걸었던 기업 중의 하나가 일본질소였다. 1945년 비료 생산량이 약 1만 8천 톤에 그쳤던 미나마타 공장도 바로 다음 해에 이미 1943년의 생산 수준(약 4만 5천 톤)을 회복했다.[110] 특히 미나마타 공장은 아시아-태평양전쟁 시기 군수물자를 집중적으로 생산했던 탓에 미군의 전략 폭격의 표적이 되어 전체 설비의 절반 가까이가 파괴되었으나, 다시금 미국의 반공 아시아 전략을 배경으로 부활한 아이러니한 장소이기도 하다. 바로 이 미나마타 공장과 노베오카 공장을 근거로 일본질소는 질소비료뿐 아니라, 염화비닐, 옥탄올, 아세트알데히드 등의 화학합성물들을 다시 생산하기 시작했던 것이다.

미나마타 못지않게 아이러니한 시간 속으로 휘말려 들어간 곳이 바로 흥남이었다. 조선질소 역시 일제 말 전시체제기에는 폭약, 항공연료 등의 생산에 더 비중을 둔 군수산업체로 전환되었다. 일본인 직공 다수가 징병되는 등의 사유로 노동력 부족 사태가 발생했을 때는 총독부가 노무동원령을 내려 전국에서 농민, 남녀 학생 등을 강제동원하기도 했으며, 전쟁 막바지에는 심지어 수감자와 전쟁포로까지 동원했다. 그러나 일본의 패전과 함께 거대한 역전이 발생했다. 해방 직후인 1945년 8월 23일 결성된 함경남도공산주의자협의회 산하 흥남화학노동조합이 공장 운영을 담당[111]하면서 경영 주체의 교체가 이루어졌을 뿐만 아니라, 주거환경을 포함해 그동안 식민자/피식민자에게 차별적으로 분배되었던 모든 조건들이 전도되었다. 특히 이 역전은 단지 민족적 전도, 즉 일본인이 있던 자리에 조선인이 들어가는 것으로 그친 것이 아니라, 계급적·이념적 전도, 즉 식민지/제국 자본이 군림하던 자리를 피식민자 노동자들이 탈취했다는 점에서 획기적인 것이었다.

해방 후 새롭게 건설되어야 할 국가형태를 둘러싸고 남한과 경쟁하던 북한은 자본주의적 축적운동에 종지부를 찍으며 노동자·농민이 주체가 되는 체제를 지향했고, 이 순간 노동자들의 시간은 국가의 미래와 일치하는 것처럼 보였다. 자본의 본원적 축적이 재생산해 온 '분리'를 극복하고 마침내 "본원적 통일을 새로운 역사적 형태로 되살려"[112] 놓을 것으로 기대되는 곳에서 비로소 '공동의 미래'를 꿈꿀 수 있었고, 이 책의 9장에서 확인할 수 있듯이, 식민지 시기 조선질소 흥남공장을 죽음의 장소로 묘사했던 이북명도 해방 직후 같은 공장에서 희망에 가득 차 자발적으로 '증산투쟁'에 나서는 노동자들을 그릴 수 있었다.

그러나 분단과 내전 위기 속에서 경제부흥과 국가건설이라는 목적을 절대화한 김일성 세력은 생산력 증대를 위해 노동자들에게 강력한 노동규율을 요구하며 산업시설의 국유화와 함께 국가의 중앙통제를 강화해 갔다. 더욱이 조선민주주의인민공화국 성립 후 '노동자·농민의 국가'를 건설했다는 '자긍심' 아래 모두의 꿈은 국가의 미래로 수렴되어야 했다.[113] 해방 직후 혁명의 시간은 국가의 시계장치로만 측정되기 시작했고, 이렇게 미래에의 권리를 국가가 장악하면서 아이러니하게도 일제 말기의 생산주의 체제를 방불케 하는 노동국가를 형성해 갔다. 한국전쟁기 미군의 폭격과 함포사격으로 도시의 90퍼센트가 파괴된 후 월남 피란민들의 비참과 함께 '흥남철수'의 기억이 화학공업도시 흥남을 뒤덮어 버렸지만, 휴전 후 흥남은 다시금 북한의 대표적인 거대 중화학 공업도시로 '복구'되었다. '인민의 국가'가 식민지/제국 자본의 화학 콤비나트의 폐허 위에 다시 일으켜 세운 거대 중화학 '연합기업소'에서 생명 파괴의 흔적이 시야에 들어오기란 거의 불가능하다.

패전 후 일본은 미국의 기획하에 조성된 '평화헌법' 체제에서 이른바 '전후 민주주의'의 분위기를 경험하는 한편 반공 냉전 전선의 전초기지로서 전략적 위치에 배치되었고, 동시에 반대편에서 냉전 최전선에 자리 잡게 된 북한은 '열전'을 겪는 가운데 항상적 전시체제를 구축해 갔다. 식민지/제국 일본이 해체되자마자 동아시아를 분단한 냉전(열전) 전선은 미나마타와 흥남 사이에 형성되었던 역사-생태적 연쇄 역시 분단시키며 저 상징적 포스트들을 더 큰 갈등적 세계 속에 용해시켰다. 식민지/제국 일본과 일본질소가 미나마타와 흥남 사이에 놓았던 직접적 연결선은 제국 붕괴와 함께 끊어졌지만, 식민주의적 축적의 체제 자체를 절단했는가는 의심스럽다. 해방/패전 직후 재편된 반공 냉전(열전) 전선이 식민지/제국의 기억을 빠르게 뒤덮어 버리면서, 저 축적은 냉전 전선 양측에서 새로운 증식의 장소들을 발견해 간 것은 아닐까.

'미나마타병'은 발병 지역의 이름을 담고 있어 그 지역에서 화학산

업을 일으킨 일본질소의 역사를 상기시키지만, 또한 이 공해병을 어떤 역사적, 지리적 특수성 속에 고정시킬 수도 있다. 그러나 많은 죽음과 생명 파괴에 원인을 제공한 일본질소, '짓소チッソ'가 된 일본질소가 그 책임을 인정한다 할지라도, 어떤 보상이나 재발방지 대책이 마련된다 할지라도 식민주의적 축적 자체가 사라지지 않는 한 '미나마타병' 역시 사라지지 않는다. 이미 냉전체제하에서 산업적 식민주의가 부활하기도 했지만, 이른바 탈냉전 이후 지구화가 고도화되는 환경 속에서 '선진국' 공해산업이 '후진국'에 이전되거나 '선진국' 공해산업의 생산력을 '후진국' 출신 이주노동자들이 담당하는 현상은 거의 구조화되고 있다. 식민주의적 축적이 반복되는 곳에서 '미나마타병'은 예측할 수 없게 증식해 간다.

5.

자본의 도시,
노동의 도시

제국의 프론티어

내가 북선北鮮의 전인미답의 땅에 화학과 전기의 이상향을 건설한 이래 우리 회사의 자본은 쇼와 2년[1927] 4,500만 엔이 되었고, 4년 후인 쇼와 6년[1931]에는 일약 9,000만 엔으로 증가했다. 약진 또 약진하여, 현재는 회사 정관에 등기된 자본 2억 엔, 사업에 투하된 자본 5억 엔, 자회사 20여 개라는 성적을 보여주고 있는데, 허천강, 압록강 100만 킬로에 걸친 수리개발도 만주국과의 협력에 의해 착착 진행되고 있다. 나는 현재에 만족하지 않고 새로운 화학공업을 앞으로도 계속해서 일으킬 예정이다.[114]

일본질소 콘체른의 대표 노구치 시타가우는 조선과 만주에서 거침 없이 전개한 개발의 성과를 자랑스럽게 선전하고 있지만, 그가 만든 "화학과 전기의 이상향"은 결코 "전인미답"의 땅에 세워진 것이 아니었고, 그 유토피아적 공간을 건설한 자도 그 개인은 아니었다. 그는 총독부와 경찰의 힘을 빌려 200여 호 규모의 마을을 형성하고 있던 조선인 농어민을 그들의 터전으로부터 추방했고, 그곳에 일본, 중국, 조선 각지에서 '구입'한 수만의 '노동력'을 배치했다. 그리고 이 노동력 배치에는 총독부가 깊이 개입해 있었다.

불경기로 인해 사업계가 부진한 내지로 막연히 돈벌이를 떠나는 조선인이 해마다 많아지는 것을 저지하고, 조선 내에서 충분히 일하며 충분히 먹고 살 수 있도록 하고자 하는 마음에서 그 수습방법에 골머리를 앓고 있는 총독부에서는, 함남의 수력전기사업이 막대한 인부를 필요로 하는 점에 착안한 결과, 노동에 뜻을 두고 내지로 도항하는 사람들을 부산에서 저지하고 함남으로 향하도록 애쓰고 있는데, 이 일을 위해 사회과에서는 일부러 과원課員을 부산으로 파견해 우선 시험적으로 함남행의 조선인 인부를 주선하고 있다.[115]

일본질소의 부전강 수전水電 공사에 필요한 노동력을 공급하기 위해 '내지'로 도항하고자 하는 조선인을 부산에서 저지하고 총독부 사회과 직원이 직접 부산까지 파견 나와 이들에게 함남행을 알선하고 있다. 일본질소라는 식민지/제국의 기업이 식민지에 자본을 투자하여 대대적인 전기·화학공업을 개발하는 데 총독부의 행정적 지원이 뒤따르고 있었음을 이곳에서도 쉽게 확인할 수 있다. 그런데 이 사실 못지않게 주목해야 할 지점은 조선인을 "조선 내에서" 먹고살게 해야 한다는 인구관리의 시선이다.

식민지 인구에 대한 이 같은 통제와 관리의 시선은 식민지/제국의 범위 전체에 걸친 노동시장 통제의 관점에서 비롯된 것이다. 총독부는 '중국인 노동자들의 조선 유입→조선인들의 실업률 증가→조선인들의 '내지' 도항'의 연쇄가 일어나고 있다고 파악했고, 이는 다시 '내지' 일본인들의 실업률 증가로 이어지리라 우려했다. 이렇게 식민지/제국 규모에서 발생하는 노동시장의 불균형과 그것이 초래할 불안을 우려하고 있던 총독부 및 일제 당국의 입장에서 일본질소의 식민지 개발은 중요한 해결책을 제공해 준 셈이었다. 즉 최근 "지나인의 석공인부 때문에 조선인 노동자가 압도당하고 있다는 비명소리"가 높아졌는데, 마침 일본질소의 수력발전소 및 비료공장 건설을 전후해 "유망한 사업이 차례차례로 일어나 다수의 인력을 필요로 하는 시기가 되고 있기 때문에 군이 '내지'나 해외로 도항하지 않아도 쉽게 일하며 살아 갈 수 있다"[116]는 낙관적 전망을 가능하게 해주었다. 일본질소의 대규모 공사는 식민지/제국 내의 노동시장을 불안하게 하는 역내 인구이동을 저지하고 지역 내 노동력의 안정적인 재생산을 가능하게 하리라 기대되었던 것이다.

일본질소의 조선 '진출'은, 기존 재벌이 미처 개척하지 않은 중화학공업 분야에 투자하고 식민지에서 막대한 전원電源과 노동력을 활용하여 이윤을 극대화하고자 한 신흥 콘체른의 모험적 행보가 조선총독부(특히 우가키 총독 부임 후)의 '농공병진' 정책과 맞물린 데다가, 이후 전쟁으로 인한 통제적인 군수산업화의 특혜를 독점하면서 기업의 비약적인 성장으로 이어질 수 있었다. 이에 덧붙여, 식민지에 대규모의 노동력

〈그림 15〉
조선질소비료 흥남공장 내부
(《事業大觀》, 日本窒素肥料株式會社, 1937)

수요를 창출함으로써 인구이동이 '내지'에 미칠 노동시장 교란의 요소를 방지·조절하고자 하는 제국의 경계 관리의 입장에서도 자본의 이식은 소망스러운 것이었다.[117] 이렇게 볼 때 흥남 일대에 형성된 일본질소의 전기·화학 콘체른은 노동 인구의 이동과 집중을 촉발하는 한편으로 그들의 이동을 저지하는 효과를 낳았다고 할 수 있고, 식민지/제국 체제의 포괄적인 통치구조 내에서 자본과 국가의 이해가 합치하고 있었다고 볼 수 있다. 중일전쟁 발발 이후의 전시기, 일본질소의 군수산업화가 진행되면서 자본과 국가의 관계는 더욱 구조화되어 간다.

계급의 민족화, 민족의 계급화

일본질소 콘체른은 흥남에 조선질소공장을 세운 초창기에 기본적으로 '내지'로부터 기술자, 숙련공 등을 전근시키는 방식으로 생산력을 확보했고, 조선인과 중국인은 주로 단순 노동 및 일용 노동에 배치하며 노동자의 직급별 위계를 민족적 구성에 거의 일치시켰다. 앞서도 서술했듯이, 전문기술자들은 대부분 제국대학 이공계를 졸업한 자들로서 새로운 제품, 설비 및 생산 공정의 개발을 담당했고, 내지에서 온 숙련공 및 일반 직공들은 정밀한 작업을 담당하는 한편 조선인, 중국인 노동자에 대한 관리·감독 업무를 맡았다. 조선으로 이주해 온 '내지인' 노동자의 "거의 전부는 조선인 노동자의 지도적 입장"[118]에 있었던 사정은 흥남에서도 마찬가지였다. 특히 흥남공장은 초기부터 기본적으로

〈표 5〉 조선의 산업별 일본인 공장노동자 수(1931년 말 현재)[119]

산업별	내지인 공장노동자 수(단위: 명)
방적공업	242
금속공업	370
기계기구공업	904
요업	358
화학공업	3,286
제재製材 및 목제품제조공업	125
인쇄제본업	209
식량품제조업	378
가스 및 전기업	109
기타 공업	189
계	6,169

〈표 6〉 조선질소 흥남공장 내 일본인·조선인 직공 수 현황(1932년 3월 현재)[120]

직공 수	남성 직공		여성 성년공	합계	비율 (퍼센트)
	성년공	미성년공 (15세 이하)			
내지인	3,131	51	113	3,295	71.3
조선인	1,296	29	2	1,327	28.7
				4,622	100

'내지' 노동자들을 그 생산력의 중심으로 삼았기 때문에 대체로 7대 3으로 '내지인'이 다수를 차지하고 있었다.

1931년 말 시점에 이루어진 조사(〈표 5〉)에 따르면, 조선의 화학공업에 종사하는 '내지인' 노동자가 조선 내 모든 산업 분야 '내지인' 노동자 수의 절반 이상을 차지하고 있었다. 이 시기 유독 화학공업 분야에 이토록 '내지인' 노동자가 집중되어 있다는 사실은, 기존의 산업기반이 확충되어 가면서 지역 '재조일본인' 노동자들의 취업이 자연스럽게 증대한 것이 아니라, 새로운 생산설비 투자와 함께 식민 본국으로부터 계획적이고 목적적인 대규모 취업 이주가 이루어졌음을 짐작하게 해준다. 물론 이 화학공업 분야 노동자가 모두 흥남에 있었다고 단언할 수는 없지만, 1931년 말의 화학공업 종사 '내지인' 노동자 수가 1932년 3월 《매일신보》에 공개된 흥남공장 '내지인' 직공 수(〈표 6〉)와 거의 일치하는 것을 볼 때, 조선 전체 화학공업이 흥남에 집중되어 있었음을 확인할 수 있다. 흥남공장 전체 노동자 중 '내지인'이 70퍼센트를 차지하고 있었음은 당시의 신문기사, 증언, 르포 등을 통해서도 재확인할 수 있거니와,[121] 흥남공장 생산력의 기본은 내지인 노동자들에 의해 뒷받침되고 있었다. 이렇게 볼 때, 식민지/제국 '전기·화학공업의 유토피아'인 흥남은 '내지'가 연장된 장소였다고 할 수 있다. 공장 안에서는 일본어만을 사용해야 했고,[122] 조선인과 중국인은 기술적 노동으로부터 배제된 채 "일본인의 보완적 노동으로서 육체소모적인 노동"[123]에 배치되었다.

가장 높은 지위에 있던 '내지인' 전문기술자는 임금과 근무환경은 물론 일상생활의 편의에 이르기까지 전혀 다른 세계에 속해 있었다. 이들에게 흥남은 실험 결과를 현실에 맘껏 적용해 볼 수 있는 이상적인 실험실이었고, 전쟁으로 인한 새로운 화학제품의 수요에 대응해 새로운 분야를 개척해 가는 프론티어 정신의 실천장이었다.[124] 아울러, 풍부한 전기를 활용할 수 있는 생활 도구들―예컨대 전기밥솥, 전열기구 등―을 발명하기도 하면서 '기술 유토피아'의 미래를 꿈꾸기도 했다.

그런가 하면 미나마타를 비롯해 일본질소 '내지' 공장과의 연결선을 통해 조선으로 건너온 일반 직공들은 민족적으로 분할된 공장 서열 구조에 익숙해져 갔다. '내지'임에도 불구하고 경제적·문화적·사회적으로 소외되어 왔던 지역의 노동자들이 흥남에서는 더 많은 경제적·문화적 혜택과 함께 감독자의 권력까지 행사할 수 있었다. 이들의 흥남 전근은 공장 건설 시기인 1927년 11월부터 시작된 것으로 보인다.[125] 물론 개별적인 경로를 통해 '내지' 각지에서 건너온 노동자들도 적지 않았고, 군인으로 조선에 배치되었다가 전역 후 흥남에 취직한 '내지인'도 제법 있었다. 특히 공사 하청조직인 각 구미[組]의 조장인 고가시라[小頭]는 대부분 헌병 출신이었다는 증언도 있다.[126] 공장이 건설된 후에도 기본적인 업무는 '내지인' 중심으로 이루어졌다.

초기에는 미나마타와 노베오카에서 전근해 온 이들이 주체가 되어, 조선에서 군대를 만기 제대한 일본인을 현지 채용해 보충했습니다.…… 조선인은 공사가 있을 때마다 조금씩 들어왔습니다. 일용 잡역이라든지 수리修理 보조였죠.…… 조선인은 어지간히 우수

〈표 7〉 조선질소 흥남공장 내 일본인·조선인의 임금 현황(1932년 3월 현재)[129]

임금 (1일 평균)	남성 직공		여성 성년공
	성년공	미성년공 (15세 이하)	
내지인	1원 90전	76전	1원 14전
조선인	1원 10전	60전	64전
차이	−80전	−16전	−50전

〈표 8〉 전쟁 말기 조선질소 금속공장 내 일본인·조선인의 임금 현황[130]
(단위: 원)

구별			정액임금 (1인 1일 평균)	실수實收임금 (1인 1일 평균)
남자	일본인	20세 미만	2.36	4.40
		30세 미만	3.33	6.91
		30세 이상	3.59	8.81
		소계	3.22	7.33
	조선인	20세 미만	1.18	2.27
		30세 미만	1.64	3.57
		30세 이상	2.01	5.11
		소계	1.64	3.58
여자	일본인		1.66	2.66
	조선인		0.88	1.46
총평균			1.90	4.32

〈그림 16〉
조선질소 흥남공장 암모니아 합성 공장 내부
(《事業大觀》, 日本窒素肥料株式會社, 1937)

하지 않고서는 3교대 운전공으로는 쓰지 않았습니다.[127]

　　이른바 '조선수당'을 비롯한 각종 수당을 받는 '내지인'과 조선인 사이에 약 2배의 임금격차가 있었을 뿐만 아니라,[128] 무엇보다도 작업장 내에서의 엄격한 서열구조와 폭력적인 노무관리가 민족의 계급화 또는 계급의 민족화를 굳혀 갔다. 요컨대 계원, 직공, 일용 잡역 사이의 업무상 위계에 민족적 배치가 겹쳐지면서 일종의 '신분적' 차이를 만들었던 것이다.

　　이렇게 구조화된 신분관계에서는 예컨대 조선인과 '내지인'이 '김金'과 '다나카田中'로 만나기는 어려웠다.[131] 뿐만 아니라, 이른바 노무관리라는 이름으로 '내지인' 계원 또는 직공이 조선인 노동자에게 가하는 권위적이고 폭력적인 명령과 통제가 일상화되면서, '내지인' 사이의 직급 서열관계에서도 신분적 격차의식이 나타날 정도로 조직 내에 식민주의가 만연했다.[132] 즉 식민자와 피식민자 사이의 민족적 차별이 공장 내 엄격한 서열구조 속에 기입됨으로써, 서열구조의 하층에 속하는 자들은 조선인 노동자든 '내지인' 노동자든—결코 실제에 있어서 완전히 동일했다고 가정할 수는 없겠지만—마치 피식민자로 '민족화'되는 듯한 폭력적인 차별구조가 형성되었던 것이다. 물론 이와 정반대의 방향, 즉 일부 조선인 노동자가 승진해 직공장 등 책임자나 감독자의 위치에 편입되는 경우도 없지 않았다. 특히 아시아-태평양전쟁 발발과 전선의 확대로 인해 일본인 남성 노동자들이 대거 징병·동원되면서 노동력의 민족적 구성이 역전되어 조선인 노동자가 다수를 형성했을 때에는, 조선인 노동자 내에서도 직급에 따른 피라미드 구조가 나타났다. 그 경우에는 직급상의 위계에서 비롯되는 차별관계가 동일한 조선인이라는 '민족적' 규정성을 압도함으로써 조선인 노동자 내의 분열을 야기하기도 했던 것으로 보인다.[133] 식민주의적 서열구조가 뿌리내린 곳에서 민족의 계급화와 계급의 민족화는 언제든 호환될 수 있기 때문이다.

하지만 식민지 시기 전체를 두고 봤을 때, 대부분의 조선인 노동자가 공장 내의 단순 육체노동 업무에 배치되어 직급 서열의 가장 낮은 층을 형성하고 있었음은 틀림없다. 뿐만 아니라 '비고용' 상태의 조선인 다수가 공장 주변에서 대체가능한 노동력을 제공하고 있기도 했다. 총독부와 식민 본국 행정권력의 인구통제 정책으로 인해 '내지' 도항이 쉽지 않은 상황에서 흥남으로 일자리를 찾아오는 조선인들이 증가했고, 수요를 넘는 노동력들은 공장 주변에서 이른바 '산업예비군'을 형성하고 있었다.[134] 따라서 자본의 입장에서는 스트라이크, 태업 등의 '불온한 방해'뿐만 아니라 질병, 부상 등의 '돌연한 오류'로 인해 공장 내 생산의 시간이 멈출 때, 그 장애요인을 즉각적으로 제거하고 노동력을 대체·보충할 수 있는 자원을 넘치게 가지고 있는 셈이었다. 더욱이 조선인 노동자들이 종사한 단순 잡역은 대부분 숙련성을 갖지 않아도 되는, 힘 자체만을 필요로 하는 노동이었고, 따라서 이 힘의 소유자는 반드시 조선인일 필요도 없었다.

그러나 중국인 노동자의 유입은 식민지/제국 내 노동시장을 불안정하게 만드는 요인이었기에 총독부는 이를 엄중히 통제하려 했다. 당국

은 내훈 〈지나인 노동자 취체에 관한 건支那人勞働者取締に關する件〉(1930년 11월 17일)을 통해 작업장에서 중국인 노동자 사용에 제한을 두도록 했다.[135] 총독부는 특히 중국인 노동자 조직이 이른바 '쿨리가시라[苦力頭]'라는 우두머리를 중심으로 비교적 통제된 집단을 구성하고 있는 데 반해 조선인 노동자들이 비조직적이고 분산적인 경향을 강하게 갖고 있는 점에 주목하면서, 중국인 노동자들의 조직적 유입이 조선 노동시장의 불안정에 그치지 않고 더 큰 사회불안을 야기할지도 모른다는 우려를 갖고 그 가능성을 최소화하려 했다.[136] 물론 이러한 이동통제 정책이 실제적으로 얼마나 효과적이었는가는 불확실하지만,[137] 일본질소 콘체른과 관련해서만 보자면, 초기 수전 공사 및 공장 건설 공사에 중국인 계절노동자가 대량으로 사용된 데 반해 공장이 가동된 후에는 현장에서 빠르게 배제되고 소수의 일용 잡역에만 참여하고 있었던 것으로 보인다.

식민자와 피식민자가 포함된 다민족 노동력 구성이 민족의 계급화 또는 계급의 민족화의 형태로 이루어지고, 이 위계를 넘어서 공정에 대한 정보 또는 기술의 전이 등이 이루어질 수 없는 구조가 생산과정에 관철되고 있었다는 사실은 일본질소 콘체른의 식민지 '개발 및 투자'의 식민주의적 성격을 드러내 준다. 단적으로, 식민 본국의 엘리트 기술자들에게는 자기 실현과 국가적 대의가 일치되는 이상적인 생산현장이었던 공장[138]이 조선인 노동자—또한 중국인 노동자—에게는 '죽음의 공장'이었다. 흥남 질소비료공장 노동자 출신의 작가 이북명이 반복해서 묘사했듯이, 공장은 노동자들이 폐결핵에 걸리거나(《질소비료공장〉, 〈출근정지〉[139]), 암모니아 가스에 질식당하거나(《암모니아 탱크》[140]), 탱크 폭발로 형체도 없이 해체되어 버리는(《출근정지》) 곳이다. 앞서 미나마타병의 식민주의적 원천을 다루면서도 서술했지만, 이와 같은 노동조건의 격차, 보다 정확히 말해서 공장에 접속되는 방식 및 경로의 격차는 식민지/제국 자본이 식민지 생태계와 '미래 없는 관계'에 있음을 분명히 드러낸다. 이런 격차가 온존하는 상태로 공동의 미래가 형성될 수 없음은 명백하다.

민족차별과 직급차별이 조응하는 이 공장에서는 노동규율의 실천과정을 통해 일본인에게 식민자 아비투스를 학습하게 했을 뿐만 아니라, 역으로 '식민자/피식민자'라는 폭력적 위계에서 형성된 차별관계를 직급상 서열에 전이시키게 했다. 따라서 피식민자의 '노동력'을 특정 부문의 노동에 배치하는 서열구조는, 거꾸로 특정 부문의 노동을 도덕적으로 가치화하는 직업 이데올로기를 산출·강화하기도 했다.[141] 흥남공장의 다민족 노동력 구성은 세계와 사회에 대한 식민주의적 관계 자체를 일상 속에서 재생산하는 장치의 일부분이었다.

규율화의 실패와 도주하는 신체들

중일전쟁 발발을 전후해 흥남 일대 일본질소 콘체른에는 큰 변화가 발생한다. 하나가 군수산업화에 의해 새로운 생산 분야(화약, 마그네슘, 인조석유 등)가 확충되고 콘체른의 규모가 더욱 비대해진 것이라면, 그와 반대로 징병으로 인해 '내지인' 노동자들이 현저하게 감소해 갔다는 것이 다른 하나였다. 일제는 국가 내의 모든 자원과 에너지를 전쟁 수행에 집중시키는 이른바 '고도국방국가' 모델을 입안하고 식민지 조선을 '병참기지'로 배치했으며, 이에 따라 조선 관북 지역에 조성된 일본질소 콘체른의 거대한 중화학공업 인프라는 곧바로 군수물자의 생산 및 공급 기반으로 동원되었다. 이렇게 노동력의 수요가 증대해 가는 와중에 '내지인' 노동력의 공백까지 겹치자 일본질소는 총독부의 강력한 지원 아래 조선인들을 집단적으로 모집·동원했고, 콘체른 내 노동인구의 민족 구성은 빠르게 역전되어 갔다. 결국 전쟁 말기에는 8대 2 이상으로 조선인 노동자가 다수를 점하게 된다.

전시 '국가총동원법'(1938년 제정, 공포)에 근거해 식민지/제국의 행정권력이 모든 '인적·물적 자원'을 통제하게 된 이후, 총독부는 단순

〈표 9〉 전쟁 말기 일본질소 콘체른 남자 노동자의 일본인, 조선인 비율[142]

공장 \ 구별	일본인	조선인	공원工員 중 일본인의 비율(%)	조사시점
흥남비료공장	987	4,554	17.81	1945년 3월
흥남금속공장	887	3,791	18.96	1945년 5월
본궁공장	761	3,651	17.25	1945년 6월
용흥공장	577	1,698	25.36	1945년 6월
화약공장	465	1,207	27.81	1945년 5월
제련소	91	873	9.45	1945년 6월

한 '알선'의 역할에 머물지 않고 직접 지방 행정체계를 이용해 노동력을 '징용'해 갔다. 이른바 '산업보국대'라는 이름으로 행해진 강제적 노무동원은 주로 조선 남부 지역 농민층 가운데 유휴노동력을 활용한다는 명분으로 추진되곤 했다. 하지만 실상은 강제적인 징발에 다름 아니었다.

전쟁이 말기에 접어듦에 따라 일본인 노동자만이 아니라 조선인 모집도 어렵게 되었다. 그래서 농촌에서 조선인을 강제적으로 공장에 끌고 오는 일이 행해졌다. 그리고 처음으로 행해진 것이 산업보국대産業報國隊였다. 약칭으로 산보대라고 말했다. 우선 공장이 도道를 통해 이 산보대의 출동을 총독부에 신청한다. 총독부는 그것을 도로, 도는 군郡으로, 군은 면面으로 할당해 간다. 면은 출동 가능한 자의 명부에서 출동할 산보대원을 선발한다. 2개월을 기한으로 출동하는 산보대는 이번엔 누구누구, 그 다음엔 누구누구라고 정해, 순서가 된 사람을 내보내는 방식이었다.[143]

남선南鮮 지역 농민들에 대한 전시 노무동원은 중일전쟁이 장기지구전으로 전환되고 조선의 병참기지로서의 위상이 명확해지면서 점차 본격적·체계적으로 진행되었는데, 당연히 일본질소 콘체른의 노동력 충원에만 국한된 것이 아니었으며 자본과 행정권력의 필요에 따라 여러 현장에서 상시적으로 행해졌다.[144] 전쟁 말기 일본질소 콘체른의 '내지인' 노동력을 조선인이 대체해 가는 현상은 흥남 일대에서만이 아니라 미나마타에서도 마찬가지였다. 식민지/제국의 자본 – 국가 복합체가 식민지를 '개발'하면서 식민자 노동자들의 이동을 이끌었던 경로를 거꾸로 거슬러, 이번에는 강제적으로 동원된 피식민자 노동자들이 현해탄을 건넜다. 일본질소 미나마타 공장 노동자들의 회고에 따르면, 1942년 무렵부터 카바이드 공장에 조선인들이 들어오기 시작해 예컨대 한 작업조를 이루고 있는 75명 중 50명 정도를 조선인이 차지하는 경우도 있었다.[145] 물론 조선인 노동자들이 다수를 점했지만 흥남에서도 미나마타에서도 '내지인' 노동자는 조선인 노동자를 관리·감독하는 지위에 놓였다.

그러나 아무리 총동원 체제하에서 식민지 행정권력이 직접 나서 강제적으로 동원해도, 이곳저곳에서 '누수'가 발생하는 것을 막을 수는 없었다. 강제동원 도중 또는 공장 노동 도중에 도망하는 자들이 빈번히 발생했던 것이다.[146] 노동자들의 도주 및 작업장 이탈은 1920년대 후반 일본질소의 수전 공사에 동원된 이들에게도 광범위하게 나타났고, 결국 총독부의 알선 시도는 실패로 돌아간 바 있다.[147] 특히 전시 총동원 체제기에 접어든 후 흥남공장 일대의 민족별 노동력 구성비가 역전되면서 이른바 '노무관리'에 더 많은 '빈틈'이 발생한 것은 물론이다. 이러한 도주 또는 이탈은 일차적으로는 강제적인 동원과 노역에 대한 거부행위로서 나타난 것이지만, 식민주의적 노동력 통제의 한계와 관련된 보다 구조적인 차원에 닿아 있는 현상으로 봐야 할 것이다. 식민주의적 통치의 성격을 드러내 주는 이 현상은 무엇보다도 피식민자 '노동력'에 대한 체계적인 평가절하와 직결된 것이기 때문이다. 앞서도 지적한 바 있지만, 식민지/제국의 자본-국가는 '내지인' 노동자 및 중국인 노동자와의 비교를 통해 조선인 노동자의 조직력과 규율의 부재를 비판하는 언설을 창안·유포하면서 조선인 노동자에 대한 통제·관리 실패의 원인을 조선인 노동자 자체에서 찾으려 했다. 실제로 총독부에서 흥남의 '내지인' 노동자들에 이르기까지 조선인 노동력에 대한 평가절하는 일반화되어 있었다.

(1) 동작이 민첩하지 않고 일에 대한 열의를 결여하고 있어 공정이 향상되지 않는 점.

(2) 치밀한 일 또는 화급한 순간에 대응하지 못하는 점.

(3) 일에 싫증을 잘 내고 노동의 계속성이 결핍되어 있어 숙련공이 되기 어려운 점.

(4) 3, 4일 동안 일을 하고 임금을 모으면 먹을 것이 떨어질 때까지 휴업을 해 사용자 측이 일의 계획을 세울 수 없게 하는 점.[148]

조선인은 내지인처럼 신뢰할 수 없는 걸요. 내지인이라면 이런저런 사정이 있으니까 내일 몇 시까지 운전할 수 있도록 용접해 놓아라, 라고 말하면 되지만, 조선인은 그렇게 해서는 되지를 않아요. 책임이 없는 걸요. 책임감이라는 것이 없는 걸요.……미나마타의 직인職人들처럼 죽을 때까지 일을 배우겠다는 정신 따위는 약에 쓰려고 해도 없어요. 그저 그 자리에서 발뺌하려고만 하지.[149]

조선인 노동력에 대한 평가절하는 중국인 노동자 및 '내지인' 노동자와의 비교를 통해 확립되어 갔는데, 조선인 노동자의 문제로서 파악하고 있는 내용의 핵심은 '예측불가능성'에 있다고 할 수 있다. 부여된 명령의 결과를 예측할 수 없고, 무엇보다도 현장에서의 노동의 지속 자체를 예측할 수 없다는 것이다. 그러나 조선인 노동자의 노동능력에 대한 식민자들의 이와 같은 불만은 근본적으로 조선인 노동력에 대한 '통치불가능함'의 토로에 다름 아니며, 결국 식민지의 타자들과 '미래 없는 관계'를 맺고 있을 뿐이라는 자백에 다름 아니다.

통치불가능한 신체

사실 민족의 계급화 또는 계급의 민족화가 관철되고 있는 공장에서 단순 육체노동에 집중적으로 배치된 조선인 노동자들이 '내지인' 기술자 또는 직공과 같은 수준의 '주체성'을 갖지 못하는 것은 당연한 것이었다. 또한 공정에 대한 지식 및 기술의 습득으로부터 배제된 상태에서 근대적인 노동규율이 자동적으로 이루질 수도 없었다. 따라서 조선인 노동자를 소나 말처럼 생각하고 사용하라는 노구치의 전언[150]과 함께, 노무관리라는 명목으로 일상적인 폭력이 구사되곤 했던 것이다. 그러나 조선인 노동자에게 특징적인 노동규율의 부재, 책임감의 부재, 예측불가능성 등은 노동의 숙련 자체를 불가능하게 하는 식민지적 노동유동성의 조건과 분리될 수 없는 현상이며, 또한 노동에 대한 식민주의적 위계구조를 유지하면서 노동력의 가치를 과소평가하기 위한 장치이기도 했다. 요컨대 한편으로는 조선인 노동력에 대한 가치절하 언설을 생산해 가면서 동시에 가치절하된 상태를 지속시키는 노동유동성을 강화시켜 간 것이 식민지/제국 자본-국가의 '노동력' 관리 메커니즘이었다.

그러나 이렇듯 노동력에 대한 식민주의적 통치를 강화시켜 갈수록 도주와 이탈의 가능성은 확대되어 간다. 민족차별과 직급차별이 상응하는 식민주의적 노동력 관리구조에서 피식민자의 '노동력' 또는 하층 직급의 노동은 체계적으로 과소평가될 수밖에 없고, 이러한 과소평가는 그 '노동력'과 직급에서의 다양한 이탈을 촉진한다. 앞서 미나마타 병의 식민주의적 원천을 고찰하며 서술했던 언어로 바꿔 말하자면, 식민지의 자연과 생명을 생산과정에서 소멸될 대상으로만 다루는 식민지/제국 자본의 시간 속에서 피식민자 노동자들은 자신들의 미래를 발견할 수 없다. 그러므로 식민지/제국 자본의 '미래 없는 관계'를 포기하기 위해서든, 적극적으로 '다른 미래'에 투기하기 위해서든, 피식민자 노동자들은 도주하거나 이탈한다. 역설적으로 식민주의적 통치가 통치불가능한 것을 확대재생산한다. 그러므로 '노무관리'의 이름으로 조선인 노동자의 신체에 가해진 폭력은 가치절하된 노동력의 위치를 강제적으로 확인시키는 행위인 동시에 통치불가능한 것에 대한 조바심의 표현이기도 하다.

여기서 식민주의적 통치와 통치불가능성의 역설을 이해하기 위해 '노동력'이라는 대상에 대해 조금 더 생각해 볼 필요가 있다. 식민지/제국의 자본-국가 복합체는 식민지의 인간들을 '노동력'으로—아시아―태평양전쟁기에는 '전투력'으로 확장―대상화하며, 따라서 통치의 기술은 '노동력으로서의 인간'을 향해 집중된다. 식민지의 인적·물적 '자원'을 효과적으로 사용할 수 있도록 조절하고 배치하는 것이야말로 식민주의적 통치기술의 핵심 목표에 해당되기 때문이다. 식민주의적 통치성의 이상은 식민지 세계를 남김없이 '가용자원'으로 사로잡는 데 있다. 그러나 '노동력'과 '인간' 사이에는 간극이 존재할 수밖에 없는데, 식민주의적 통치성은 이렇게 '노동력'으로 완전히 수렴되지 않는 유동적인 영역조차 '잠재적인 노동력'의 형태로 재포획하려 한다. 예컨대 다음과 같은 노동정책적 발상을 참고할 수 있다.

> 조선 노동계의 장래를 관찰해 보면, 농민은 교통이 열림에 따라 점차 농사짓기를 싫어하고 도회에 집중하는 경향이 있으며, 또 한편에서는 점차 조선 내에서의 산업개발에 따라 각종 공장의 신설 및 철도 공사, 하천 개수 공사, 도로 항만 공사, 수리 개간 공사, 대 수전水電 공사 등이 점차 발흥해 가면서 노동자의 수요는 증가해 가는 추세에 있습니다. 이 수요 증가 수는 모두 농촌에서 충당하지 않으면 안 됩니다. 현재 조선인의 8할은 농민이며, 게다가 그중의 8할은 소작농 또는 자작 겸 소작농의 상태에 있기 때문에 특수한 숙련직공을 제외하고는 부족한 노동자를 농촌에서 충당하는 것은 곤란하지 않다고 생각됩니다.[151]

1933년의 시점에서 총독부는 조선의 농민을 '산업예비군' 또는 '잠재적인 노동자'로서 파악하고 있다. 인구와 노동에 대한 식민주의적 통치의 시선은 농민에서 노동자로의 '이행'을 단절 없는 연속성에서 이해하고 있는 것이다. 이러한 이해는 그 각각의 신체들의 차이를 추상적인 '노동력'으로 평면화시키고 그 외부가 없다고 가정할 때에만 성립될 수 있다. 이는 상대적 과잉인구를 "'노동력 자체를 상품으로 제공'하기 위해 대기하고 있다고 기대되는 존재"인 '산업예비군'으로만 대상화하고 그 다양한 신체들을 "아직 관계를 체결할 약속도 하지 않았지만 이미 예정대로 진행되리라고 상정"[152]하는 자본의 예정조화론과도 합치하는 입장이다. 그러나 농민은 노동자로 '이행'하기 위해서만 존재하는 '노동력'이 아니며, '이행'이 진행된다 하더라도 특정한 '힘(능력)'으로 전환되지 않는 신체들에서 이탈이 발생한다. '노동력'으로만 대상화된 식민지의 존재들을 완전히 포획하려는 식민주의적 통치성은 필연적으로 '생산'의 세계 바깥으로 도주하는, 통치불가능한 신체들을 남겨 놓는다.

언더그라운드의 증식

식민지/제국 신흥 콘체른의 식민지 '개발'은 일제 당국과 총독부의 지정학적 전략 속에서 독점적 이익을 보장받으며 날로 확대되어 갔다. 특히 흥남 지역을 중심으로 한 일본질소의 식민지 '개발'은, 전기·비료·화약 등 공공재 생산을 통해 식민지/제국 전체 삶의 물질적 조건에 깊이 개입하며 중대한 변화를 초래했을 뿐더러, 식민지/제국 범위에서 노동시장을 새로이 창출하거나 조정하는 효과를 가져왔다는 점에서 식민지/제국의 통치성과 깊이 관련된 것이었다. 식민지/제국 '내지'의 노동시장 안정을 위해 중국에서 유입되는 인구를 차단하고 '내지'로 도항하는 조선인들을 통제하는 한편 유효한 '노동력'을 식민지/제국의 역내 경계를 가로질러 재배치하는 행위는 자본과 국가가 함께 참여하는 식민주의적 통치의 본질적 국면을 드러내 준다.

노동시장의 관리와 관련된 식민주의적 통치는 식민지의 이른바 '유휴노동력'을 생산력으로 전환할 수 있게 해주는 다양한 '개발'에 의해 뒷받침된다. 수력 발전, 공장 건설, 토목 사업 등의 형태로 전개된 식민지 '개발' 및 공장 노동은 피식민자들이 '노동력'으로서 살아 가게 하는 특정한 통로를 제공한다. 대규모 공사와 전쟁은 노동력의 수요를 증대시켜 갔고, 피식민자들은 요구되는 노동의 형태에 자발적으로 또는 강제적으로 자신의 신체를 조절해 갔다. 그러나 피식민자들이 맞춰 가야 할 노동의 형태는 식민지/제국 자본이 최대의 생산성 확보를 위해 고안한 노동력 배치의 틀 속에 고착되어 있었다. 그 지배적인 틀의 하나가 민족의 계급화 또는 계급의 민족화였고, 이 틀 안에서 피식민자들은 가치절하된 노동력으로서만 참여할 수 있었다. 책임감도 없고 향상될 가능성도 없다고 평가된 노동력은 다만 일시적이고 소모적인 노동에만 배치될 뿐이었다. 아니, 보다 정확히 말하자면, 소모적인 노동에 배치하기 위해 식민지의 노동력은 평가절하되어야 했다. 또한 민족의 계급화는 동시에 계급의 민족화이기도 해서, 식민주의적 통치의 구조 속에서 피식민자 노동력에 분배된 이데올로기적 가치가 노동의 위계구조 최하층에 속하는 단순 육체노동에 부착되기도 한다. 요컨대 평가절하된 피식민자 노동력에는 소모적 노동이 분배되고, 소모적 노동은 피식민자들에게나 어울리는 노동으로 가치화된다.

따라서 피식민자들에게 '노동력'으로서의 삶의 길은 소모되는 삶의 길이었다. 식민주의적 통치성이란 이렇듯 소모되는 '노동력'에게만 삶의 길을 제시하는 기술에 다름 아니다. 식민지/제국의 자본과 국가는 식민지 '개발'을 통해 피식민자들이 '먹고살 수 있는' 새로운 터전을 제공했다고 주장하지만, 정작 피식민자들이 그 터전에서 '먹고살기' 위해서는 자신의 삶이 소진되어야만 했다. 식민주의적 통치의 역설은 그것이 살게 하는 곳에 죽음이 기다리고 있다는 데 있다. 그리고 이렇게 피식민자들의 생명을 소모적인 '노동력'에 배치하는 일은, 통치하는 자가 통치되는 자와 동일한 생태계에 속해 있다는 의식이 부재할 때에만 가능하다. 식민주의란, 식민주의적 주체가 개입하고 작용을 가하는 세계의 생태계가 그 주체 자신과 분리되어 있다는 인식적·실천적 판단이 전제될 때 작동하는 것으로서, 곧 식민자가 식민지에서 행하는 모든 행동의 기초를 이룬다. 따라서 어떤 행위자가 그 행위의 대상을 자신과 완전히 분리된 별개의 생태계에 속하는 존재로 간주할 때 그 대상은 식민지가 된다고 해도 좋을 것이다. 식민주의적 통치가 궁극적으로 실패할 수밖에 없는 것은, 그 통치의 가능성의 조건이 되는 식민지의 생태계를 스스로에게서 분리시키려 하기 때문일 것이다.

식민주의적 통치합리성에 입각해 공간의 지정학적 배치, 노동력의 효율적 사용, 사물의 경제적 결합 등이 아무리 치밀하게 기획된다 하더라도, 식민주의적으로 분리시키고 있는 식민지의 생태계에서 삶은 바로 그 분리로 인해 예측할 수 없는 방향으로 증식해 간다. 식민주의적 통치는 '노동력으로서' 소모되기 전에 '노동력으로부터' 이탈하고자 하는 삶의 운동을 완전히 저지할 수 없으며, 마찬가지로 생명을 '노동력'으로 표상하는 세계의 '지하'에서 이루어지는 신체들의 증식을 완전히 파악하거나 통제할 수 없다. 예컨대 본격적인 총동원체제에 진입하기 전까지 흥남에서는 매년 반복적으로 적색노조 건설운동이 지하에서 전개되었는데, 이 운동의 행위자들은 식민주의적 통치가 마련해 놓은 경로를 벗어나 '노동력'으로 환원될 수 없는 '능력들'을 사용하며 다양한 방향으로 신체를 확대해 갔다.

일본질소 콘체른은 노동력의 효율적 배치를 통해 피식민자들을 소모적이고 일회적인 노동에 구속하면서 식민지에서 '자유롭고' 과감한 실험을 행할 수 있었고, 총독부 및 일제 당국의 협조와 전시 통제경제 체제에 힘입어 비약적으로 성장할 수 있었다. 그러나 이 같은 성장은 식민지와 피식민자들을 소모적으로 착취함으로써, 즉 동일한 생태계에 속해 있지 않은 대상으로 '사용'함으로써 일시적으로 달성할 수 있는 것이었다.

일본의 제국주의적 팽창에 발맞춰 식민지와 '외지'에 총자산의 80 퍼센트 이상을 투여했던 일본질소 콘체른은 일본의 패전과 함께 그 모든 자산을 상실한 후, 본국으로 돌아가 미군 공습으로 파괴된 미나마타 공장에서 재출발한다. 공교롭게도 한국전쟁은 이 전기·화학 콘체른이

다시 비약적으로 성장할 수 있는 유리한 조건을 제공했다. 그러나 식민지/제국의 식민주의적 통치구조 속에서 성장한 일본질소는 전후의 미나마타에서도 '식민주의적 경영'을 반복했던 것으로 보인다. 1935년부터 흥남공장에서 근무하다 일본 패전 후 본국으로 인양되어 일본질소에서 계속 근무한 한 기술엘리트가 "신일본질소[1950년에 신일본질소주식회사로 명칭 변경]에서도 전전戰前 일대一大 화학공업회사로서 웅비한 때의 사고방식, 일 처리방식이 중심을 이루고 있었다"[153]고 회고할 만큼, 일본질소는 권위적인 직급 서열과 폭력적인 노무관리를 생산효율성의 기초로 여기고 있었다.[154] 물론 식민지와 피식민자를 상실한 전후 일본에서 식민지/제국의 통치구조가 동일하게 반복될 수는 없었다. 그러나 소모적 노동에 대한 식민주의적 처리방식, 소모되는 것들의 생태계를 스스로에게서 분리시키는 식민주의적 실천은 변형된 형태일지라도 상당기간 지속되었던 것이 아닐까. 그랬기에 이곳에서 통치합리성의 영역 바깥으로 방치했던 것이 유기수은 중독의 치명적 공해병이라는 죽음의 모습으로 나타난 것이 아닐까.

하지만 식민지/제국의 흥남과 전후 일본의 미나마타를 단순한 상상력으로 연결시킬 수는 없다. 한반도는 한반도대로, 분단 이후 사회주의 체제가 들어선 북한에서의 흥남, 즉 식민 본국과의 생산－유통－소비 체제는 물론 한반도 남쪽과의 전력 네트워크도 단절된 이후의 흥남은 전혀 다른 위상에 놓인다. 이 부분에 대해서는 뒤의 9장에서 고찰하기로 한다.

6.

"식민지는 천국이었다"[155]

헤테로토피아의 주인들

공장에서 민족차별과 직급차별이 중첩되어 있었던, 즉 생산공정, 작업 관리, 노동규율 전반의 실행과정에서 민족의 계급화와 계급의 민족화가 관철되고 있었던 흥남은 자본의 도시이자 노동의 도시였던 동시에 식민자의 도시이기도 했다. 물론 도시 전체로 보자면 인구의 대다수는 조선인이었지만, 초기부터 '내지'에서 노동력을 대거 조달한 일본질소는 공장 사택 중심의 분리된 공간을 거점으로 식민자 사회를 형성하고 있었다. 이미 조선에 거주하고 있던 식민자들이나 조선에 주둔하고 있다 전역한 군인들이 취업하는 경우도 있었지만, '내지'에서 건너온 일본인 사원이나 직공들도 대개 가족을 거느리고 있었고, 또 개별 인맥을 통해 가족, 친척, 지인 등의 연쇄 취업 이주가 이루어지면서 일본인 인구는 늘어 갔다.

〈그림 17〉

흥남공장 사택 일부

왼편으로 멀리 보이는 곳이 제1구 사원 사택(가구당 1동),

가운데는 제2구 준사원 사택(1동에 2가구)이며, 오른쪽 전면에 보이는 건물은 공장사무소이다.

《事業大觀》, 日本窒素肥料株式會社, 1937)

조선질소비료공장 주변으로 사원, 준사원, 고원雇員 등 직급에 따라 구역이 분할된 사택과 기숙사, 합숙소 등이 배치되어 있던 흥남의 식민자 공간은 흡사 거대한 병영과도 같은 공동생활 공간을 구성하고 있었다. 제련, 철강, 액화석유, 화약 등 분야의 확대에 따라 공장이 증설되고 지역도 넓어지면서 상대적으로 떨어진 곳에 사택이 마련되기도 했지만, 기본적으로는 공장 가동과 지속적 생산에 초점을 맞춘 효율적 공간 배치의 원칙에 따라 공동주거지가 설치되었다. 흥남공장 관리자였던 인물조차 "소련식 신흥도시"[156]라고 회고할 만큼, 공장=요새로서의 성격에 부합하는 배치였다고 할 수 있다.

조선질소의 일본인 간부들과 제국대학이나 고등공업학교를 졸업한 고급기술자 사원들은 한 동씩 분리되어 상대적으로 사생활이 보장되는 사택에서 생활했고, 준사원, 고원 등 직급이 낮아질수록 아파트 형태의 공동 주거공간이 배정되었다. 사진 자료를 통해 짐작할 수 있듯이, 준사원 사택은 두 가구가 한 동을 절반씩 사용하는 형태로 축조되었고, 고원 사택과 합숙소는 일본 전통의 집합주택인 나가야長屋와 유사하게 가로로 긴 형태의 건물 내부를 벽으로 분할해 여러 가구가 거주할 수 있도록 고안되었다. 그리고 전기-화학의 제국답게 흥남공장 설립 초창기에는 일본인 사택에 전기와 수도가 무료로 제공되었다.[157]

우선 조선질소의 간부들과 고급기술자들의 생활은 일반 공장 직공 및 고용 노동자들의 그것과는 비교할 수 없을 정도로 윤택했다. 연구 및 작업환경, 급여, 복지 등 모든 측면에서 이들에게 흥남은 최고의 환경이었다. 식민지 초과수당을 받으며 첨단의 과학기술을 생산현장에서 맘껏 응용하고 실험할 수 있었던 근무환경만으로도 내지의 기술자들에 비해 특권을 누릴 수 있었지만, 같은 공장의 일반 직공 이하의 노동자들이 3교대로 24시간 생산에 몰두한 데 반해 그들에게는 충분한 휴식과 여유시간이 주어졌다. 그들은 보통 오후 5시가 되기 전에 근무를 끝냈고, 심지어 여름에는 오후 4시 이전에 퇴근할 수 있었다. 중일전쟁기 국가총동원체제가 구축된 상황에서도 흥남공장 본부 사원들의 근무시간은 아침 8시부터 오후 3시 45분까지였다.[158] 특히 낮 시간이 긴 여름철에는 "날이 저물 때까지 너무 충분할 정도로 시간이 있었다."[159] 따라서 그들은 저녁 식사 전에도 테니스, 배구, 야구, 수영 등의 운동이나 독서를 즐길 수 있었고, 저녁 식사 후에는 각자 취미생활을 하거나 천기리天機里나 함흥의 카페, 술집, 유곽 등을 찾기도 했다. 가족이 없는 독신 사원은 대체로 기숙사에서 저렴하게 숙식을 해결[160]했는데, 취사는 물론 청소, 세탁 등 가사와 관련된 모든 일을 고용된 하녀들에게 맡겼기에 특히 많은 여유시간을 누릴 수 있었다.

그들이 미나마타병 이후에도 일본질소를 "일본의 근대산업을 개척한 대표선수"[161]로 긍정하면서 자신들의 개인사와 기업사를 일치시켜 식민지/제국 시기 흥남공장에서의 자신들의 이력을 '전성기'로 기억할 수 있었던 것은, 흥남을 철저하게 식민자의 위치에서 경험했기 때문이다. 물론 그들 역시 공장에서 새어 나오는 유독가스와 유해물질들에 노출되어 있었으나, 그들에게 이러한 위험은 과감한 실험과 도전으로 '과학의 신세계'를 개척하기 위해 흔쾌히 감수해야 할 필연적 대가였고, 어떤 의미에서는 명예로운 대가이기도 했다.

이와 같은 위치에 있었기 때문에, 중일전쟁 발발 이후 전시 총동원 체제가 강화되어 갈 때 오히려 그들은 활기로 충만한 "'살 맛'을 만끽"할 수 있었다. 전시라는 긴장된 분위기 속에서, 그러나 오히려 그렇기 때문에 더욱 강화된 애국주의적 정서 속에서, "안 된다면 어떤 고생을 하더라도 어떻게든 가능하도록 완수한다는 기개와 정열"을 경험할 수 있었기 때문이다.[162] 그들은 식민지적 초과이윤을 향유하면서도 피식민자인 조선인 노동자 및 일반 조선인들과 생활공간에서 밀접하게 접촉할 필요도 없었고, '내지'의 연장이면서도 '내지'와 비교할 수 없을 만큼 이상적인 작업환경 속에서 '프론티어 정신'을 구현할 수 있었다는 점에서 '제국의 헤테로토피아'의 주인들이었다고 말할 수 있다.

그들이 기획한 '이상적 식민지 세계'의 주인이 그들 자신이었기 때문에, 선주민인 피식민자들은 오히려 그 세계의 시민권을 가질 자격이 없는 존재로 여겨졌다. 메이지 시대, 서양 제국주의의 위세에 굴복한 경험을 아시아의 타자들에게 역투사하는 과정에서 조선과 중국을 멸시하는 언설들이 반복적으로 재생산되었는 바, 이로부터 가장 강하게 영향 받는 동시에 유사 언설들의 재생산에 적극 참여한 이들은 엘리트층이었다. 이들에게 조선인은 언제나 '단수單數'로 표상되었고, "무책임하고 나태한 자", "한 번도 나라를 가진 적이 없는 민족"일 뿐이었다.

조선인은 있으면 방해나 되지. 신용할 수 없다고 할까. 그런 자들을 들였다간 공장을 망가뜨려 버리거나 할 걸. 그래서 일본인이라면 채용하지만 조선인은 채용하지 않았지. 조선인을 모집하는 일 따

〈그림 18〉
흥남공장 사택 일부
제3구 고원雇員 사택 및 합숙소.
왼쪽 전면에 보이는 건물은 공급소 본관이다.
《事業大觀》, 日本窒素肥料株式會社, 1937)

위 하지 않았어. 하지만 일본 때문에 모두 난민 같은 상태가 돼서, 공장이 생기면 조선인이 몰려 왔어. 흥남에는 조선 각지에서 왔을 걸. 그걸 인부로 쓰고 그중 제일 우수한 자를 골라서 공원으로 고용했지. 일본질소는 조선인에 대한 방침 같은 건 없어. 방침 따위 세울 필요도 없는 걸.[163]

피식민자에 대한 식민주의적 시선은 인터뷰가 이루어진 1984년까지도 남아 있다. 일본의 식민지화로 인해 조선인들이 난민상태에 처해졌다는 사실은 의식하고 있지만, '조선인들은 그런 취급을 당할 만하다'는 인종주의적 편견을 재생산하는 스테레오타입적 이미지가 그 의식을 뒤덮고 있다. 이 같은 의식의 조작은 식민자가 피식민자를 대할 때—일반화하자면 가해자가 피해자를 대할 때—식민자 내부에서 발생할 수도 있는 죄책감을 사전에 말소시키는 기능을 수행한다. 피식민자의 고통과 불행의 책임을 식민자의 가해가 아니라 피식민자 자신의 무능, 결여, 과오 등에서 발견하고 그렇게 무능한 과오투성이의 특정 이미지를 피식민자 일반에 부과함으로써, 오히려 식민자의 가해에 도덕적 정당성을 부여하는 전도된 양심을 만들어 내는 것이다.

식민주의적 위계구조를 자연적인 것으로 만드는 이 도덕적 조작의 힘은 상당히 강력해서, 흥남공장이 조선인 직공을 모집했다는 사실[164]조차 외면하고 망각하게 만든다. 더욱이 이 인터뷰이가 근무하던 아시아-태평양전쟁기는 부족한 직공을 채우기 위해 식민지 행정권력을 이용한 강제 노력동원이 행해지던 때였다. 식민자들이 기획한 헤테로토피아적 이상세계가 피식민자 노동력의 착취 위에 세워졌다는 사실을 부인한 채 자신들의 '모험'과 '도전'만을 아름답게 추억하는 태도야말로, 타자의 시간을 삭제하는 식민주의자의 기억법에 특유한 것이다.

그러므로 식민지 공장=요새의 민족적·계급적·젠더적 위계에서 가장 상층에 위치한 그들은 식민지/제국의 언어−법−미디어 속에서 자신들의 대표 표상을 발견하고 그 표상과 삶 사이의 간극을 크게 의식하지 않는다. 식민지/제국의 언어−법−미디어 체제는 그들의 지위와 행위가 긍정·보증되는 가치의 생산지이며, 그들의 미래 기획을 위해 반드시 지속되어야만 하는 유일한 현실이기 때문이다. 그러나 이 현실을 넘쳐나는 다른 현실들, 특히 식민지/제국의 언더그라운드는 그들의 의식과 무관하게 운동한다.

공장 내의 전선

한편 공장 직공 이하의 일본인 노동자와 그 가족들은 동일한 식민자 사회를 형성하면서도 간부 및 기술엘리트들과 구별되는 좀 더 넓은 스펙트럼을 경험했던 것으로 보인다. 그들이 흥남까지 이주해 오게 된 사정이나 경로는 제각각이고 출신 지역도 다양한 편이지만, 그중 대다수를 차지하는 이들, 즉 미나마타와 노베오카 등 일본질소의 '내지' 공장과의 연결선을 통해 이동한 노동자들을 주목할 필요가 있다.[165] 앞서 4장에서 흥남−미나마타의 역사−생태적 연쇄에 주목하기도 했지만, 식민지/제국의 내부 경계를 가로질러 형성된 일본질소 콘체른의 네트워크는 이 시기 자본, 노동, 생태의 초지역적 순환을 만들어 내는 조건이었기 때문이다.

민족적으로 위계화된 공장에서 조선인 노동자들과 마주치고, 드물지만 피식민자 사회와 접촉하면서, 그들의 경험은 어떤 의미에서 보다 격렬하게 식민주의적 통치성을 체현한다. 조선인 노동자 및 그들의 사회와 접촉할 기회가 훨씬 희박한 간부나 기술엘리트층이라면 피식민자를 '보이지 않는 존재'처럼 여길 수도 있지만, 일상적으로 마주칠 수밖에 없는 작업장에서 조선인의 존재 자체를 부정하는 일은 불가능하다. 하지만 그렇다고 하더라도 일본인 노동자와 조선인 노동자가 '개별적으로' 대면하기란 어려운 일이었다.

내지의 공작공장이라면, 다나카와 사토가 같이 일하고 있으면 다나카와 사토의 관계가 생기죠. 식민지에선 다나카와 김이 같이 일해도 아무런 관계도 생기지 않아요. 조선인과 둘이서 높은 곳에 올라 일할 때가 있었죠.
"여기서 보면, 너는 어디 근처에서 오는 거냐."
"저쪽."
"어떻게 오냐."
"자전거로."
그 이상의 이야기는 절대로 하지 않아요. 둘이서 철야를 하기도 했었죠.

"너는 누가 도시락을 갖다 주냐."

우리는 사택 근처의 사람이 있으니까요.

"같은 부락 사람이."

정도까지는 이야기를 합니다. 거기까지예요. 일본인과 조선인 사이에는. 대기소에서는 일본인과 조선인은 절대로 같은 테이블에서 밥을 먹지 않죠. 문밖으로 나가기만 하면 말을 섞지 않아요. 그래서 식민지에는 김이나 이라는 개인은 없습니다. 다나카와 김도 없습니다. 있는 것은 일본인과 조선인뿐, 있는 것은 민족과 민족의 관계뿐이죠.[166]

이 인터뷰이의 증언은 식민자와 피식민자 사이의, 마주치지만 대면하지 않는 관계를 잘 보여준다. 인용문에서의 일본인 노동자와 조선인 노동자의 '대화'는 일정한 정보의 전달은 포함하지만 대화가 성립되지는 못한다. '다나카'와 '김' 사이에는 서로의 '얼굴'을 식별하지 못하게 하는 일본인과 조선인이라는 일반화된 표상이 가로놓여 있는 것이다. 같이 일하는 동료로 만나면서도 서로를 일본인 중의 하나, 조선인 중의 하나 이상으로 기억하기 어렵게 만드는 작업장의 공기에 식민주의의 상처가 스며들어 있다. 이곳에서의 타자 표상의 일반화는 단순히 '이문화異文化에 대한 오해'에서 발생하는 것이 아니기 때문이다.

저 일본인 노동자와 조선인 노동자가 흥남에서 마주칠 수 있었던 것은 식민지/제국 자본과 행정권력이 조선인 선주민들을 추방하고 식민주의적 축적을 재생산하는 공장=요새를 세웠기 때문이며, 흥남-미나마타를 주요 거점으로 하는 착취와 '개발'의 네트워크를 형성했기 때문이다. 마주침의 가능성의 조건에 이미 식민주의적 축적의 역사가 개입해 있다. 이를테면, 식민지/제국 자본과 행정권력의 식민주의적 축적 과정에서 토지를 잃고, 어항을 잃고, 생산수단으로부터 분리되어 공장 '노동력'이 된 어떤 조선인이 폭력적인 공장규율에 신체를 단련시키며 자신보다 두 배 많은 임금을 받는 일본인 노동자와 조선어를 사용할 수 없는[167] 공간에서 일하고 있다. 또한 이를테면, 일본 변두리의 가난한 노동자였으나 공장이 식민지까지 확장되어 초과수당을 받으며 일할 기회를 얻은 어떤 일본인이 낯설고 두렵기는 하지만 고향의 공장에서는 경험할 수 없었던 '유리한 지위'와 윤택한 생활을 향유하며 식민지 현지 노동자와 같은 공간에서 일하고 있는 것이다. "조선인은 개똥같이 부려라. 조선인한테 무시당하지 마라"[168]는 선임자들의 조언을 들으면서.

그러므로 흥남공장에서 조선인 노동자와 일본인 노동자는 식민주의적 축적의 역사를 떠나서 만날 수 없고, 식민주의적 통치의 기술을 피해서 만나기도 어렵다. 조선인 노동자도 일본인 노동자도 각각 일제의 식민통치와 식민지/제국 자본의 식민지 '개발'의 역사를 뒤에 끌고 여기 흥남에서 마주섰기 때문이다. 이런 점에서도 흥남은 식민지/제국의 그라운드 제로로서 범례적인 장소라고 할 수 있다. 더욱이 작업현장으로부터 상대적으로 거리를 둘 수 있었던 상층부와 달리 공장에서 같은 공기를 호흡하며 접촉할 수밖에 없었기 때문에, 피식민자/식민자 사이의 전선은—자본과 노동 사이에서보다—오히려 노동자들 사이에서

〈그림 19〉
조선질소 흥남공장의 조선인·일본인 노동자들
(사진제공: 야마다 마사요시山田昌義)

더 선명하게 가시화되곤 했고, 그것이 일상적인 적대 의식을 형성하기도 했다.

차별을 통한 통치

같은 노동자임에도 조선인 노동자에게 폭력적인 형태로 적대와 경멸을 드러내는 일본인의 경우, 당연하게도 피식민자 앞에서 식민자로서의 위치를 긍정하고 폭력과 차별에 기초한 식민주의적 위계를 유일한 현실로 받아들이는 경향이 강했다. 다만 저 적대와 경멸의 폭력 이면에 불안과 공포가 복잡하게 뒤얽혀 있기도 하다는 점을 주목할 필요가 있다. 피식민자 노동자에 대한 식민자 노동자의 편집증적paranoiac 폭력에는, 그 자신 역시 차별과 경멸의 잠재적 대상이라는 공포, 그리고 통제할 수 없는 타자에 대한 불안이 스며들어 있다. 그리고 이 같은 공포와 불안을 타자에 대한 격렬한 차별행위와 경멸로 표출하게 만드는 방식이야말로 식민주의적 통치성이 일상에서 작동하게 하는 심리적 기제이다.

미나마타 및 규슈 출신 일본인 노동자들의 상당수가 경제적·문화적으로 취약한 지역 및 계층 출신이었다. 전통적으로 어업에 의지해 생계를 이어 가던 마을은 1908년 일본질소가 들어선 이후 화학공업도시로 변모해 갔고, 어민의 가족들 중 공장노동자로 전환하는 층이 확대되어 갔다. 제국대학 이공계 출신의 기술엘리트들이 주축이 된 일본질소에 미나마타 주민들은 일반 직공 및 일용직 노동자로 결합되었다. 신흥 전기–화학 콘체른으로서 공격적으로 사업을 추진해 가던 일본질소는 이미 미나마타 공장에서 강력한 계급위계의 질서를 만들어 가고 있었다. 미나마타 공장에서 초기에 일용직으로 일했던 한 일본인 노동자의 증언에 따르면, 사장인 노구치가 "직공은 소나 말이라고 생각하고 부려먹어라"[169]라고 지시했다는 말이 흔히 떠돌아다녔다. 그리고 이 노동자가 흥남공장으로 이주한 후 "이번엔 내가 노구치 시타가우"라고 느꼈을 만큼, 계급위계에 기초한 권위주의적 폭력은 조선인 노동자들에게 이양되었다. 미나마타에서 흥남으로 건너간 직공들은 거의 대부분 부조장 이상의 직책에 배치되곤 했던 것이다.[170] 식민 본국에서의 자본/노동 간 대립을 식민지에서의 민족적 차별로 전이시킴으로써 식민 본국에서 계급투쟁이 격화되는 것을 회피하고 식민자 내의 계급 적대를 피식민자에 대한 인종주의적 경멸과 폭력으로 분출되도록 만드는 것은 식민주의적 통치기술의 기본에 해당된다.

…… 조선에 건너갈 때도 그곳에 가면 **뻔뻔스러워져야만** 한다는 기분으로 갔습니다. 그런 예감으로요. 그리고 조선은 그런 제도가 되어 있었다고 생각합니다. 연공계鉛工係에는 조선인 직인이 20인 정도 있었습니다. 1년 계약으로 온 나이 어린 녀석에게 직인이라고 하면 하늘같이 높은 직책이죠. 절대적이죠. 그 일본인 계약직 어린 놈에게 조선인 직인들이 굽실거리는 겁니다. 일본인 계약직은 일본인 직인에게만 붙여 줬는데 말이죠. 거꾸로 일본인 계약직이 조

선인 직인을, "너희들은 요보ㅋボ다, 요보다"라며 바보 취급했죠. 그런 제도 속에서, "조선인 인부를 써서 일을 시켜라. 일 내용은 이렇게 저렇게"라고 지시를 받으면 일을 시켜야 하죠. 위라거나 잘났다거나 하는 것보다도 그것이 자신이 책임져야 할 일이 됩니다. 일본인을 바보 취급하듯이 말하거나 반발하거나 하기 때문에, 그 놈을 두들겨 패지 않으면 제가 생활을 할 수 없으니까요. …… 자기보다 아래가 생겼다고 생각하지 않으면 조선인을 부릴 수 없습니다. 그리고 조선인을 부리지 않고선 조선에서 생활할 수가 없었죠.[171]

열다섯 살짜리 나이 어린 임시고용직도 일본인이라면 조선인 직공을 함부로 대하며 부릴 수 있는 곳이 식민지 공장이었다. 계급적 서열마저 전도시켜 버리는 민족차별적 상하관계와 그에 입각한 폭력적인 명령체계가 생산현장에서 노동규율의 '제도'처럼 작동하고 있었다. 그러므로 "식민지에 가 보면 일본인으로 태어난 것이 다행임을 비로소 알게 된다"[172]며 피식민자의 고통을 앞에 두고 오히려 식민자로서의 민족적·인종적 귀속을 긍정하는 태도에서 이른바 '프롤레타리아 의식'이 생성되기는 어렵다.

위 인용문의 진술에 스쳐 가듯 표현되어 있지만, 피식민자를 향한 식민자의 폭력은 있을지 모를 피식민자로부터의 공격과 저항에 맞서는 **예상진압**의 형태를 띠곤 한다. 즉 피식민자를 먼저 제압하지 않는다면 피식민자로부터 먼저 공격당할 수 있고 자신의 생활과 생존을 위협당

〈그림 20〉
조선질소 본궁 공장의 조선인·일본인 노동자들(1938년 5월 8일의 위안회)
(사진제공: 야마다 마사요시)

할 수 있다는 두려움과 불안이, 아직 도래하지 않은 저항을 진압하는 방식으로 폭력을 불러오는 것이다. 식민자의 불안은 피식민자가 다름 아닌 식민지화로 인해 고통과 피해를 겪고 있다는 사실을 식민자 자신이 비자발적으로 인지하고 있음을 반증한다. 따라서 식민자가 피식민자의 고통과 피해에 책임을 져야 하는 상황 또는 그 고통과 피해가 자신에게 닥쳐 오는 사태를 회피하기 위해 폭력은 더욱 집요해진다. 아마도 간토대지진 직후의 조선인 학살이 그 가장 참혹한 사례라고 할 수 있겠지만, 피식민자의 신체에 가해지는 식민자의 모든 폭력은 완전히 굴복시킬 수 없는 타자적 존재에 대한 불안을 함축한 동시에 역설적으로 식민자 자신의 죄책罪責을 진압하려는 폭력이기도 하다.

한편 흥남공장에서 민족차별에 기초한 전선이 두드러지게 나타난 것은, 단지 현장에서 식민자와 피식민자가 마주쳤기 때문만이 아니라 식민자와 피식민자에게 물질적 조건상 현저한 격차가 존재했기 때문이기도 하다. 미나마타 공장에서 일급 1엔 60전을 받던 노동자가 흥남공장으로 오자마자 조선수당 등을 포함해 2엔 60전을 받았고, 물가까지 저렴해 "귀족생활大名暮らし"을 누릴 수 있었다.[173] 연 2회 이루어진 승급에도 차별적 기준이 적용되어 일본인 노동자와 조선인 노동자 사이의 임금격차는 경력이 쌓일수록 더욱 벌어졌다. 일본인 사택과 조선인 부락의 생활조건의 격차 역시 극단적일 정도로 대조적이었다. 도시 기반시설과 환경의 차이는 말할 것도 없거니와, 거대한 수력발전소를 순차적으로 세워 풍부한 전기를 흥남까지 끌어왔음에도 불구하고 "전기가 들어와 있는 것은 일본인의 사택 부근뿐"[174]이었고 산 하나만 넘으면 전등조차 없는 어두운 세계였다.

미나마타 같은 '내지' 변두리에서의 생활과는 비교할 수 없는 풍요가 기대되었기에, 흥남공장에 이주한 노동자들의 뒤를 이어 그들의 가족, 친척, 지인 등이 연쇄 이주하는 일은 일반적이었다. 미나마타의 카바이드 공장에서 일용직으로 일하던 한 노동자는, 가족의 지인이었던 과장의 "미나마타에 있어 봐야 직공이 되지도 못하는데, 조선에 가면 바로 직공이 되어 돈도 많이 벌게 될 테니 가는 게 어떤가" 하는 조언을 듣고 1935년 가족 7명 전원이 함께 흥남으로 이주했다.[175] 흥남에 도착해서는 조선질소공장 설립 초창기부터 6년 동안 흥남 생활을 하던 사촌의 사택에서 신세를 졌지만, 2개월 만에 바로 직공이 되어 본인의 사택을 얻어 독립할 수 있었다.

나는 2017년 7월 28일과 29일, 미나마타 현지 조사 중에 구마모토 가쿠엔[熊本学園]대학 '미나마타학연구센터'의 소개로 흥남공장 일본인 노동자의 가족 2명과 인터뷰를 진행할 수 있었다. 도쿠토미 에미[德富エミ](1925년생) 씨와 야마다 마사요시[山田昌義](1933년생) 씨가 그들인데, 도쿠토미 씨의 경우 조선질소의 노동자와 결혼해 흥남에 거주 중이던 큰언니가 동생들과 모친을 순차적으로 불러들여 가족 전체가 흥남으로 이주한 사례에 해당한다. 오빠 2명이 먼저 이주했고, 도쿠토미 씨는 1940년 4월, 15세의 나이에 모친과 함께 흥남으로 이주해 언니와 형부의 사택에 기거하며 조선질소 공급소의 양품부[洋品部]에서 일했다. 11월부터는 준사원이 된 둘째 오빠의 사택(2구)에서 모친과 함께 생활하며 패전 때까지 공급소 근무를 계속했다. 한편 1933년 흥남에서 태어난

야마다 씨의 경우, 부친이 일본질소 노베오카 공장에서 일하다 흥남공장 설립 초기에 이주해 사무직 준사원으로 근무했는데, 그의 이복형도 조선질소에서 일했다. 야마다 씨의 경우 부친이 결핵으로 건강이 악화되어 1943년 가을에 미나마타로 돌아왔기 때문에 흥남에서는 유소년기의 경험만 있을 뿐이지만,[176] 두 인터뷰이 모두 흥남에서의 삶을 행복했던 시절로 기억했다.

도쿠토미 씨와 야마다 씨의 사례처럼, 미나마타 출신 노동자들의 많은 경우가 일본질소와 흥남-미나마타의 자본-노동 네트워크 안에 가족, 친척, 지인으로 이어지는 사적 네트워크를 끌어들였고, 식민지 '개발'의 최전선에 공동으로 참여하며 가난에서 탈피하고자 했다. '내지'의 변두리에서 궁핍을 견뎌야 했던 이들에게 일본질소의 흥남은 인종적 '우위'와 윤택한 생활을 가능하게 해준 '가족'의 일터이기도 했기에, 노동자의 사회적 존재에 대한 의식을 형성하기보다는 식민자의 특권을 보장해 주는 '회사'와 자신을 동일시하기가 더 쉬웠다.

감정적-이념적 '합성'

물론 예외는 없지 않았다. 흥남의 일본인 노동자들 중에는 식민자의 특권을 거부하고 식민지/제국 자본의 착취체제에 반대하며 조선인 노동자들과 감정적-이념적 연대를 형성했던 이들도 존재한다. 이 책의 3장과 5장에서도 간략히 언급했지만, 조선질소 흥남공장의 직공이었던

〈그림 21〉
이소가야 스에지(1934년 12월 26일 서대문형무소 촬영)
일제감시대상인물카드(국사편찬위원회 전자도서관)

이소가야 스에지磯谷季次(1907~1998)는 1932년 이른바 '제2차 태평양 노동조합 사건'으로 알려진 혁명적 노동조합 조직운동에 주도적으로 참여했던 인물이다. 1931년의 '제1차 태평양노동조합 사건' 때도 흥남 공장 직공인 바바 마사오馬場正雄와 모리타 데쓰로守田哲郎가 연루되어 각각 징역 4년과 2년에 처해졌던 것처럼,[177] 동양 최대의 화학비료공장을 거점으로 프로핀테른(국제적색노동조합동맹)과 접속된 조직운동을 전개하면서 조선인과 일본인 노동자들이 연대한 사례는 있었다. 특히 이소가야는 훗날의 회고록을 통해 동지였던 주인규, 주선규 형제 등과의 깊은 감정적·이념적 연대를 인상 깊게 기록한 바 있다.[178]

선원 출신이었던 바바 마사오는 흥남으로 건너오기 전 이미 '전협全協', 즉 일본노동조합전국협의회 지도하에 고베神戸 지역 선원조합운동에 참여한 경력을 가지고 있어, 아마도 프로핀테른과의 연결선을 통해 일본질소 흥남공장에 잠입한 것으로 짐작된다. 하지만 어린 시절부터 궁핍한 생활을 전전하다 군에 입대해 조선의 나남으로 배치된 이소가야는 제대 후 흥남공장 노동자로 일하면서 조선인 노동자·사회주의자와의 연대를 통해 투사로 성장해 간 경우에 해당된다. 과수원 운영의 꿈을 갖고 조선질소공장에서 일하며 돈을 모으던 이소가야는 생활비를 줄이기 위해 공장 사택이나 기숙사가 아닌 조선인 부락에서의 값싼 하숙생활을 선택했는데, 우연히도 그 하숙집에서 모임을 가지던 조선인 지하활동가들과 친교를 맺게 되었다.

개인 이소가야가 하숙집에서 송성관, 주인규, 주선규 등의 회합에 동석한 이후 주인규 형제를 중심으로 조선인 노동자·사회주의자들과 친교를 쌓아 간 것은 대단히 우연적이고 이례적인 일이라고 할 수 있다. 그러나 자신의 개인적인 미래 계획을 포기하고 반제국주의·반자본주의의 변혁운동에 운명을 맡기기로 결정한 후, 급기야 김원묵 지도로 조직된 '흥남좌익'에서 일본인부를 담당하고 적색노조 건설을 추진하다 식민지의 감옥에 10년 가까이 갇혀 있었던 것은 더이상 우연의 산물이 아니다.

> 조용한 밤이었기 때문에 조선어로 이야기하는 그들의 목소리는 꽤 분명하게 들려왔지만 내용을 이해할 수는 없었다. 그런데 조선어 가운데 '바바'라든가 '모리타'라는 이름이 가끔 섞여 나왔고 캄파 Kampaniya(대중적인 투쟁, 모금운동)라든가 써클이라는 말도 들려왔다. 바바馬場와 모리타守田가, 내가 그 당시 일하고 있던 제3유산계에서 많은 조선인 노동자와 함께 노동조합을 조직하려고 하다 체포되었다는 것을 같은 직장의 송성관宋成寬이나 장덕호張德浩에게 들어 알고 있었다. 나는 그들의 이야기 소리에 거의 무의식적으로 주의를 기울이고 있었다.[179]

이소가야는 제대로 알아들을 수 없는 조선어의 대화 속에서도 바바와 모리타의 이름은 간취할 수 있었는데, 그 이름들이 뜻하는 바는 공장 동료 조선인 노동자에게 들어 이미 알고 있었다. 이소가야는 어쩌면 그 이름들에 걸려 조선인과 조선어의 세계로 조금 더 들어갈 수 있었던 것이 아닐까. 이소가야가 조선인 노동자·사회주의자들과 접속하고 변혁운동에 투신하는 운명을 선택할 수 있었던 것은, 저들이 걸어 가며 만든 오솔길들이 있었기 때문이 아닐까. 그러므로 바바, 모리타, 이소가야 등으로 이어지는 이름들 각각은 돌출적이고 예외적일 수 있지만, 식민지/제국의 그라운드 제로에서 언더그라운드 쪽으로 길을 뚫는 그들의 행위 자체에는 어떤 필연성이 있는 것이 아닐까.

그 필연성은 저 그라운드 제로, 즉 식민지/제국 자본의 식민주의적 축적과정 자체가 형성해 온 전선前線의 효과라고 할 수 있다. 폭력적인 식민주의적 축적이 노동/자본, 인간/자연, 피식민자/식민자 사이의 전선을 긴장 속에 유지하면서 식민지/제국의 언어―법―미디어 체제를 지탱해 왔다면, 그 반대편, 즉 식민지/제국의 언더그라운드를 향한 길 역시 그라운드 제로에서 반복적으로 개척되어 왔기 때문이다. 분리―변형―합성의 공정으로 대표되는 흥남의 생산체제가 예기치 못한 분리―변형―합성을 낳는 측면에 대해 이미 4장에서 다뤘지만, 피식민자/식민자가 차별적으로 분리되면서도 접촉하는 작업장을 식민주의적 통치의 공간으로 만드는 기술은 필연적으로 예기치 못한 이념적―감정적 합성을 낳는다. 그리고 이 합성은 식민지/제국의 언더그라운드에서 더욱 파악하기 어려운 방식으로 증식해 간다.

식민지/제국의 언어―법―미디어는 이들의 운동을 "국헌國憲을 문란하는"[180] 행위, 나아가 "국체를 변혁하고 사유재산제도를 부인하며 무산자 독재의 공산제 사회를 건설할 것을 목적"[181]으로 하는 행위로 포획했지만, 저 언더그라운드에서의 운동은 이렇게 강한 의미로 고정시킬 수 없는 방향으로 퍼져 간다. 이소가야 스에지의 경우에서도 볼 수 있듯, 신체성의 전환을 수반하는 저 언더그라운드에서의 운동은 사랑과 믿음을 향해 나아가기도 하기 때문이며, 그 경로 역시 정치적 목적과 관계없이 친밀성과 인정人情으로 연결되거나 즐거움과 울분의 평등성 속에서 예기치 못한 방향으로 확산되기도 하기 때문이다.

3

7.

식민지/제국의
언어-법-미디어
체제에서
글쓰기
—이북명의 노동소설들

식민지/제국 체제에서 언어-법-미디어의 위상

흥남을 식민지/제국의 그라운드 제로로 자리매김한다는 것은, 그곳을 식민주의적 축적이 이루어지는 현장으로 이해한다는 것을 뜻한다. 앞 장들에서 '본원적 축적'의 의미를 강조하면서 언급했듯이—자본의 본원적 축적과 마찬가지로—식민주의적 축적은 결코 최초의 수탈로 끝나는 것이 아니라, 식민지/제국 체제를 지속시키기 위해 부단히 반복적으로 이루어진다. 즉 식민지/제국 체제를 구축하고 그 안에서 주권적 권력을 장악하려는 세력들은 계속해서 반복적으로 식민주의적 축적을 수행**해야만** 한다는 것이다. 뒤집어 말해서, 식민주의적 축적이 멈춘다면 그때부터 식민지/제국 체제는 붕괴하기 시작할 것이다. 요컨대, 식민주의적 축적이란 결코 자연적으로 반복되는 것이 아니라 매 순간 수탈하고 소유하고 착취하는 적극적 행위에 의해 지속되며, 따라서 언제나 수탈당하고 소유당하고 착취당하면서 그에 저항하고 반발하고 숨고 도망치는 존재들과의 전선前線을 형성한다. 이 전선을 따라서 식민주의적 축적이 수행되는 매 순간은 동시에 그 축적이 실패할 수 있는 매 순간이기도 하다. 나는 바로 이 전선을 식민지/제국의 그라운드 제로라고 명명하고 있다. 전선 저편으로는 언더그라운드의 무한히 넓은 세계가 움직이고 있고, 전선 이편에 언어–법–미디어가 만드는 현실이 구축된다.

식민지/제국의 그라운드 제로는 자연에서 원료를 발명하고, 생명에서 노동력을 추출하고, 여러 민족들에서 제국의 신민을 증류하는 작업의 '성패'가 갈리는 지점이며, 따라서 식민지/제국의 언어–법–미디어 체제를 구성하고 유지할 수 있게 하는 불안한 토대에 다름 아니다. 이 언어–법–미디어 체제 편에서 보면, 그라운드 제로란 법과 무법, 언어와 침묵이 갈리는 지점이라고 할 수 있으며, 그라운드 제로의 저편, 즉 언더그라운드의 세계는 이 체제의 법과 언어와 미디어에 의해 포착되지 않는 한 이해할 수 없다. 언더그라운드에서는 다른 법, 다른 언어, 다른 미디어가 작동하며, 식민지/제국의 표상체제는 언더그라운드를 포획하는 데 실패하거나 그렇지 않으면 금지 또는 폭력적 변형의 방식을 통해서만 언더그라운드와 관계 맺을 수 있을 뿐이다.

조선질소 흥남공장에 근무한 경력을 갖고 있는 이북명은 카프에서도 드문 '노동자 출신 작가'로서 저 공업도시이자 노동자 도시에서의 삶의 양태를 문학적으로 포착하는 작업을 지속해 갔다. 특히 〈질소비료공장〉을 발표한 1932년부터 3~4년 동안 발표한 소설은 거의 모두 저 공장=요새 안팎의 조선인들의 삶을 다루고 있다. 그라운드 제로로서의 흥남의 위상에 주목한다면, 이북명 소설의 출발지점은 그라운드 제로였다고 할 수 있겠지만 그것이 유통되고 읽히고 해석되는 세계는 식민지/제국의 언어-법-미디어 체제 내부였다. 이북명이 자신의 경험을 언어로 전환하기 위해 넘어서야 했던 환원불가능한 문턱은 차치하더라도, 우리에게 남아 있는 그의 텍스트는 이 표상체제 내부의 검열장치를 통과해야 했고 이 표상체제 내부에 등록되어 있는 신문·잡지 등의 미디어를 통해 전달되고 퍼져 나가야 했다.[182] 이 과정을 거치는 과정에서 그의 텍스트는 어떤 '상처'를 입게 되는가.

함흥고등보통학교를 다니던 시절부터 조선과 일본의 좌익 작가들의 문학을 찾아 읽으며 작가에 뜻을 두고 있던 이북명은 1927년 졸업 후 조선질소 흥남공장 유안직장 노동자로 일하며 공장 경험을 투사한 소설을 습작하다가, 동향 출신의 카프 작가 한설야를 만나 그의 문학 지도를 받고 〈질소비료공장〉을 발표하며 "'조선문단'의 말석"[183]에 들어가게 되었다.

이북명에게 공장=요새의 삶은 무엇보다 소음과 악취, 사고와 질병에 둘러싸인 것으로 포착된다. 그의 소설에서 공장=요새는 노동자들이 폐결핵에 걸리거나(〈질소비료공장〉, 〈출근정지〉[184]), 암모니아 가스에 질식당하거나(〈암모니아 탱크〉[185]), 탱크 폭발로 형체도 없이 해체되어 버리는(〈출근정지〉) 곳, 그리고 사소한 실수가 치명적인 부상으로 이어지는 (〈기초공사장〉[186]) 곳이다. 이북명에게 공장=요새는 죽음의 장소였다.

이렇듯 죽음의 그림자가 짙게 드리워져 있음에도 불구하고, 공장=요새는 그 그림자를 은폐하며 철두철미 생산으로 충만한 시간으로 내부를 가득 채우려 하고 있다. 따라서 공장=요새는 내부의 빈틈과 휴지

休止를 추방하려는 감시와 통제의 시선에 의해 지켜지는 공간이다. 이 북명 소설의 조선인 노동자들은 언제나 일본인 감독의 시선 아래 놓여 있거나 그 시선을 의식한다. 노동자들은 언제나 "눈살을 찌푸리면서 …… 노려"[187] 보는 감독의 시선 밑에 있다. 민족=계급의 신분적 위계에 의해 보장받는 우월한 위치의 시선은 포식자의 그것과 같다.[188]

나아가 이처럼 내부를 빈틈없이 생산의 시간으로 가득 채우려는 공장=요새는 생산에 부적합한 '쓰레기'들을 가차 없이 공장=요새 바깥으로 추방한다. 사고나 질병으로 인해 노동력에 훼손이 발생한 신체, 그리고 새로운 효율적 공정의 도입으로 인해 잉여가 된 노동력은 공장=요새의 '생산성'을 저하시키는 요인이므로 바깥으로 추방·배출되어야만 했다. '불온한 일'을 도모했다고, 작업 중에 부상을 당했다고, 작업 환경 탓에 병을 얻었다고, "몸이 약하다고",[189] 또는 '산업합리화'[190]의 명분으로 모든 '비생산적 요소'들을 제거한다. 따라서 모든 노동자들은 언제 자신이 '비생산적'인 쪽으로 분류될지 알 수 없는 상태에서

〈그림 22〉
이북명, 〈질소비료공장〉 1회, 《조선일보》 1932년 5월 29일 자

해고위협의 불안을 안고 노동한다.

해고위협의 배후에는 공장=요새를 둘러싼 광범한 '산업예비군'의 존재가 있다. 이북명은 공장=요새에서 방출되는 자들과 더불어 그 안으로 들어가려는 자들(〈인테리〉[191]·〈공장가〉[192]·〈구제사업〉[193]), 그리고 그 경계에서의 움직임들(〈병든 사나이〉[194]·〈민보의 생활표〉[195])을 포착하면서, 공장=요새의 존재가 노동자뿐만 아니라 농민, 빈민 등의 삶에 어떤 규정력으로 작용하는지를 보여주기도 한다. 이를테면 〈민보의 생활표〉는 당시 흥남공장 조선인 노동자의 구체적인 생활의 단면을 보여주고 있기도 하지만, 공장을 그만두고 다시 고향인 농촌으로 돌아가 소작인이 될 수밖에 없는 인물을 통해 "위대한 기계문명의 행진곡"[196]이 결코 불가역적으로 진행되는 것만은 아님을 드러내기도 한다.

언어-법-미디어의 장 위에서 소진되는 잠재성

이렇듯 공장 경험을 기초로 흥남이라는 공장=요새의 삶을 다양한 층위에서 포착하고 있음에도 불구하고, 이북명의 소설은 프롤레타리아문학 진영에서 그리 환대받지는 못했던 것으로 보인다. 이북명의 중앙문단 진출에 결정적인 도움을 준 한설야는, 이북명의 미발표 습작들이 "작가로서도 평가評家로서도 극히 미완성품인 나에게는 한 경이驚異였음을 고백하며, "생산현장의 생생한 인간이 어지러운 초고 중에서도 약여躍如히" 나타나 "우리들의 계급이 우리들에게 부과한 과제의 일단면

이 방불彷佛히 약동하고 있음"[197)을 높이 평가한 바 있다. 그러나 이북명의 소설에 대해 누구보다도 동정적인 태도를 취하고 있던 한설야에게조차, 이북명의 '경험'은 극복되어야 할 결함이었다.

> 이 군의 작품은 다만 체험을 통하여서의 **자연발생적인 소박성**에 머무는 소극성이 보이고 또 작품 구성에 필요한 모든 해당該當한 제재題材의 정조식正條植이 부족하여 이른바 〈전위의 눈〉에 의해서만 압출될 수 있는 주제의 강화가 **결여**한 것이 사실이면서도 그 작중의 인간에 생생한 프롤레타리아적 현실성이 부여되어 있고 제재 그것이 **있는 그대로의 자연성**을 가졌기 때문에 종래의 우리들 작품보다 여실한 **진박력眞迫力**이 있는 것이다.[198)

인용문에서도 알 수 있듯이, '경험'은 이북명 소설의 탁월함의 원천인 동시에 결여의 조건이다. 프롤레타리아 문학운동의 맥락에서 노동자 출신 작가로서 이북명이 가지고 있는, 다른 프롤레타리아문학 작가에게는 부재하는 '경험'은, 이북명 자신과 그의 소설에 너무나도 깊이 새겨져 있어 문학적 성취와 실패 모두의 근거가 되어버린다. 역설적이게도, 그의 빛남도 초라함도 '경험'에서 비롯되는 것이다. 그러나 "있는 그대로의 자연성"이란 무엇인가. 이것은 명백히 전前문학적인 것이다. 1930년대 전반기의 프롤레타리아문학의 이념은, 소설이 '전위의 눈'이라고 하는 사적 유물론적인 전망perspective을 가지는 서사적 주체에 의해 구성될 것을 요청하고 있었다. 이러한 눈으로 봤을 때, 이북명의 소설은

아직 프롤레타리아문학이 아니다. 이북명의 소설에서 '자연성'을 발견하고 그것을 탁월함과 결여의 근거로 규정하는 시선은 프롤레타리아 문학장치에 의해 구성된 것이다. 이 장치는 고유의 언어와 문법과 심미적 규범을 작동시키며 프롤레타리아문학을 제도화한다. 프롤레타리아문학의 내용적이고 주제적인 표명은 식민지/제국 체제와 화합할 수 없는 것이었지만, 이 문학장치가 (재)생산하는 언어와 문법과 규범은 결코 식민지/제국의 언어−법−미디어 체제와 불화한다고 단언하기는 어렵다. '경험'이 '전위의 눈'에 의해 역사발전의 총체적인 연관 속으로 용해되어야 한다는 심미적 판단은, 자연과 노동력과 피식민자는 식민지/제국의 번영을 위한 효율적 배치 속으로 용해되어야 한다는 정책적 결정에 대해 구조적으로 얼마나 이질성을 갖고 있는 것일까.

　한편 의미심장하게도, 연재 이틀 만에 중지되었던 이북명의 대표작 〈질소비료공장〉은 그로부터 3년 후 〈초진初陣〉이라는 제목으로 일본어로 번역되어 《분가쿠효론文學評論》이라는 식민 본국 일본의 포스트 프롤레타리아문학 잡지에 게재되었다.[199) 사실 그동안 주목되지는 않았지만, 〈질소비료공장〉이 처음 실렸던 같은 《조선일보》의 1933년 7월 28일 자에 〈질소비료공장〉 연재 1회분이 다시 게재된 적이 있었다. 삽화가 생략된 채 돌연 다시 실린 이 연재분 역시 검열에 의해 일부 삭제된 채였는데, 처음 발표된 1932년 5월 29일 자의 연재분과 비교하면, 표현 상의 사소한 차이가 있고 과거 검열로 복자伏字 처리되었던 부분 중 일부 내용이 노출되기도 했으며 조금 더 많은 분량을 담고 있다. 그러나 이번에는 2회분도 이어지지 못했다. 재게재의 맥락은 정확히 파

〈그림 23〉
《조선일보》에 재게재된 이북명의 〈질소비료공장〉 1회분
《조선일보》 1933년 7월 28일 자

악할 수 없으나, 《조선일보》가 검열에 의해 삭제된 채로라도 〈질소비료공장〉을 어떻게든 공개하려 노력했음은 알 수 있고, 또한 이 반복된 노력이 식민지 검열 당국에 의해 좌절되었음도 알 수 있다. 그런데 갑자기 수 년의 시간을 건너뛰어 식민 본국의 미디어에 국어=일본어로 번역되어 등장한 것이다.

시마키 겐사쿠島木健作의 추천으로 이북명의 〈초진〉이 게재된 《분가쿠효론》은, 중국 작가 레이쉬유雷石榆 및 일본 신인 작가들의 단편이 함께 실린 '신인 추천호'였다. 조선에서 카프가 해산되는 시점, 일본에서는 이미 프롤레타리아 문학운동 조직들이 해산했고 프롤레타리아문학의 이념이 지녔던 설득력이 고갈되어 가는 시점에서 시마키 겐사쿠는 이북명의 소설을 추천하며 이렇게 쓰고 있다.

나는 〈초진〉을 읽고 어떤 감동을 받았지만, 솔직히 말해서 그것은 작품이 예술품으로서 탁월한 것에서 오는 것은 아니었다. 나는 오히려 **작품으로서 낡고** 한 시기 이전의 것인 듯한 느낌을 받았다. 〈초진〉은 **소재**가 훌륭하다. ······
작가가 조선의 작가라는 점, 조선 프롤레타리아트의 생산 장면에서의 생활이 생생하게 다뤄지고 있다는 점에 나는 이 작품의 가치를 인정하는 것이다. 이는 핸디캡 따위가 아니다. **작품으로서 유치**하다는 것은 여기서 그리 중요하지 않다.[200]

한설야의 경우와 매우 흡사한 평가가 이루어지고 있다. 이북명을 조선의 중앙문단에 소개한 것이 한설야였다면, 시마키는 그를 식민 본국의 훨씬 더 큰 문학시장에 소개─물론 일회적인 것이었지만─하고 있다. 따라서 시마키 역시 기본적으로 이북명의 소설에 동정적인 입장을 가지고 있다. 조선의 프롤레타리아 문학장치들 속에서 이북명 소설의 성공과 실패가 모두 '경험'에서 비롯되었던 것과 마찬가지로, 일본의 포스트 프롤레타리아 문학장치들 속에서도 역시 이북명 소설의 낡음과 생생함, 유치함과 훌륭함은 그의 '소재'가 결정하고 있다. 이를 통해 이북명과 그의 소설이 조선과 일본, 즉 식민지와 식민 본국이 함께 참여하고 있는 식민지/제국의 언어─법─미디어 체제 속에서 유통·소비되고 있었음을 확인할 수 있다. 그의 소설은 무엇보다도 프롤레타리아 '문학' 및 '작품'을 규정하고 생산하는 일련의 심미적 규범, 언술체계, 제도적 장치들이 복합적으로 작용하는 문학장치를 통과해 가야 했다. 이북명의 의지, 또는 그의 작가로서의 재능과는 무관하게, 그라운드 제로 지점에 존재하는 공장=요새의 삶은 문학장치의 문법에 들어오면서 '소재'의 위치를 부여받는다. 이 같은 문학장치가 식민지/제국의 언어─법─미디어 체제 바깥에 있지 않았음은 물론이다.

하지만 식민지 프롤레타리아 문학장치가 작동하는 세계와 식민 본국의 포스트 프롤레타리아 문학장치 사이에는 무시할 수 없는 차이가 존재하기도 한다. 〈질소비료공장〉은 신문에 등장하는 순간부터 이곳저곳 패이고 잘린 상처와 함께 나타났고 그마저도 곧 침묵 속으로 사라졌다. 그에 반해 3년 후 《분가쿠효론》의 일본어판 〈초진〉은 그동안 알 수 없었던 〈질소비료공장〉의 전체 서사를 복자伏字도 거의 없이 말끔하게

〈그림 24〉
〈초진初陣〉이라는 제목으로 일본에 번역 소개된 이북명의
〈질소비료공장〉(《文學評論》臨時增刊新人推薦号, 1935年 5月号)

담고 있다. 물론 그것이 애초의 〈질소비료공장〉의 언어, 발화되자마자 침묵 속에 보존되어야 했던 언어 그 자체와 완전히 동일한 것일 수는 없지만, 이를 통해 해고위협, 노동운동 탄압, 사용자들의 감시와 폭력, 노동자의 죽음, 계급적 분노, 해방의 예감 등으로 이어지는 '원래의' 서사를 확인할 수 있다. 식민 본국의 언어로 번역된 것이지만, 시간적 지체를 견뎌야 했지만, 그래서 더욱 "작품으로서 낡고" "유치"하다는 평가를 받았지만, 〈질소비료공장〉의 원작이 '복원'되었다는 사실에는 어떤 의의가 있을까?

결론부터 말하자면, 《분가쿠효론》의 〈초진〉은 식민지/제국의 언어-법-미디어 체제를 통과하면서 〈질소비료공장〉이 사망하는 장면을 보여준다. 1932년, 식민지 조선이라는 장소에서 〈질소비료공장〉은 찢어지고 조각나고 절단된 채로만 저 언어-법-미디어 체제에 떠오를 수 있었다. 프롤레타리아문학의 심미적 규범을 적용해 어떻게 읽을 것인가의 문제 이전에 이미 그 텍스트는 거기 새겨진 깊은 상처와 한 덩어리로 존재했으며, 그 상처 자체가 〈질소비료공장〉이 식민지/제국의 그라운드 제로에서 발원했다는 증표이기도 했다. 그런데 3년 후인 1935년, 프롤레타리아 문학운동의 생명력이 소진된 식민 본국의 문학장에 〈질소비료공장〉은 〈초진〉으로 나타났다. 어떤 상처도 없이 말끔하게 번역된 제국의 언어로. 〈질소비료공장〉은 그것이 발원한 식민지/제국의 그라운드 제로가 보이지 않는 '내지', 프롤레타리아문학의 잠재성이 고갈된 세계에 제국의 언어로 감싸진 채로만 전체 모습을 드러낼 수 있었다. 역설적이게도, 〈초진〉은 〈질소비료공장〉에 처음부터 새겨져 있던 상처를 메우고 전체 서사를 '복원'하면서 식민지/제국의 언어-법-미디어의 장에 매장했다. 이 이후로 〈질소비료공장〉은, 식민지/제국의 그라운드 제로가 도처에서 가시화되고 그 전선이 식민지/제국 전체로 확대될 때에만 부활을 기대할 수 있었다.

번역되는 삶

이북명은 '노동자 출신 작가'라는 꼬리표를 떼어 낼 수 없었다. 이 꼬리표야말로 그의 영광과 비참에 모두 따라붙었다. 노동자 출신 작가이기 때문에 지식인 작가들이 넘볼 수 없는 경험의 무게를 가지고 있다고 여겨졌고, 또한 노동자 출신 작가이기 때문에 그 무거운 경험에 짓눌려 있다고 여겨졌다. 더욱이 그에게 한계처럼 작용한 것은 그가 결코 노동자 작가가 아니라 노동자 '출신' 작가로 위치 지워졌다는 데 있다. '노동자'와 '작가' 사이의 넘어설 수 없는 시간적 간극이 그의 '노동 경험'을 재료의 차원으로 묶어 두는 것처럼 보인다. 이 문제에 대해 이북명 자신도 의식하고 있었던 듯하다. 그는 "언제든지 공장으로 갈 준비가 있고 어촌, 농촌으로 종군할 용의도 있다"[201]며 노동현장과의 거리를 상실하지 않으려는 강한 의지를 내비치기도 했다. 그러나 '노동자 출신 작가'라는 '특별취급'에 대해 불만도 없지 않았던 것으로 보이며,[202] 중일전쟁 발발을 전후해 급속하게 변동하는 문학장 속에서 스스로 어떤 전환의 방법을 모색하려 했던 듯하다.

우리 문단에서는 나를 노동자 출신의 작가라고 막연하게 불러왔습니다.

나는 그 호칭에 대해 아무 불만도 만족도 느껴본 일이 없었습니다. 그러나 나는 노동자 출신의 작가란 어떠한 조건을 구비한 작가인가 하는 데 다소 의문을 가지게 되었습니다.

나는 노동자 출신 작가에 대한 규정 문제를 논평하고 검토해 주는 평가評家의 출현을 대단히 기다렸습니다. 그러나 내가 알기에는 이 문제에 대하여 규정을 지어준 평가는 아마 한 분도 없었다고 생각됩니다.

……

일언一言으로써 말한다면 나의 작품의 제 결함은 **작가로서의** 〈감정의 완전연소〉가 부족하였다는 것과 발표욕에만 치우치는 경향이 있었다는 것입니다.

……

단편소설 한 편을 쓸 때에도 우리 작가는 수만 병사를 거느리고 전장으로 나가는 장군의 〈전략과 준비〉가 필요할 것입니다. 이 〈전략과 준비〉가 작가에게는 불가결의 조건이 될 것입니다.

이런 착잡한 문제를 숙제로서 머리에 간직한 채 **×수전촌水電村**으로 가게 되었습니다.[203]

이곳에서 이북명, 자신의 기존 작품들에 "작가로서의 〈감정의 완전연소〉가 부족"했음을 비판하고 있다. 바꿔 말하자면, 최초의 경험을

'문학'의 규칙과 문법에 따라 번역하는 일에 서툴렀음을 고백하고 있는 것이다. 이제 그는 '작가로서의' 자의식을 뚜렷하게 가지고 있다. 식민지/제국의 언어 – 법 – 미디어 체제 안에서 이루어지는 언어행위의 규칙들에 익숙해졌다고 말해도 좋을 것이다. 하지만 이러한 '적응'이 곧 그라운드 제로의 존재를 망각하거나 덮어 버리는 것을 뜻하지는 않는다. 그것은 한동안 작품활동을 중지했던 그가 다시 노구치 콘체른의 수력발전소로 가게 되었다는 사실 때문만은 아니다.

그는 전시총동원 체제가 강화되어 가면서 조선문단이 "급속히 시세에 순응하려는 작가들", 또는 "과거의 창작태도를 은연히 고집하려는 작가들", 아니면 "확고한 신념을 상실하고 불안 초조 중에서 애매한 태도를 지속하는 작가들"로 나뉘고 있는 듯하다고 논평하는 한편, 자신은 "금년에 접어들자부터 시세의 동향과 문단의 정세를 어느 정도까지 파악할 수가 있었습니다. 나 자신 커다란 난관을 돌파했다고 생각합니다. 요즘은 독서하고 사색하고 창작하는 궤도가 시세적時勢的으로 순조로워진 듯합니다"라는 의미심장한 말을 남긴다.[204] 그가 돌파했다고 생각하는 '난관'은 무엇인가. 독서와 사색과 창작이 '시세적으로 순조롭다'는 것은 무슨 뜻인가. 그가 '급속히 시세에 순응하려는 작가들'을 따로 분류하고 있다는 점에서, 이 '시세적으로 순조롭다'는 것이 곧 전향을 뜻한다고 보기는 어렵다. 그보다는 전시총동원 체제에서 '작가로서' 스스로 납득할 만한 어떤 '방법'을 터득했다는 뜻으로 봐야 하지 않을까. 그 방법이 이북명 자신이 공언할 만큼 어떤 만족감을 수반한 것이라면, 그 방법이란 어쩌면 식민지/제국의 언어 – 법 – 미디어 체제

안에서 '문학'의 규칙을 준수하면서, 또한 전시총동원 체제의 '명령'의 언어를 수용하면서, 저 그라운드 제로를 망각하지 않는 어떤 글쓰기를 가능하게 하는 것이었을까.

그라운드 제로를 기억하기

〈빙원氷原〉[205]은 전시총동원 체제기 작가들에게 정책적으로 창작이 강요되었던 '생산소설'의 범주에 속할 만한 텍스트이다. 이 소설에는 중일전쟁 발발을 전후한 시기부터 소설들에 빈번히 등장하기 시작한 '새로운 시대의 주인공'인 기술자가 역시 주인공으로 설정되어 있고,[206] 그의 "나라에 바치는 …… 충성"[207]도 분명하게 표현된다. 그런데 흥미롭게도 다른 많은 기술자들과는 달리 "K고공 기계과를 졸업한" 〈빙원〉의 주인공 최호는 너무나 병약하다. 영하 21도까지 떨어지는 한겨울 장진강 S저수지 댐의 일수문溢水門 개조 공사를 위해 수력발전회사에서 파견된 그는 "자기로 조제한 약 외에, 부속병원에 가서 위산, 노싱, 아스피린, 가제피린, 요도홈, 기침약 등을 마련하고 그 밖에도 한약국에 가서 보폐탕, 패독산 등을 지어 트렁크 밑에"[208] 넣고서야 현장에 왔다. 이에 비해 그의 현장 업무를 보조하는 만수 노인과 그의 딸 금순은 강인한 민중의 형상이라고 할 수 있다. 만수 노인은 일본질소의 수력발전 댐 공사로 인해 수몰지구가 되어버린 고향을 떠나 산골에서 살고 있지만, "부자유하고 부족한 생활을 어디까지든지 꾸준히 극복하고 해결지어 나갈 수 있는 인간"으로 여겨진다. 〈빙원〉의 서사에서 흥미로운 점은 주인공인 기술자 최호가 상황을 지배하고 이끌어 간다기보다는, 느린 듯 침착하면서도 강인한 만수 노인과 금순, 그리고 이름 없는 발구꾼들 옆에서 "건설에 대한 정열"[209]만 가득한 허약한 젊은 기술자가 끊임없이 자기 다짐만 반복하는 것처럼 읽힌다는 것이다. 물론 최호에게 초점화된 서사에서 만수 노인 등이 행위를 주도할 수는 없지만, 감기 몸살로 앓아누운 최호를 만수 노인과 금순이 병간호하는 장면에서도 암시되듯이, 적어도 이들 없이 최호의 이상은 공허할 뿐임을 알 수 있다.[210]

〈빙원〉에서는 두 가지 서사가 서로 불균등하게 교차하고 있는데, 그로 인해 두 서사 사이에는 어떤 언표되지 않은 틈이 발생한다. 하나의 서사가 식민지/제국 전시체제에서 강요된 '명랑한 건설'의 선을 따르고 있다면, 다른 하나는 불행과 상처를 딛고 나아가는 보다 크고 강한 '삶의 힘'의 선을 따르고 있다. 전자가 전쟁 승리와 식민지/제국 체제의 강화라는 목적에 복무하는 프로그램이라면, 후자는 민중의 삶이 가지고 있는 잠재적 역량으로부터 넘쳐 나오는 운동이다. 물론 실제로서의 삶의 역량과 운동은 서사의 수용능력을 월등히 초과하는 것이기에 그 자체로 표상할 수 없지만, 이 소설은 임무를 부여받고 현장에 파견된 기술자 최호의 한계 너머에 그를 맞아들이고 보살피며 이끌어 줄 만큼 넉넉한 민중의 생명력을 배치하는 방식으로 그 크기의 비대칭성을 짐작하게 한다. 만수 노인이 표상하는 민중의 삶의 역량이 월등히 크고 그 운동성도 다방향적이기 때문에 〈빙원〉에서처럼 '생산성'의 방향과 만날 수도 있다. 그러나 두 가지 서사 각각의 주체들이 드러내는 역량의 크기의 비대칭성은, 민중의 삶이 지닌 잠재적 역량이 애당초 식민지/제국 체제의 '생산성'의 방향을 초과하는 것임을 알려준다.

한편, 〈철을 파내는 이야기〉[211]는 각종 공출과 자원 재활용을 통해 부족한 전쟁물자를 충당·대체하려 한 총력적 동원경제의 상황에서 고철을 팔아 사적인 돈벌이로 삼는 이기적인 인간들을 비판하는 내용을 담고 있다.[212] 토룡이라는 인물은 "철 부스러기, 낡은 함석, 철선, 동선, 낡은 고무신발, 넝마, 가마니, 맥주나 사이다의 빈병"[213] 등 그동안 아무짝에도 쓸모없는 쓰레기라고 생각했던 것들이 돈으로 바뀔 수 있다는 정보를 접한 뒤, 수력발전회사 사택에서 나온 쓰레기더미를 뒤지기 시작한다. 이때부터 토룡의 가족 전원이 쓰레기에서 돈을 발굴하는 작업에 몰두한다. 그러나 돈벌이의 맛을 알게 된 토룡과 그의 부인 및 딸 복남은 "물욕에 대한 일종의 경쟁심이 육친의 정도 초월해"[214] 서로 속이고 훔치고 다투며 극단적인 에고이스트로 변모해 갔고, 결국 홍수로 인해 떠내려 온 수력발전회사의 동선銅線을 절도한 토룡은 용의자로 잡혀가게 된다. 표면적으로는, 국가 위기 상황에서 이기적으로 자기 이익만 추구하는 행위는 결국 몰락을 초래하게 된다는 서사를 취하고 있다.

이 수전회사의 종업원들은 대단히 단결심이 강했다. 한번 한다고, 해야만 한다고 정하면 해치우지 않으면 안 되는 그들이었다.
곧 소학교 뒤뜰에는 폐품으로 작은 산이 생겼다. 어느 정도 모이자 고물상을 불러 팔았다.
그리고 그 돈은 종업원, 애국부인회, 소학교 아동 일동의 명의로

국방헌금을 했다.

같은 폐품 회수여도, C수전회사에서 하는 것과 복남 일가가 하는 것은 그 정신이 근본적으로 달랐다.

말할 것도 없이 하나는 애국관념의 자발적 봉사였고, 다른 하나는 증오할 만한 개인적 이기주의[我利我利]의 발로였다.

C수전회사에서 폐품 회수를 적극적으로 펼치자 자연히 이기주의 무리들은 기가 눌려 어느새 모습을 감춰 버렸다.[215]

인용문에서 보듯이 "애국관념"과 "이기주의"가 극명하게 대립되어 있고, 토롱의 타락[216]은 그 자신과 일가의 몰락을 암시한다. 하지만 흥미롭게도 쓰레기 산을 파고 뒤져 가며 고철을 찾는 데 혈안이 된 토롱 일가의 모습은 전쟁자원이 될 만한 것이면 무엇이든 공출해 가는 식민지/제국의 통치권력의 모습과 큰 차이를 보이지 않는다. 엄밀히 말하면 "같은 폐품 회수"인 것이다. 〈철을 파내는 이야기〉 역시 두 가지 서사가 서로 불균등하게 얽혀 있다. 하나의 서사가 버려진 자원을 다시 한번 추출해 마지막 한 방울의 에너지까지 전쟁승리와 식민지/제국 체제의 강화를 위한 동력으로 활용하는 방향으로 나아간다면, 다른 하나의 서사는 불모지에서도 가치를 발굴해 이윤획득으로 전환시키는 방향으로 나아간다. 전자가 누구의 것도 아닌 것을 국가를 위한 것으로 회수시키는 노선이라면, 후자는 누구의 것도 아닌 것을 먼저 차지한 자의 소유로 귀속시키는 노선이다. 그런데 이 소설에서는 두 서사 사이에서 틈을 발생시키기보다는, 두 서사의 동일성을 발견하게 하는 전략을 취하고 있다. 요컨대 국가주의와 자본주의 정신이 같은 모습으로 경쟁하고 있는 듯한 형상을 만들어 낸다.

전시총동원 체제하에서 '작가로서의' 자의식을 새삼 강조한 이북명은 식민지/제국의 언어-법-미디어 체제 내부에 머물고 있는 것으로 보인다. 그러나 그는 저 언어-법-미디어 체제 내부의 규칙과 문법을 자명한 것으로 받아들이거나 전시총동원 체제의 명령을 그대로 반복하지는 않았다. 어쩌면 저 그라운드 제로로부터 식민지/제국의 언어-법-미디어의 장으로 이동해 오면서 새겨진 상처들이, 그가 이 체제 내부에 안착할 수 없게 만든 것은 아닐까. 예컨대 〈질소비료공장〉이 식민지의 미디어에 찢기고 절단된 채 잠시 떠올랐다 가라앉고, 변혁의 시간이 저물어 가는 '내지'의 미디어에서 제목과 언어가 바뀐 채 박제가 되는 과정을 경험하며,[217] 오히려 그라운드 제로의 역동성과 그것을 포획할 수 없는 식민지/제국 언어-법-미디어 체제의 무능을 절감할 수 있었던 것은 아닐까. 그로 인해, 주체로부터는 주어진 목표를 향해 총력을 다하는 열정을 뽑아 내고, 대상으로부터는 모든 생산적 가치를 남김없이 회수해 가려는 식민지/제국 체제의 극단적 생산성이, 결국 세계와 더불어 자기 스스로까지 파괴하고 말 자본주의적 착취체제와 구별되지 않는다는 것, 그럼에도 불구하고 삶 자체의 잠재적 역량은 언제나 그것을 초과하리라는 것을 볼 수 있었던 것은 아닐까. 아마도 해방 직후 북한에서 이북명이 노동자들의 영웅적인 생산활동과 반자본주의적 실천을 그토록 빠르게 포착할 수 있었던 것[218]은 그가 해방 직전까지 이러한 시야를 견지하고 있었기 때문이 아닐까.

그러나 역설적이게도, 그가 삶 자체의 잠재적 역량과 반자본주의적 실천을 '문학' 안에서 긍정적인 언어로 만들어 내자마자 저 그라운드 제로의 존재는 망각되기 시작한 것으로 보인다. 식민지/제국의 언어— 법—미디어 체제로부터 '해방'되었다 할지라도, 그것이 저 삶의 잠재 성을 상처 없이 담아 낼 수 있는 유토피아의 언어—법—미디어를 제공 해 주는 것은 아니었기 때문이다.

8.

식민지/제국의
언더그라운드

침묵, 발화의 영도 너머

근본적으로 폭력에 기초한 식민주의적 질서가 쉽사리 붕괴되지 않고 지속된다면, 그것은 폭력을 정당화하거나 공식화하는 장치가 유효하게 작동하고 있기 때문일 것이다. 예컨대 식민지의 일상세계 속에 '총칼'로 상징되는 국가 폭력이 직접적·항상적으로 집행된다면, 피식민자들은 적과 마주하고 있다는 '전장戰場' 의식을 결코 떨쳐 버릴 수 없고 식민주의적 질서에 대한 적대성을 강화해 갈 수 있다. 식민주의적 지배가 이렇게 적대성을 표면화하고, 그럼으로써 식민지/제국의 도처에 전선이 노출되는 방식으로 행해진다면, 오히려 그 지배는 지속적 불안상태를 벗어나지 못한다. 따라서 폭력을 일상적 반복과 재인식의 구조 속으로 용해시킬 수 없다면 식민주의적 질서는 성립할 수 없다고 말해도 과언이 아닐 것이다. 이런 의미에서 식민지/제국 세계의 현실성reality은 그 언어-법-미디어 장의 형성과 작동 여하에 달려 있다고 할 수 있다.

언어-법-미디어 장은 그 체제의 공식official 문화, 상징 질서, '도덕'을 유효하게 하는 제도적 기반이라고 할 수 있다. 이 장의 범위는 일정한 국면에서는 일상성의 감각과 겹치기도 하지만, 사회적·정치적·도덕적 경계를 흔드는 사건이나 사태가 발생할 때 그것을 흡수 또는 차단하는 전술을 통해 기존 질서를 복원시키면서 그 장의 위력을 발휘한다는 점에서 치안police의 기능과 겹치기도 한다. 따라서 이 장의 경계는 언제나 모호하며, 이 모호성이 장의 본질과 관련된다.

식민지/제국의 언어-법-미디어 체제는 피식민자를 절대적으로 침묵시키거나 단순한 대상으로 획일화하는 것을 목표로 하지 않는다. 통치성 일반이 그렇게 작동하듯이, 식민지/제국의 언어-법-미디어는 피식민자들이 말하게 함으로써 처벌과 금지의 기준을 갱신하고 실행하며, 피식민자들이 움직이게 함으로써 차별과 차단의 경계를 (재)확정하고 선택적 경로를 고정시킨다. 따라서 예컨대 '불령선인不逞鮮人'에서 '모범경작생'까지 이 언어-법-미디어의 장에서 평가되고 분류되고 배치된다. 즉 식민지/제국의 공식적 문화를 정점으로 하여 정치적·도덕적으로 위험한 지대에 이르기까지 이 언어-법-미디어의 장이 펼쳐져 작동하는 세계만큼 식민주의적 질서가 효력을 발휘하는 현실이 존재한다. 그리하여 '식민주의적 영웅'과 식민지/제국의 '적'을 (재)생산하고 각각에 삶과 죽음을 배분함으로써, 그에 상응하는 인식적(진리/거짓), 윤리적(선/악), 심미적(미/추) 판단을 (재)생산하는 구조가 이 언어-법-미디어 장 위에 구축된다. 이 장의 경직성과 유연성의 범위는 식민지/제국 체제의 정치적 위기의 강도에 상응해 규정된다는 점에서, 자유주의와 개인주의 언설의 유통 및 수용 가능성이 그 범위를 측정하는 바로미터 역할을 할 수도 있다. 하지만 좀 더 극단적인 예를 들자면, 이 장에서, 식민주의의 '협력자'들은 일정한 정치적·경제적 보상과 함께 인정認定의 언설 속에 자리 잡고, 사회주의를 비롯해 '국체변혁'을 도모한 '사건'의 '범죄자'들은 신출귀몰했던 접선과 도주, 그리고 그에 못지않게 드라마틱했던 검거 현장의 뒷이야기와 함께 공식적 미디어에 전시된다.

그러나, 물론 식민지/제국의 통치권력의 입장에서는 이 장을 떠나서는 세계도 현실도 없는 것처럼 절대화된 가시성의 체제를 만드는 것이 꿈이겠지만, 실제로 이 장은 그 안으로 모조리 환원하거나 대상화할 수 없는 무한하고, 우연적이고, 예측불가능한 움직임 위에 불안하게 구축된 허구의 세계에 가깝다. 이 책에서 언더그라운드underground라고 지칭하는 이 무한한 운동의 세계는, 언어-법-미디어의 장이 걸러 낼 수 없거나 그 장에서 부정된 것들이 떠다니고 부딪치며 부단히 증식해 가는 바다와도 같이 존재한다. 그것은 한편으로는 식민지/제국 체제가 구축되기 위한 원천이기도 하지만, 다른 한편으로는 저 언어-법-미디어의 장에서 공들여 가공된 거창한 상징들을 무의미의 블랙홀로 빨아들일 수 있는 카오스이기도 하다. 따라서 이 무한한 운동의 세계에는 식민지/제국의 언어-법-미디어 장의 생성조건이지만 정작 언어-법-미디어 장에는 은폐되어 있는 직접적 폭력 역시 포함되어 있다.

식민지/제국의 언어-법-미디어가 담지하고 전달할 수 있는 것의 범위는 언제나 이미 그 상징적 질서의 가치론적 위계와 규칙이 긍정하는 것에서 부정하는 것까지의 스펙트럼에 국한된다. 긍정하는 것이야 말할 필요도 없지만, 부정하는 것도 부정의 '대상'이 됨으로써, 즉 부정의 징표들이 덧씌워진 채로 언어-법-미디어 장에 포획될 수 있다. 그러나 식민지/제국의 언어-법-미디어 장 곳곳에 긍정/부정, 선/악, 참/거짓의 그물로 건져 올릴 수 없는 구멍들, 이를테면 **침묵**이 존재한다. 이 침묵을 분기점으로 반대편에 전혀 다른 비대칭적 세계가, 언더그라운드가 움직인다.

그러나 침묵은 무無 또는 부재가 아니다. 라나지트 구하가 소쉬르에게서 주목했듯이, "하나의 관념을 표현하기 위해 물질적 기호가 꼭 필요한 것은 아니라는 점"[219]을 기억할 필요가 있다. 특히 차별과 착취가 구조화된 식민주의적 질서에서 침묵은 많은 경우 동의를 뜻하지 않는다. 이곳에서 침묵은 정확히 말해 발화자가 식민지/제국의 언어-법-미디어 장에서 적합한 지시 대상을 발견하지 못했음을 나타내는 징표이다.[220] 마치 민주주의 제도의 보편적 커뮤니케이션 형식처럼 여겨지는 보통선거가 근본적으로 다수적인 정치적 욕망을 제한적 선택지 내에서의 찬반 의견으로 환원시키는 장치에 다름 아니듯이, 따라서 때로 기권이나 무효표가 제한된 선택 너머의 말해지지 않은 무수한 욕망들을 비지시적非指示的으로 암시하듯이, 피식민자 다수의 침묵은 무 또는 부재가 아니다.

오히려 침묵은 **발화의 영도zero degree**, 다시 말해 식민지/제국의 언어-법-미디어 장의 영도를 표시한다. 영도 이편에서 언어-법-미디어의 장이 작동하고 있다면, 영도 저편에는 전혀 다른 무질서하고 예측할 수 없는 흐름이 있다. 영도의 이편에 의미론적·통사론적 질서를 따르는 상징적 실천이 있다면, 영도의 저편에서는 의미를 구성하지 못하거나 통사를 조직하지 못하는 무한한 기호와 이미지들이 범람한다.

이러한 의미의 영도를 역사–지정학적 좌표로 옮겨 본다면, 특정한 정신적·물질적 재생산체제가 폭력적으로 창출되는 계기에도 적용할 수 있을 것이다. 이를테면 자본주의적 관계의 본원적 축적ursprüngliche Akkumulation, 그리고 식민주의적 관계의 본원적 축적은 언제나 그 역사–지정학적 영토에 영도의 지점을 새겨 놓는다. 하지만 이미 거듭 강조했듯이 자본주의적 본원적 축적도, 식민주의적 본원적 축적도 자본주의 체제 또는 식민지/제국이 성립되는 어떤 역사적 시간상의 기점과 무관하다. 자본주의가 언제나 새로운 시장—시장은 반드시 지리적 발견을 수반하는 것은 아니다—을 창출하고 포섭하며 증식해 가듯이, 식민주의 역시 새로운 식민지—식민지 역시 반드시 지리적 의미에만 국한되지는 않는다—를 부단히 창출하고 포섭하며 증식해 간다. 따라서 본원적 축적은 '최초'의 축적을 뜻하기보다는 반복적으로 이루어지는 **원천적** 축적의 현실을 지시한다.

'발화의 영도'로서의 침묵이 언어적·상징적 질서가 힘을 갖는 지점인 동시에 좌절하는 지점이라면, 식민지/제국의 언어–법–미디어 장이 작동하기 시작하는 지점인 동시에 효력을 상실하는 임계지점 또는 문턱을 식민지/제국의 그라운드 제로라고 칭하도록 하자. 식민지/제국의 그라운드 제로는 식민주의적 관계의 본원적 축적이 이루어지는 도처에서 발견할 수 있다. 그것은 때로는 대규모의 식민지 개발이 이루어지는 장소일 수도 있고, 기존의 경제적 관계를 식민주의적 형태로 재편하는 총독부 정책의 집행일 수도 있다. 또한 식민지 민중들의 봉기의 순간, 식민지/제국 권력과 다수 민중들이 충돌하는 사건[221]일 수도 있고, 사물의 세계를 기록하고 아카이빙하거나 '표현'의 특정한 경로를 구축하는 지식-권력의 실천현장[222]일 수도 있다.

그리고 우리에게 남겨져 있는 과거의 흔적 대부분은 발화의 영도의 이편, 식민지/제국의 그라운드 제로의 이편, 즉 식민지/제국의 언어-법-미디어 장에서 생산된 것들이다. 따라서 저 영도로서의 침묵은 말할 것도 없이, 그라운드 제로의 저편, 즉 언더그라운드에서의 커뮤니케이션과 운동 역시 결코 실증적인 방식으로 확인할 수 없고 대상화할 수도 없다. 그러나 그라운드 제로의 위상을 간과하지 않는다면, 적어도 식민지/제국 언어-법-미디어 장의 틈에서 언더그라운드의 그림자를 추적해 볼 수는 있을 것이다. 물론 언더그라운드의 무질서와 예측불가능성을 측정할 수 있는 보편적 척도란 있을 수 없어서, 보편적이거나 일반적인 개념을 획득하려 한다면 기껏해야 언어-법-미디어의 장이 언더그라운드의 운동을 변형시키는 메커니즘—마치 '꿈-작업' 같은—을 발견하는 데 만족해야 할지도 모른다. 하지만 각각의 쓰여진 글, 발화된 기표에서 침묵의 침전물을 발견하려는 시도가 무효하지만은 않으리라 생각된다.

이 장에서는 이와 같이 침묵의 침전물을 발견한다는 목표를 설정하고 언더그라운드의 존재와 그 운동방식을 이해하기 위한 작업을 진행하고자 한다. 언어-법-미디어 장에서의 변형과 번역과 침전의 문법을 파악하기 위해서는 식민지/제국의 언더그라운드와 언어-법-미디어 장의 비대칭적 관계와 작용을 이해하는 것이 필수적이다. 이러한 필요에 따라 이 글은, 노동운동에 투신하려는 한 젊은이가 공장에 '위장취업'하는 과정을 다룬 이북명의 소설 〈현대의 서곡〉을 실마리 삼아, 식민지/제국의 언더그라운드의 운동방식을 추적해 보고자 한다. 식민지 노동소설은 그 주제적 한계로 인해 언더그라운드에 접근하기 위한 통로로서는 오히려 협소하다고도 할 수 있고, 자칫 의미 과잉의 기표들이 침묵의 흔적을 은폐하는 결과를 낳기도 한다. 그럼에도 불구하고 〈현대의 서곡〉이 식민지/제국의 그라운드 제로라고 할 수 있는 지점에서 계급적 존재 전이를 제시하고 있는 점은 의미심장하다고 할 수 있고, 이를 통해 적어도 언더그라운드의 운동을 이해하는 '서곡'은 시도될 수 있지 않을까 한다.

이름들

"이름은?"
"홍구올시다."
"나이는?"
"스물여섯입니다."
"고향은?"
"서울입니다."

"무얼 하러 이곳까지 왔나?"

"일자리를 찾아왔습니다."

"어떻게 시험이 있다는 줄을 알았나?"

"신문을 보고 알았습니다."

"서울서는 무슨 일을 하였나?"

"도로 공부工夫[공사장 인부 – 인용자]도 하고 장작도 패고 닥치는 대로 하였습니다."

"유치장에 들어가 본 일은 없나?"

"원 천만에 말씀을 ……"

필수는 손을 비볐다.

"사회주의라는 게 뭣이냐?"

"그런 걸 제가 아나요."

"손을 내밀어."

필수는 손을 가지런히 내밀었다. 키 크고 뚱뚱한 사원이 손등을 쥐어보고 손바닥을 훑어보고 하더니 키타나이네 –[더럽다 – 인용자] 하고 제 손을 툭툭 턴다.

그때에 여태까지 팔짱을 끼고 필수의 동정만 보고 앉았던 신사가 백로지를 가리키며,

"에 – 여기 쓰인 여러분 중에 아는 사람이 있나? 어디서 만나보았다든가 그렇지 않으면 서신거래가 있었다든가—"

필수는 한참 쳐다보다가,

"주문규라고 서울에 아는 사람이 있는데 저게 이름하고는 글자가

모두 다릅니다.”

필수는 태연스러웠다.

“바갓, 여기서 거짓말을 ……”

신사가 백로지를 탁탁 두드린다.

“없습니다.”[223]

흡사 경찰이나 검찰의 취조 또는 신문 상황처럼 보이는 이 장면에서, 필수라는 인물은 조선질소 흥남공장의 직공으로 취업하기 위해 면접시험을 치르고 있다. 이 소설에서 그는 단순히 생계를 위해 직공이 되려는 인물이 아니다. 모 은행 지배인의 아들이자 모 전문학교 졸업생으로 설정된 필수는, 자신이 속해 있던 세계를 부정하고 어떤 혁명적 비전에 따라 바야흐로 노동자로의 ‘존재 전이’를 이루려는 참이다.

말을 주고받음에도 불구하고 결코 대화가 이루어지고 있다고는 볼 수 없는, ‘진위 판별’ 또는 ‘정체 식별’의 목적에 종속된 물음과 그 물음이 보다 공격적인 추궁으로 이어지지 않도록 주의를 기울이고 있는 대답 속에 두 이름이 등장한다. 하나는 ‘홍구’, 다른 하나는 ‘주문규’이다. 홍구는 필수의 가명이고, 주문규는 이 질소비료공장과 관련된 모종의 사건에 연루되었을 것으로 짐작되는 이의 본명일 것이다. 아마도 그는 수배 중이거나 이미 검거되었을 것이다. 면접과정을 지켜보던 ‘신사’—형사로 추정되는[224]—는 (수배 중이라면) 주문규 또는 주문규와 이어진 조직을 뒤쫓고 있거나 (이미 검거되었다면) 주문규가 연루된 사건의 ‘재발’을 예방하기 위해 그 자리에 있을 것이다. ‘필수≠홍구’는 물론 공장에서 어떤 '은밀한 사업'을 전개하기 위해 이른바 '위장취업'을 시도하고 있다.

흥미롭게도 자신의 정체를 은폐하고 공장에 '잠입'하려는 필수는 홍구라는 가명을 자신의 이름으로 삼고 그 동일성 또는 고유성을 강화해 가(야 하)는 데 반해, 이미 정체가 드러난 주문규의 이름에 대해서는 동일한 시각적·청각적 이미지(시니피앙)에 다른 인물(시니피에)를 소환함으로써 동일성을 모호하게 만들고 있다. 이론상 무한히 만들어 내고 부착시킬 수 있는 가명假名은 단수화單數化를 지향하고, 개인의 유일무이한 존재를 떠올리게 하는 본명은 복수화複數化되고 있다. '위장된 이름'이 동일성을 주장하고 '진짜 이름'이 실체에서 미끄러져 달아나는 곳, 이 이상한 '비상식의 세계'를 언더그라운드라고 해두자. 덧붙여, 이 언더그라운드는 어딘가에 별도로 분리된 채 존립하는 공간이 아니라 무엇보다 기호와 상징이 파괴되는 순간 혹은 적어도 이질적인 기호와 상징들이 충돌하는 순간, 그럼으로써 안정적·지배적·권위적 약호체계가 위기에 처해지는 순간에 그 존재가 현시된다는 점을 기억해 두자.

필수는 흥남에 온 순간부터 홍구가 되었고 또 되어야 했다. 그가 흥남에 도착한 후 조직의 연결선과 접속해 자신을 "홍구洪求올시다"[225]라고 소개할 수 있었던 것은 그에 앞서 조직선을 통한 "최초의 '명명식' initial baptism"[226]이 수행되었기 때문이다. 이에 자신을 '홍구'라고 밝히는 그가 출현함으로써 "그 이름의 접수자는 그 이름의 전달자와 같이 동일한 지칭체를 가진 이름의 사용을 의도"[227]하게 되고, 이로부터 형성되는 커뮤니케이션 연쇄 속에서 홍구는 하나의 '고정 지시어'가

된다. 소설 〈현대의 서곡〉은 '필수≠홍구'가 위의 면접시험을 무사히 통과하고 질소비료공장 '잠입'에 성공하는 것으로 끝난다. 이곳에서 그는 신출내기 공장노동자의 한 사람으로서, 지하조직원의 한 사람으로서, 그리고 개별 인격체의 하나로서 복수의 커뮤니케이션 연쇄를 증식시켜 가리라 예상된다.

〈현대의 서곡〉은 부르주아의 후예로서 어쩌면 식민주의적 엘리트가될 수도 있었을 필수라는 인물이 어떤 혁명적 비전에 따라 흥남 질소비료공장의 노동자로 존재 전이하는 과정을 다룬 이야기라고 할 수 있다. 따라서 우리는 '필수=홍구'의 동일성을 확인하면서 이야기를 따라가게 된다. 하지만 과연 필수와 홍구는 어디까지 동일인인가.

커뮤니케이션 연쇄 속에서 이름의 고유성을 설명하는 크립키의 입장을 받아들인다면, 즉 "고유명사의 사용자가 그것에 대해 어떤 지식을 가지고 있는지와는 상관없이, 고유명사는 그러한 기술적 지식으로부터 독립적으로 인과연쇄의 존재의 뒷받침을 받아 직접적으로 해당대상을 지시"한다는 견해에 동의한다면, 고유한 이름의 동일성은 그소유자 개인에게 환원될 수 없는 "커뮤니케이션 사슬로 형성된 '공동체의 기억'을 통해 보증"된다고 할 수 있다.[228] 따라서 '홍구'라는 인물이 살아남는다면, 그것은 엄밀히 말해서 단지 '잘 속였기' 때문이라기보다 면접관들과 형사, 다른 노동자들, 그리고 흥남공장가 사람들과의질적으로 상이한 관계의 연쇄 속에 어떤 공통의 기억이 형성될 수 있었기 때문일 것이다. 홍구는 홍구로 기억되는 공동체 속에서만 홍구일 수있다.

따라서 필수를 기억하는 공동체와 홍구를 기억하는 공동체가 있다. 은행 지배인의 아들이자 전문학교 졸업생, 그리고 미란이라는 여성의 연인이기도 한 필수는 그가 태어나자마자 등재되고 귀속된 언어 – 법 – 미디어의 장에서 성장해 왔고, 그가 필수로서 관계해 온 커뮤니케이션 연쇄에 의해 형성된 공동체의 기억 속에서 동일성을 유지하고 있다. 그곳에는 필수로서 접속되는 관계망이 형성되어 있다. 그런데 새로운 '최초의 명명식' 이후 홍구로서 접속되는 관계망이 생성된다. 이 지점에서 언더그라운드의 존재가 현시된다.

현존하는 언어 – 법 – 미디어의 장은 한 개별 존재의 고유한 동일성을 강제적으로 확증한다. 즉 필수는 필수여야 하지 필수인 동시에 홍구 등이 될 수 없다. 물론 다양한 '가명', '위명', '예명' 등이 존재한다. 본명을 직접 호명하는 데 대한 전통적 금기로부터, 사회 – 문화적으로 기대되는 주체성의 형식들에 따라 정체성을 분산시키고자 하는 여러 의도로부터, 그리고 그 밖의 다양한 목적으로부터 '허명'이 만들어진다. 그리고 그럼으로써 희미하게나마 서로 다른 '허명'에 따라 서로 다른 관계망이 형성하기도 한다. 하지만 이들 '허명' 대부분은 결국 **누구**의 가명 또는 **누구**의 위명으로 밝혀지는 것을 궁극적으로 피하지 않는다. 허명虛名은 실명實名을 전제하기 때문이다. 이러한 '허명'은 결국 고유한 동일성으로 환원되거나, 확증된 동일성 위에서 병존할 수 있다.

그러나 이 같은 환원을 금지할 때, 언더그라운드의 존재가 현시된다. 언더그라운드에서 가명은 **별개의 존재**일 것을 요구한다.

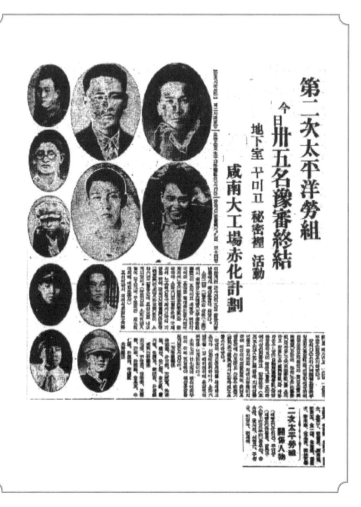

〈그림 25〉
'제2차 태평양노조 사건' 관련 기사
《동아일보》1934년 6월 7일 자)

이쯤에서 〈현대의 서곡〉의 또 하나의 이름, 주문규로 돌아가 보자. 이 북명이 흥남 질소비료공장과 관련된 모종의 사건에 연루되어 수배 중이거나 검거된 인물에게 주문규라는 이름을 부여한 것은 우연이 아니다.

소설이 발표되기 약 4년 전 흥남 질소비료공장을 중심으로 식민지/제국 자본 노구치野口 콘체른 내에 적색노동조합을 건설하려 했던 지하운동이 일제 경찰의 검거를 통해 발각된 바 있다. 공장 가동이 시작된 1930년대 초반부터 흥남에서는 프로핀테른(적색노동조합 인터내셔널)과 범태평양노동조합의 영향하에 적색노조를 건설하려는 지하활동이 지속적으로 전개되었다. 그중에서도 1932년 5월 메이데이를 대비한 일제 경찰의 예비검속으로 그 활동의 실마리가 드러나 전체 500여 명이 검거되며 식민지 미디어에 대서특필되었던 사건이 이른바 '제2차 태평양노조 사건'이었다.[229] 그리고 이때 검거된 인물 중에 주인규·주선규·주인선 남매가 있었다.

이 책의 3장에서 식민지/제국의 그라운드 제로와 언더그라운드 개념을 서술할 때 이미 언급했지만, 주인규는 나운규의 〈아리랑〉(1926)과 〈풍운아〉(1926), 심훈 제작의 〈먼동이 틀 때〉(1927) 등에 출연했던 영화배우였다. 영화배우로 얼굴과 이름이 알려져 있던 그는, 1930년을 전후한 어느 시점에 흥남 질소비료공장에 '위장취업'해[230] 노동자로 살아 가면서 공장 내에서 스트라이크를 조직하는 등 계급투쟁을 전개하다 해고됐고, 그 후 계급투쟁을 주제로 한 영화의 제작에 관여하면서도 혁명적 노동조합 건설을 위한 지하운동에서 핵심적 역할을 수행하는 특이한 길을 걸어 갔다.[231] 경찰의 예비검속에서 이 혁명적 노동조합 건설운동의 존재가 드러나는 실마리가 되었던《노동자신문》과 격문 등 '불법 미디어'를 제작·인쇄한 곳이 바로 주인규의 집이었고, 또한 명태장수로 변장하고 국경을 넘어 범태평양노동조합 비서부의 〈10월 서신〉을 블라디보스토크에서 국내로 반입하는 역할을 맡은 것도 주인규였다.

음악에 재능이 있던 동생 주선규 역시 질소비료공장 노동자로서 혁명적 노동조합 건설운동의 실질적 주도 조직이라고 할 수 있는 '흥남 좌익'의 자유노동 지부를 담당해 활동했으며, 누이 주인선도《노동자신문》제작·유포에 관여하다 함께 검거되었다. 이 책의 6장에서 거론했지만, 이소가야 스에지는 이들 주인규 남매와 밀접한 인간적 교감을 쌓아 가며 지하운동에 뛰어들었고, 특히 주선규와 함께 '흥남 좌익'의 일본인부를 담당하고 활동하다 역시 이때 검거되었다.

이북명이 흥남 질소비료공장 노동자 출신으로서 부단히 흥남 일대 공장가를 배경으로 한 소설을 발표하고 있음을 아는 사람들, 또한 호외까지 발행하며 떠들썩하게 보도했던 신문을 통해 '제2차 태평양노조 사건'을 접한 사람들이 〈현대의 서곡〉의 주문규를 보고 주인규나 주선규를 떠올리지 않기란 어려울 것이다.[232]

아래의 〈그림 26〉을 통해 '제2차 태평양노조 사건' 핵심 관련자 34명의 명단을 확인할 수 있다. 대부분 치안유지법과 출판법 위반죄로 판결된 이들의 직업을 보면 질소비료공장 직공을 포함한 노동자부터 농민, 상인, 교사, 기자, 배우 등 다양하게 분포되어 있음을 알 수 있다. 적색노조 건설의 지하활동을 목적으로 공장에 침투한 이들을 포함해 어떤 이들의 직업은 '위장'일 수도 있고, 또 그 각각의 직업 관련 현장에서 공장 바깥으로 이어지는 복수複數의 네트워크를 형성했을 수도 있다. 그런데 역시 흥미로운 것은 이들의 이름이다. 일찍이 공산주의운동에 투신한 후 모스크바 공산대학을 졸업하고 프로핀테른의 지시로 국내에 잠입해 조직활동을 주도한 박세영은 물론, 여러 인물의 이름 위에 가명이 병기되어 있다. 이에 따르면, 주인규는 '고기수', '주광해' 등의 가명을 사용했던 것으로 보인다.

〈현대의 서곡〉의 면담장에서 형사처럼 보이는 '신사'가 '필수≠홍구'에게 내밀며 확인시켰던 명단은 어쩌면 아래의 문서와 흡사한 것이 아니었을까. 그 상황을 떠올리며 아래의 명단을 다시 읽어 보자.

저 명단에 등재된 이들은 식민지/제국 통치권력의 집행자들에게 붙들림으로써 식민지/제국의 언어 – 법 – 미디어의 장에 붙들리게 되었다. 언더그라운드에서 잠행했던 그들의 활동, 사고, 신체는 치안유지법, 출판법 등 식민지/제국의 통제적 법의 대상이 되고, 공식적 언어의 강력한 의미작용 안으로 포획되고, 지배적 미디어 안에서 그 의미가 재생산됨으로써 이른바 '제2차 태평양노조 사건'의 구성요소들로 환원된다. 간단한 신상, 죄명, 형기刑期와 함께 저 이름들과 가명들은 단단히 틀 지워진 표 안에 한 줄의 정보로 요약된다. 이러한 환원을 통해 언더그라운드에서 '가명들'과 접속됐던 커뮤니케이션 연쇄는 모두 사라진다. 주인규의 경우를 예로 든다면, '고기수'와 연결되었을 신체들, '주광해'를 알고 있었을 관계들은 해체되고 만다.

이를테면, '고기수'는 주인규나 주광해가 접속된 커뮤니케이션 연쇄와 겹치지 않는 한에서 존립할 수 있으며, 주광해나 주인규 역시 마찬가

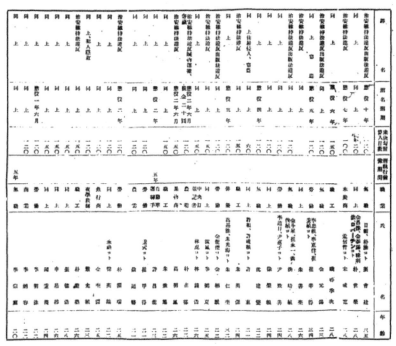

〈그림 26〉 '제2차 태평양노조 사건' 판결 결과
(《사상휘보》1호, 1934. 12, 44~46쪽)

지다. 이 각각의 이름이 어떤 독립된 역할들에 의해 분할되어 있으리라는 것은 짐작할 수 있지만, 그 구체적인 역할의 내용과 각각의 커뮤니케이션 연쇄로 구성된 공동체의 성격이 무엇이었는지는 알려져 있지 않다. 하지만 이 '가명들'이 사용되었다면, 그 각각의 이름은 주인규라는 동일한(유일무이한) 존재로 모두 환원할 수 없는 별개의(복수의) 미디어 자체였다고 할 수 있다. 즉 어떤 이름은 비밀조직의 조직원들과, 어떤 이름은 질소비료공장의 일반 직공들과, 또 어떤 이름은 흥남의 다른 공장에서 《노동자신문》을 읽는 '의식적' 노동자들과 이어져 어떤 정보와 감정을 전달·공유하는 매체였다고 할 수 있는 것이다. 그런데 식민지/제국의 언어-법-미디어 장은 이 각각의 이름 및 그 이름들을 고정 지시어로 만들었던 공동체를 모조리 '주인규'라는 주인 기표 아래로 환원시키고 있는 것이다. 식민지/제국의 언어-법-미디어 장은 혼란을 야기하는 다중적 흐름을 단일한 목적성으로 환원함으로써 언더그라운드의 운동을 사물화한다.

언더그라운드에서의 가명들의 커뮤니케이션 연쇄를 짐작하기 위해 김남천의 〈공장신문〉을 잠깐 살펴보자. 평화고무공장 직공인 관수는 노동자들의 요구를 어떻게 조직할 것인가를 두고 고민하고 있다. 공장에 합법적인 노동조합이 존재하기는 하지만, 조합 간부들이 믿음직스럽지 못하고 노동자들의 밑으로부터의 요구를 담아 내고 있지 못하다는 불만을 강하게 가지고 있다. 그럼에도 관수는 다른 방법을 찾지 못하고 초조해하고 있다. 그때, 지난 여름 파업이 실패하고 혼란스러웠을 때 현명하게 수습했던 한 사나이를 기억해 낸다. 그 사나이를 알게 된 것은 일환이라는 친구를 통해서였다. "그들과는 어느 곳인가 다른 곳이 있었"던 그가 "좌우간 일환이와 어떤 관계가 있는 사람인 줄은 알 수 있었다. 그러나 일환이는 어떻게 이 사나이를 알았을까?"[233)]

관수는 그 사나이가 했던 말을 떠올린다.

> 그 사나이는 잠깐 머리를 숙이고 생각하다가 다시 머리를 들고 말
> 을 계속하였다.
> "일후에 누구를 만나서 인사를 할 때에 그 사람의 성명의 가운데
> 자가 타탸줄이고 열한 글씨, 즉 획수가 열한 개이면 그 사람을 믿
> 어 주시오. 또 그러노라면 같이 일할 동무들이 생기겠지요!"[234)]

수개월이 흐른 뒤 어느 날 현 조합의 여러 문제를 감지하고 있던 관수에게 친구 길섭이 찾아와서는 공회당 앞 포플러 나무들 중 가장 오른쪽 나무 아래 누군가 관수를 기다리고 있다고 전한다. 정해진 시간 약속 장소에 가 보니 나온 이는 "자기 옆에서 일하는 창선이라는 직공"이었다. 수개월 전의 그 사나이가 온 것이 아닐까 기대했던 관수는 적잖이 실망했다. 그러나,

> 창선이는 잠깐 관수의 얼굴을 보았으나 곧 다른 것을 생각한 듯이
> 벌쭉 웃었다. 그는 고개를 끄덕끄덕하며
> "내 이름은 사실인즉 박태순일세!"
> 그리고 손뼉을 내밀고 그 위에 '태泰' 자를 써 보였다.

타탸줄 열한 획수!

관수는 다시금 창선의 얼굴을 들여다보았다.

그리고 그 순간 창선의 손목을 꼭 쥐었다.[235]

박태순이 창선의 본명인지 아닌지는 중요하지 않다. 중요한 것은, '창선'은 "파업 이후에 신 직공모집에 끼여서 들어와 자기네 공장에서 일하게 된 직공"[236]의 한 사람에 지나지 않았지만, '박태순'은 "길섭이, 동찬이, 선녀, 창호, 보무에미 등등"[237]과 연결되어 〈평화고무공장신문〉을 제작·배포하고 집회를 조직하는 활동으로 나아가는 통로가 된다는 점이다. 서로 다른 이름들은 서로 다른 커뮤니케이션 연쇄, 서로 다른 공동체와 접속하는 미디어이고, 언더그라운드에서는 이 복수의 미디어들이 겹치거나 분산하며 잠행해 간다. 이 잠행하는 운동은 '국체를 부정하는 행위', 또는 '사회 안전을 교란하는 행위'로 대상화될 때만 식민지/제국의 언어-법-미디어의 장에 떠오른다.

위장된 몸짓들

우선 손이, 그리고 감각이 문제였다.

너희들은 〈백수白手〉—

가고자 하는 농민들에게는

되지도 못한 〈미각味覺〉이라고는

조곰도, 조곰도 업다는 말이다

Cafe Chair Revolutionist,

너희들의 손이 너머도 희고나!238)

　프롤레타리아문학 초창기에 김기진이 '탄식'했듯이, 지식을 통해 획득한 혁명적 비전이 민중과 결합하는 데는 우선 저 흰 손, 그리고 그 손과 이어져 있는 감각의 세계가 걸림돌이었다. 이 시에서 흰 손은 당연히 육체노동의 현실을 알지 못하는 '책상물림'의 상징일 뿐만 아니라, 육체노동의 도구적 연관과 단절된 별개의 도구적 연관의 상징이기도 하다. '흰 손'은 카페의 의자 팔걸이, 찻잔, 책, 펜과 연결되어 있고, 미각—물론 단지 '미각'만을 지시하는 것은 아니다—은 그 손 가까이에 있는 음식들을 통해 형성된다. 따라서 '민중 속으로V Narod' 들어간다는 것은, 강철 같은 의지의 실현에 앞서 육체노동의 도구들에 친숙한 손을 갖고, 그 손에 어울리는 혀를 갖는다는 것을 뜻한다. 그런데 이렇듯 '감각의 혁명'을 골자로 한 존재 전이는 역설적이게도 계급사회의 언어-법-미디어 장에서 형성되고 고착된 계급 식별체제를 그대로 받아들일 때 가능한 것처럼 보이기도 한다.

　〈현대의 서곡〉의 필수는 홍구가 되기 위해 바로 이 식별체제에 의존한다. 그는 저 '흰 손'을 노동자의 손**처럼** 보이게 위장한다.

　…… 그는 어떻게 하면 일하는 사람의 손같이 보일까 하고 연구하

여 보았다. 필수는 공장복을 입고 눈이 녹은 뒷산에 올라가서 하얀 손을 일부러 마른 풀뿌리에다 문질렀다. 연약한 손에서는 피가 톡 톡 터져 나왔다. 그리고 소나무를 붙들고 씨름을 하여 보았다. 필수 는 이렇게 한 닷새 동안 계속하고 보니 아닌 게 아니라 손등에 때 가 들어차기 시작하고 손바닥이 팅팅 부어 몇 군데는 꼬아리처럼 부르키었다.[239]

앞의 면접장에서 홍구는 자신의 이력을 짐짓 꾸며 냈지만, 필수의 흰 손은 결코 "공부工夫도 하고 장작도 패고 닥치는 대로" 일한 손이 아 니다. 그러나 위와 같은 '가공'을 거친 결과, 면접관이 "손등을 쥐어보 고 손바닥을 훑어보고" 거칠고 지저분한 손을 경멸적 태도로 확인함으 로써 그의 손은 홍구의 손으로 인정받게 된다. 면접관은 홍구의 말과 그의 손을 상호 참조하고 손의 외형을 관찰하면서, 내면화된 계급 식별 체제에 의거해 그 손과 이어져 있어야 할 도구적 연관의 세계를 상상하 고 있었을 것이다.

게다가 면접장에 들어서면서 그곳에 형사가 있음을 알아챈 필수≠ 홍구는 고무신을 벗으며 땅에 떨어진 담배꽁초를 하나 주워 주머니에 넣고 테이블이 있는 곳으로 간다. 지원자의 일거수일투족을 예의주시 하고 있던 면접관이 방금 무엇을 주웠는지를 물었을 때, 그가 "네 저 담 배꽁지요"라고 답하면서 "머리를 썩썩 긁는 바람에 사원들이 킥킥하고 비소한다."[240] 땅바닥에 버려진 담배꽁초를 주워 주머니에 넣고 그 손 으로 머리를 긁음으로써, 필수≠홍구는 저 거칠고 지저분한 손을 완성할 뿐만 아니라 '비루함'의 베일로 몸을 감싼다. 면접관들의 비웃음은 이 베일을 더욱 불투명하게 만들어 준다. 이 베일을 쓴 자가 사회주의에 대해 아는가를 추궁당할 때 "그런 걸 제가 아나요"라며 무지의 포즈를 취하는 것은 당연하다.

이 신체와 몸짓은 당연히 '무지렁이 노동자'로서의 홍구를 만들어내기 위한 변장과 연기의 결과물이다. 그러나 엄밀히 말해서 그것은 노동자의 신체와 몸짓을 모방한 것이라기보다 식민지/제국의 언어 – 법 – 미디어 장에서 관습적으로 통용되는 계급 식별체제의 문법을 모방한 것에 다름 아니다. 경찰의 시찰 또는 취체의 원칙과도 중첩되는 이 문법에 따른다면, 복장이 말쑥하거나 세상일에 관심이 많은, 표정에서 비굴한 웃음을 찾을 수 없는 노동자나 농민은 의심스럽다.[241]

예컨대 박화성이 〈하수도 공사〉에서 포착하고 있듯이, '국어=일본어'를 잘 구사하는 노동자는 의심받는다. 이 소설에는 하수도 공사의 품삯을 4개월째 받지 못해 분노한 노동자들이 부청府廳으로부터 공사 대금을 받고도 노동자들에게 임금을 주지 않는 일본인 책임자 대리를 끌고 경찰서에 쇄도해 가는 장면이 등장한다. 경찰들과의 실랑이 끝에 노동자 대표 몇몇이 일본인 대리를 데리고 경찰 서장실로 들어가자마자 서장은 "자네들 국어 할 줄 아는가?"라고 물었고, 이에 서동권이라는 인물이 자신은 조금 알아듣지만 다른 이들은 못 알아들으니 통역을 세워 달라고 요구하자, "그의 **말이 너무나 유창하므로** 서장은 의외라는 듯이 주의하여 보며 보안계 주임에게 무어라고 하니까 그는 나가더니 키가 작고 얼굴이 넓적한 형사 비슷한 자가 들어왔다."[242]

따라서 필수는 노동자 홍구로서 분류되기 위해 식민지/제국의 언어-법-미디어 장에서 통용되는 식별체제에 스스로 진입해야 했다. 이 도식적으로 고착된 식별체제 안에 들어감으로써 오히려 시찰과 취체의 그늘 속에 숨을 수 있기 때문이다. 상투적이고 관습적인 식별체제의 재인식 구조가 작동될 때 '필수'들은 색출하는 시선의 초점을 비껴갈 수 있고, 개별적 표지가 드러나지 않는 집단성 안에 용해될 수 있다. 마치 염상섭의 〈만세전〉에 등장하는 갓장수처럼, 단발을 하지 않고 "망건을 쓰고 있으면 요보라고 해서 좀 잘못하는 게 있어도 웬만한 것은 용서"받을 수 있는 무리로 구별될 수 있다. 이인화의 시선에 초점을 맞춘 서술자는 "고식, 미봉, 가식, 굴복, 도회韜晦, 비겁⋯⋯ 이러한 모든 것에 만족하는 것이 조선 사람의 가장 유리한 생활방도요, 현명한 처세술"[243]이라고 자조적으로 쓰고 있지만, 이 "만족하는 것"처럼 보이는 곳에서 움직이는 힘과 그 운동의 방향은 고식, 굴복, 비겁 등으로 모두 환원할 수 없다.[244] 오히려 식민지/제국의 언어-법-미디어 장에서 통용되는 식별체제와 식민주의적 재인식의 구조를 강화하는 것처럼 보이는 신체와 몸짓이 바로 그 식별체제와 재인식 구조의 맹목盲目 지점을 만들어 낸다.

　　지배적 식별체제의 모방이 그 식별체제에 혼란을 야기하고, 상징적 질서를 강화하는 것 같은 행위가 그 상징의 힘을 무력화하는 역설은 이렇게 작동하는 것으로 보인다. 그리고 이 역설에서 언더그라운드의 운동 형태를 엿볼 수 있다. 식민지/제국의 언어-법-미디어 장에서는 온건/불온, 안전/위험, 아군/적군을 식별하는 표지들이 부단히 생산된다.

그 표지들은 일종의 범주처럼 작용하면서 차별과 감시와 취체의 입구가 된다. 잠행하는 이들의 가명, 위장, 연기란 바로 이 범주의 보호막 아래에서 구별선을 횡단하는 실천에 다름 아니며, 그럼으로써 그 범주를 교란하고 범주를 생산하는 언어-법-미디어 장의 허구성과 불안정성을 폭로한다. 물론 교란이 발생할 때마다 식별 표지들을 수정·갱신·재적용함으로써 이 장은 다시 안정화되려 한다. 하지만 경찰 취체의 원칙과 기술을 제시한 교본에서도 경계하듯이, "쫓기는 자는 언제나 쫓는 자를 앞서 간다."[245]

길 없는 길

다시 〈현대의 서곡〉으로 돌아가 보자.
질소비료공장의 노동자가 되기 위해 흥남으로 간 필수는 곧바로 목적지로 가지 않았다.

> 이튿날 아침 아홉 시 사십 분에 필수는 K역에 내렸다.
> 학생시대에 수학여행을 와 본 일이 있어서 K도시의 큰 길은 대략 알 수가 있었다. 필수가 여기서 내린 것은 이곳에서 목적지 H까지 버스가 왕래하는 줄을 알았기 때문이다. H역은 K역보다 ……가 심하다는 것을 어제 저녁 그에게서 듣고 이렇게 한 것이다.
> ……

"신흥리 139번지면 어디쯤 될까요."

필수가 찾는 동무의 집 번지는 136번지였다.[246)]

흥남은 1920년대 후반부터 식민지/제국의 전기−화학 신흥 콘체른이 수력발전소와 대규모 공장설비를 건설하면서 급작스럽게 탄생한 공업도시이자 노동자의 도시였다. 따라서 이전에는 경부보주재소警部補駐在所가 하나 있을 정도로 국가 기구의 가장 말단이 닿을 만한 작은 마을이었지만, 본격적으로 공장이 가동된 이후 "노자충돌勞資衝突이 빈번"할 것을 예상한 총독부는 경찰서를 설치했다.[247)] 미처 경찰서가 설치되기 전부터 질소비료공장을 중심으로 조선인, 일본인 직공들이 함께 연루된 각종 '조직 사건'이 발생한 흥남은 경찰들의 검속과 감시가 집중된 도시이기도 했다.[248)] 앞서 언급한 '태평양노조 사건'도 1930년대 중반까지 반복적으로 '사건화'되었지만, 이런 의미에서 흥남은 자본, 노동, 국가권력이 집약적으로 부딪치는 '전장'과도 같은 장소였다고 할수 있다.

흥남으로 진입하는 교통로는 언제나 자원, 생산품 등이 원활히 순환해야 하는 대신, '외지' 또는 '식민지/제국 외부'로부터 잠입하는 '불온'한 자들을 차단하기 위해 경찰의 통제력이 집중되는 곳이었다. 따라서 필수는 굳이 K역—현실에서는 아마도 함흥—으로 우회해 버스로 갈아탄다. 흥남이라는 지역적 특성을 떠나, '잠행'에 가장 어울리지 않는 움직임이야말로 직선운동이다. 잠행의 발걸음은 목적지에 도달하는 가장 빠른 길 위에 있지 않다. 잠행의 걸음은 목적지에 도달하는 것 못지않게 길을 지우기 위한 걸음이기도 하기 때문이다. 따라서 H시를 가기 위해 K시를 가고, 136번지를 가기 위해 139번지를 묻는다. 이 우회 또는 비껴가기는, 지배적인 상징과 의미가 파괴되고 이름과 실체가 미끄러지는 언더그라운드의 운동 그 자체와 동궤에 속한다.

길은 언어–법–미디어 장 위에 뻗어 있고, 그 길을 따라 인간, 상품, 정보, 감정의 순환과 유통이 이루어진다. 그러나 이러한 순환과 유통의 길이 제대로 작동하지 않을 때, 길보다 길 없는 상태가 존재론적으로 앞선다는 사실이 떠오른다. 길목을 막고 군중이 길을 메우거나, 민가가 늘어선 길에 군인 행렬이 지나가거나, 재해나 폭격으로 인해 무너진 건물들이 길을 가로막거나, 요컨대 '예외상태'에 처한 길, 기능을 상실한 길 앞에서 다른 길을 내야만 할 때, 새로운 장소에 순환과 유통을 위해 일련의 연장延長된 빈 터를 만들어 갈 때, 우리는 비로소 길이 근본적으로 다방향적인 운동을 제한된 방향으로 수렴시키는 장치라는 사실을 깨닫게 된다. 말하자면 길은 길이 아닌 많은 길들을 차단하면서 뚫려 있다. 길 없는 길을 가는 행위, 우회하고 비껴가는 행위는 (언어–법–미디어 장 위의) 길이 단절시킨 많은 길들을 재활성화한다.

그런데 역설적이게도 이 길 없는 길에서 잠행하는 이들은 식민지/제국의 치안권력과 마주치기도 한다. 식민지/제국의 경찰은 언어–법–미디어 장의 '치안'을 위해 그 장 바깥의 길 없는 길을 수색한다. 그런 점에서 잠행하는 이들과 치안권력은 '주권의 와일드 존wild zone'[249]으로서의 그라운드 제로 저편, 즉 언더그라운드에서 위험하게 마주칠 수 있다. 다만 그곳에서 잠행하는 이들이 현존하는 언어–법–미디어 장의 폭력적 원천과 그 허구적 본질을 드러내면서 움직인다면, 치안권력은 식민주의적 폭력을 살아 있는 형태로 구현하는 동시에 언더그라운드에서의 행위들을 합법성과 합리성의 언어로 번역해 가져와 언어-법-미디어 장에 고착시키는 방식으로 언더그라운드의 현시를 차단하고 식민지/제국의 언어-법-미디어 장을 확장·강화해 간다.

식민지/제국의 치안 기술자가 단호하게 언명하고 있듯이, 경찰의 취체에 '진압주의鎭壓主義', 즉 "사회질서에 대한 위해가 현실에 발생하는 것을 기다려 이를 진압 제거"하는 원칙과 "위해의 발생을 사전에 방지"하는 '예방주의豫防主義'의 원칙이 있다고 할 때, "경찰 본래의 사명에서 보자면 예방주의에 중점을 둬야 하는 것은 말할 필요도 없다".[250] 이 예방주의의 원칙에 따라 식민지/제국의 경찰은 자신의 존립 근거인 법 바깥으로 서슴없이 발을 내딛어 언더그라운드의 길 없는 길을 수색하곤 한다.

······ 경찰 본래의 작용은 개인의 자연의 자유를 제한하는 데 있다. 그러나 자유의 제한이라는 것이 성질상 외부적인 것이라는 점을 필요로 한다. 다시 말해 **경찰은 직접 개인의 사상에 작용할 수 없다.** 개인이 가지고 있는 사상, 외부로 드러나지 않는 소위 **내면생활은 경찰 내지 법률의 영역 바깥에 있다.** 따라서 사상선도는 본래 교육자가 담당해야 할 일이다. 그러나 사상적 근거에 의해 사회공안에 위해를 가하는 그 위해의 제거와 이러한 사상의 지도교정과는 분리시켜 생각할 수 없다. 즉 사회공안상의 위험성이 인정되는

소위 위험사상의 포지자에 대해 그 **내면생활**에 들어가 이에 대한 **지도**를 맡음으로써 사회공안의 보지保持에 이바지하는 것은 **경찰 활동의 범위**에 포함시키는 것이 오히려 타당하다고 믿는다. 따라서 경우에 따라 특고경찰 상 위험성을 가진다고 사유되는 인물의 지도교정을 담당하는 것도 또한 경찰 활동의 하나를 이루는 것이다.[251]

인용문에서도 볼 수 있듯이, 치안 기술자에게는 법 안에 있는 기구가 법 바깥으로 나간다는 모순이 전혀 진지하게 자각되고 있지 않다. 식민지/제국의 '치안', 즉 그 언어—법—미디어 장의 효력을 유지시키기 위해 경찰, 특히 이른바 '사상범죄'를 전담하는 특별고등경찰('특고')은 언제든 자기 한계를 초월해 길 아닌 길을 '잠행'한다. 길 아닌 길에서 경찰은 혁명적 비전을 담지하고 잠행하는 이들과 유사한 위장과 연기를 수행한다.

"극비리의 내정內偵 수사"의 매뉴얼은, 경찰이 "사회의 각 계급, 직업자로 분장해 상대방에게 변장의 사실을 알아채지 못하게" 하고 "인정, 풍속, 직업별의 언어 동작에 통달"할 것을 지시한다.[252] 특고의 '내정 수사'의 핵심은 언더그라운드의 길 없는 길에서 잠행하는 이를 닮아야 한다는 데 있다. 잠행하는 이들은 "언제나 전 신경을 곤두세우고 이른바 나무 한 그루 풀 한 포기의 움직임에도 마음을 쓰는 자이므로, 변장을 하고 범죄자에게 접근하는 경우 복장에 만전의 주의를 기울여 부조화한 점이 없도록 연구해야만 하며, 형태상 완전히 위장하는 것이 변

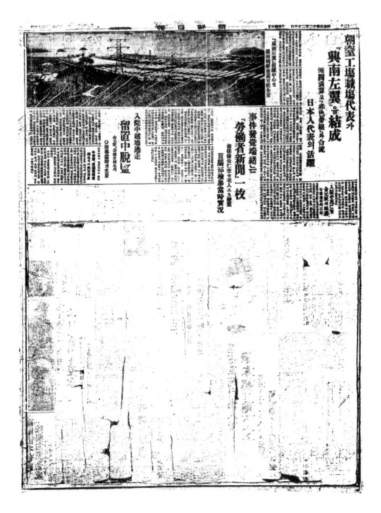

〈그림 27〉
'제2차 태평양노조 사건'의 전모를 보도한 신문
(《조선일보》 1933년 12월 23일 자 호외)

장의 제일 요건"[253])이 된다.

앞서 〈현대의 서곡〉의 면담장에서 필수≠홍구에게 '사건'에 연루된 자들의 명단을 내밀었던 '신사'가 사복형사였으리라는 점은 어렵지 않게 추정할 수 있었다. 그런데 서사 속의 인물인 필수≠홍구만이 아니라 독자들도 그 '신사'를 형사로 추정할 **수밖에 없었다**는 사실이 의미심장하다. 독자는 "그 신사가 ××라는 것을 필수는 재빠르게 알아차렸다"는 문장 속에, 검열에 의해 삭제·은폐된 기호 '××' 아래에 숨어 있는 그의 정체를 짐작해 간취해야 하기 때문이다. 검열 당국에 의해 삭제된 저 단어는 식민지/제국의 언어 – 법 – 미디어 장을 지탱하고 있지만 가시화되어서는 안 되는 폭력을 말없이 지시하면서, 그렇게 언더그라운드의 존재를 환기시킨다.

"흥미는 발명을 낳는다"[254]는 문장을 슬로건으로 삼는 '특고'의 주된 업무는, 언더그라운드에서의 불명료하고 모호한 움직임을 식민지/제국의 언어 – 법 – 미디어 장에 통용되는 개념과 지식의 대상으로 포획하는 일에 다름 아니다. 식민지/제국의 치안권력은 마치 새로운 지식의 영역을 확장시켜 가기라도 하듯 언더그라운드를 식민화해 간다.

증식하는 언더그라운드

〈그림 27〉은 '제2차 태평양노조 사건'에 대한 경찰의 수사가 일단락되고 '피고들'을 각 지역 검사국으로 분리 송치할 무렵, 《조선일보》에서

호외로 내놓은 〈(속칭) 제2차 태평양노조 사건 전모〉의 2면이다. 검거로부터 약 20개월이 지난 후, '사건'은 관련자 및 '범죄현장'의 사진들과 함께 드라마틱한 이야기로 전달된다. 그런데 의미심장하게도 신문의 하단 절반 이상이 검열에 의해 완전히 삭제되어 있다. '태평양노조 사건'의 호외 보도이므로 사건 관련 기사들이 있었음에 틀림없으나, 흉측한 검열의 흔적을 그대로 노출한 채 백지상태에서 뒷면의 이미지만 희미하게 드러내고 있다.

이 이미지는 마치 식민지/제국의 언어-법-미디어 장과 언더그라운드의 존재를 상징적으로 포착하고 있는 듯하다. 물론 이렇게 같은 평면의 위아래에 배치되는 듯한 공간적 비유가 언어-법-미디어 장과 언더그라운드의 근본적으로 비대칭적인 관계를 호도해서는 안 되겠지만, 다분히 흥미를 자극하는 상부의 '이야기'와 하부의 '침묵'의 대조는 의미심장하다. 이 '침묵'은 식민지/제국 검열 당국의 폭력을 드러내는 동시에 말해지지 않은—아니, 말해졌음에도 불구하고 식민지/제국의 언어-법-미디어 장에서는 부재하는—말들의 존재를 묵묵히 지시한다.

하지만 이 삭제된 영역을 언더그라운드의 비유로 읽자면, 그것은 '강요된 침묵'만을 뜻하지는 않는다. 그것은 오히려 식민지/제국의 언어-법-미디어 장이 포획할 수 없는 영역이 존재한다는 것을 가시화한다. 공허하게 비어 있어 '미결정' 상태처럼 보이는 저 삭제된 영역에서 오히려 더 많은 말과 더 많은 이름과 더 많은 길들이 움직인다. 그곳은 식민지/제국의 주권적 폭력이 반복적으로 식민주의적 본원적 축적을 수행하는 곳이며, 동시에 그 식민주의적 축적이 실패하는 곳이다. 신문의 삭제된 영역은 식민주의적 축적의 수행과 실패를 동시에 보여주는 듯하다. 강제적으로 침묵하게 함으로써, 식민지/제국의 언어-법-미디어 장은 그 영역을 자신의 언어로 번역하는 데 실패했음을 스스로 입증한다. 언더그라운드는 고정된 것이 임시적인 것으로, 필연적인 것이 우연적인 것으로, 자명한 것이 낯선 것으로 부단히 뒤바뀌어가는 운동으로만 존재하며, 따라서 언더그라운드의 운동은 다방향적으로 무한히 증식해 간다.

9.

노동하는
신체의
해방 전/후

소음에서 노래로

기계에서도 흙에서도 공기에서도 기름 냄새가 풍긴다.

기름은 기계의 수명을 장수하게 하는 동시에 우수한 제품을 제작하는 데 **인체의 피**와도 같은 역할을 하는 것이다.

이 선반공장의 역학적 기계 배치는 현대미의 한 개의 대표적 표현이라 하겠다.

또한 그것은 **생명 있는 동물**의 규율적인 아름다운 집단 같기도 하다.

기계미!

기계미!

뒤덮어 놓고 기계는 무서운 것이라는 선입감을 고집하고 있는 완고한 사람들에게까지 손을 내밀어 **어루만져주고 싶은 충동**을 주기에 넉넉하다.

마치 잘 드는 면도칼로 수염을 밀듯이 험상궂은 주철물 또는 선철을 깎아 말쑥하고도 아담스러운 기계부속품을 만드는 선반기나 세-파-는 일 잘하는 **처녀**처럼 어여쁘고 고귀한 작품을 제작하는 **예술가의 솜씨**처럼 위대하다.[255]

북조선문학동맹 기관지 《조선문학》 창간호에 발표된 이북명의 〈노동일가〉(1947)는 흥남인민공장, 즉 수년 전만 해도 조선질소비료주식회사를 중심으로 식민지/제국 일본 최대의 전기-화학 콤비나트를 형성했던 노구치 콘체른의 흥남공장을 배경으로 하고 있다. 콤비나트를 이루고 있는 공장 복합체 중 선반공장에서 일하는 노동자들을 중심으로, 소설은 새로운 국가 건설의 주체가 된 노동자들이 생산확충을 위해 자발적으로 노동력과 창의력을 집약해 가는 과정에서 스스로 사회주의 도덕을 규율화해 가는 모습을 그리고 있다.

해방 이후 소련의 군사적·기술적 지원하에 소유관계의 사회주의적 개조가 급속히 진행되던 시기, '역사의 주체'로 호명된 노동자들이 식민지/제국의 자본과 전쟁에 기여하던 중화학 생산설비를 '사회주의 조국'을 위해 가동시키는 상황을 고려한다면, 해방 이전과 이후 노동의 사회적 가치나 위상에 현저한 차이가 있을 수밖에 없음은 미루어 짐작하고도 남는다. 단적으로, 전체 생산과정에서 한낱 요소 또는 비용으로 대상화되고 노예적 착취관계에 붙들려 있어야 했던 식민지 자본주의하에서의 노동과 '사회주의 조국'을 건설하는 주체로서 역사적 현장에 참여하며 새로운 국가의 미래에서 자신들의 시간을 발견할 수 있다고 믿었던 해방 후 북한에서의 노동 사이에는 비교할 수 없는 가치론적 격차가 있을 수밖에 없다.

하지만 그 격차가 위 인용문에서처럼 기계에 대한 감각적·심미적 반응의 형태로 나타나고 있다는 점이 흥미롭다. 특히 촉각적 만족을 넘어 기계에 대해 유기체적·인간적 비유("생명 있는 동물", "인체의 피", "처녀")를 사용하고 있다는 점도 주목할 만하다. 기계가 '아름다운 대상'일 뿐만 아니라 "어루만져주고 싶은 충동"을 불러일으킬 만큼 '친밀한 대상'으로 다가오고 있다. 모르긴 몰라도 작업장 내에 가득 풍기는 기름 냄새 역시 그윽한 훈향薰香으로 감각되지 않을까. 거대한 작업장에서 기계들이 내는 귀청이 떨어질 듯한 소음도 이렇게 노랫소리처럼 들리기 때문이다.

> 피대 도는 소리, 기계가 회전하는 소리, 망치로 철판을 두드리는 소리, 그라인더에서 바이트를 벼리는 소리, 전기기중기電氣起重機가 육중한 철재를 물고 왔다 갔다 하는 소리, 소리, 소리 ……. 처음 듣는 사람들에게는 귀청이 떨어질 듯이 요란한 소리였으나 이 공장 동무들은 그 소리를 **생산 부흥의 노래**로 여기고 있다.[256]

그러나 당연하게도 해방 이전의 노동소설에서 공장 작업장의 환경과 기계에 대해 이렇게 감각하는 노동자를 찾기는 어렵다.[257] 조선질소비료 흥남공장 노동자 출신인 이북명 자신이 〈질소비료공장〉에서 생생하게 묘사했듯이, 기계의 소음과 암모니아, 유황, 철, 기름 등이 뒤섞인 악취로 가득 찬 작업장은 열악하고 위험한 노동환경을 고발할 뿐만 아니라, 기계와 화학물질들이 생산과정에 함께 참여하고 있는 노동자들의 신체를 기어코 파괴하고 말리라는 점을 암시한다.

유안 직장은 회전하는 기계의 **소음**과 벨트의 날개 치는 소리로 으르렁 으르렁 신음을 했다. 아스팔트 지면과 콘크리트 벽이 지진 났을 때처럼 진동했다. 암모니아 탱크에서 새어 나오는 기체 암모니아는 눈, 목, 콧구멍을 극심히 파고들었다. 포화기飽和器에서 발산하는 유황 증기와 철이 산화하는 냄새와 기계오일이 타는 악취가 그리 넓지도 않은 직장 내에서 화합化合하여, 일종의 이상한 **독취**毒臭를 직장 내에 떠다니게 하고 있었다. 유안 직장에서는 목이 아프고 콧물이 흐르고 눈에서 눈물이 나와도 어찌할 수 없었다. 직공들은 거즈로 마스크를 만들어 했지만, 그 따위는, 억수같이 비가 쏟아지는 날의 찢어진 우산과도 같은 것이었다.[258]

"소처럼 건강했던"[259] 노동자 문길은 이처럼 위험한 환경 속에서 혹독한 육체노동에 시달리다 결국 폐병을 얻게 되고,[260] 공장의 신체검사에서 '노동 부적격' 판결을 받아 해고당하고 만다. 문길과 같이 육체 소모적 노예노동에 시달리고, 기계와 공장 환경으로 인해 신체가 직접적으로 훼손되거나 파괴되는 노동자들의 형상은, 이북명의 소설뿐만 아니라 식민지 시기 노동소설에서 어렵지 않게 찾아볼 수 있다. 물론 식민지 시기 노동소설에서는 열악한 노동조건 및 '산업재해'와 함께, 노무관리라는 이름으로 행해지는 일상적 폭력과 중간착취, 공장 내 권력 관계에서 발생하는 성폭력, 노동력 재생산이 불가능할 정도의 저임금 등 계급착취와 식민주의적 폭력을 드러내는 일화들이 빈번히 등장하며, 또한 이들 일화는 종종 노동자들의 자주적 조직화, 계급의식의 각성, 회사와 경찰의 탄압 및 자본 측의 노동자 분열공작에 맞선 저항, 검거와 투옥, 노동자의 희생과 더 큰 저항의 예감 등으로 이어지는 주요 서사와 결합되곤 한다. 하지만 이북명이 (물론 파업의 선동, 노동조합 조직 등 노동자들의 '불온행위'와 투쟁도 다루지만) 특히 자신의 체험에 기초해 위험한 작업장에서 신체가 훼손되거나 죽음에 이르는 노동자들의 불행을 묘사했듯이, 노예노동의 고통과 작업 중의 사고 또는 해고의 불안 속에서 빈곤의 굴레를 벗어나지 못하는 노동자들의 비참한 모습은 식민지 시기 노동소설 일반의 인상적인 특징을 이룬다고 할 수 있다. 무엇보다 노동자가 기계와 만날 때 기본적으로 위축, 공포, 자조自嘲 등 부정적 감정이 수반된다.

그렇다면 이러한 부정성이 해방 직후에 어떻게 기운 넘치는 명랑함으로 극단적인 전환을 이룰 수 있었을까.

앞서도 언급했지만, 우선 노동자들에게 부여된 '사회적 지위'와 그들이 참여하고 있던 '역사적 리얼리티' 자체에 커다란 전환이 있었다. 제국의 자본이 물러난 곳에서 '생산의 주체'의 자리를 탈환하고, '사회주의 조국' 건설의 '주체'로 호명되는 동시에 스스로도 '역사'를 만들어 가고 있다는 자의식을 가질 수 있었을 해방 직후 북한의 노동자가 식민지 노예노동에 시달리던 노동자와 모든 면에서 얼마나 다른 존재였는가는 지금의 상상을 초과하는 일일 수도 있다. 물론 노동소설을 구성하는 작가의 이데올로기가 '사회주의적 개조'를 향해 나아가던 현실적 흐름과 합치되면서 좀 더 과도하게 '전형적인' 노동자 주체의 형상이 만들어졌을 수도 있겠지만, 식민지/제국 체제로부터 풀려난 해방 직후 북한에서의 역사적 리얼리티는 '혁명적 노동자상'에 어느 정도의 객관성을 부여해 준다.

하지만 이 장에서는 저 역사적 리얼리티의 변화 자체보다는 노동하는 신체가 세계와 접속하는 방식의 전환에 주목한다. 특히 저 극단적 전환의 지표라고 할 수 있는 기계-인간 관계에서의 감각 변화를 중심으로 그 관계 변화가 신체성의 변용과 어떻게 연동하며, 또 그 연동은 어떤 정치적·심미적 의의를 지니는가를 탐구하고자 한다.[261] 주체의 위치에 급격한 전환이 있었다고 하지만, 줄곧 불쾌와 공포를 유발했던 장소가 행복과 즐거움을 만끽하는 장소로 뒤바뀌는 현상은 곱씹어 볼 필요가 있다. 노동자의 신체를 잡아먹고 절단하던 기계가 아름답게 보인다. 언제 신체를 공격하고 파고들지 모르는 기계를 이제는 인간 쪽에서 스스로를 희생하면서까지 지키려 한다. 기계와 인간이 어떤 관계를 형성하는가는 결코 좁은 의미에서의 도구적·우연적인 문제가 아니다. 특히 앞의 인용문들에서도 단적으로 드러나듯이 기계-인간 관계의 변화는 인간의 감각 또는 심미적 판단의 전환과 직결되어 있고, 그런 점에서 신체성 형성 및 변용의 정치학과 관련되며, 궁극적으로 주권성의 문제를 제기한다.

비트겐슈타인이 말했듯이 "다른 것들이 함께 움직이지 않는데도 돌릴 수 있는 바퀴는 기계에 속하지 않는다."[262] 즉 기계의 본질은 '서로 연결되어 함께 움직임'에 있고, 따라서 인간(노동자)과 기계 사이의 관계는 결코 독립된 주체와 외면적인 도구의 관계가 아니라 사회 전체의 기술적 구성 내에서의 인간의 장소와 관련될 만큼 '서로 연결되어 함께 움직이는' 연관 내부에 참여하는 자와 그 생태계의 관계이다. 이런 관점에서 이 글은 해방 전후의 노동소설(특히 이북명의 노동소설)에서 나타나는 기계와 인간(노동자) 관계의 극단적 전도가 인간(노동자)의 감각의 변화와 연동하는 부분에 착목해, 해방 전후 기계−인간의 신체성 전환의 의의를 고찰하고자 한다. 이를 통해 사물과 인간이 함께 참여해 형성하는 기술적 관계의 정치적·심미적 효과에 대해서도 사고하고자 한다.

'매체＝중심Medium'으로서의 기술

기계−인간의 관계를 고찰하기에 앞서, 식민지 시기 프롤레타리아소설 또는 노동소설에서 '노동'의 성격에 대해 생각해 보고 넘어갈 필요가 있다. 기계와 인간이 어떻게 접속되고 있는가를 보기에 앞서 피식민자들에게 노동이라는 사회적 행위 형태가 어떻게 감각되고 있었는가, 또는 노동을 통해 사회−경제적 네트워크에 참여한다는 것이 어떤 의미를 갖는 것이었는가를 다시 생각해 볼 필요가 있다. 주제적으로든 소재적으로든 '노동'과 관련된 서사에서 노동은 근본적으로 '고통스런 일'로 경험된다. 프롤레타리아문학에서는 노동을 인간의 본질 및 역사의 진보와 직결시키는 마르크스주의의 관점 아래 역사 진보의 동력이자 혁명적 잠재력의 저장소처럼 가치를 부여하기도 하지만, 적어도 식민지 자본주의에서 피식민자의 노동은 고달픈 것으로 현상한다. 노동을 하지 않으면 생명을 유지할 수 없기에 '죽지 못해' 노동에 종사한다는 자조적 한탄이 빈번히 등장한다.[263] 요컨대 한나 아렌트가 작업 Herstellen 및 행위Handeln와 구별해 규정하는 노동Arbeiten, 즉 '무세계성의 경험' 또는 '세계 상실'의 경험으로서의 노동[264]의 양태가 전형적으로 나타난다. 생존을 위한 노동은 '사회적인 것'에 마음을 돌리지 못하게 만들고 궁극적으로 고립되게 만들기 때문이다.

이렇게 볼 때, 이른바 신경향파 문학으로 분류되곤 하는, 극한적 '빈곤'상태가 전면에 부각되는 소설에서는, 자본-노동 관계에조차 포획되지 못한 피식민자들의 난민적 상태와 그로 인한 고통이 노골적으로 드러난다고 할 수 있다. 최서해 단편소설을 비롯해 1920년대 전반기 빈궁소설에서 나타나는 극단적 분노와 폭력의 표출은 자본-노동 관계에조차 진입하지 못한 자들, 사회의 재생산 시스템에서 방출된 자들의 자멸적 자기부정의 몸짓에 해당된다. 이 절망한 자들은 사회의 어떤 (재)생산적 통로와의 접촉도 차단당한 채 철저하게 고립된 상태에서 암담한 미래를 견딜 수 없어 하는 자들의 형상이다.

카프 조직 후 프롤레타리아문학 초기부터 특권적 현실로서 소설 속에 들어오게 된 '노동'조차 지극히 불안한 임시적이고 우연적인 관계, 따라서 언제나 자본-노동 관계에서 방출될 수 있거나 노동과정에서 소진하게 될 생명력을 힘겹게 붙들고 있는 자들의 형상과 함께 나타났다. 인력거꾼, 날품팔이, 임시적인 토목·건설 노동자, 부두 하역 노동자 등 언제나 일시적인 고용과 긴 무직상태를 반복하면서 육체소모적 노동에 종사하던 이들은 식민지 자본−노동 관계의 불안·차별·소모성을 상징해 왔다. 아울러 이들 소설은 식민지 자본주의의 착취체제에서 노동이 언제나 '소외된 노동'이자 '노예노동'이었음을, 노동자는 생산과정에서 늘 객체화된 존재였음을 강변해 왔다. 따라서 해고사령장을 받고 절망하는 노동자,[265] 소모적인 노동 끝에는 죽음밖에 없음을 알려주는 노동자,[266] 또는 실업상태를 전전하면서 빈곤과 비참을 이기지 못해 파괴되는 자[267] 등을 어렵지 않게 만나볼 수 있다.

물론 이렇듯 불안하고 소모적인 노동 속에서 오히려 삶의 에너지를 발견하고, 비참한 처지에 놓인 자들끼리 자발적으로 새로운 연대를 형성하고, 빈곤과 절망 속에서 저항의 노선을 발견하는 노동소설 역시 적지 않다.[268] 그러나 식민지의 자본−노동 관계 속에서 대안적인 연대를 형성해 가고자 하는 지향이 사회주의적 비전과 마르크스주의적 세계관에 의해 기획되기도 했지만, 무엇보다 연대의 조건이 공장 또는 작업장 **안에서** 마련되고 있었다는 점에서 더더욱 기계−인간의 관계에 주목하게 한다. 노동자들의 공감과 연대, 감시와 통제의 눈을 피해 지하에서 이루어지는 대안적 소통체계, 빈곤과 비참 속에서도 샘솟는 희망의 미래 등은 역설적이게도 자본−노동 관계 속에 참여하고 있을 때 형성되기 시작한다. 그런데 자본−노동 관계란 단순히 자본의 노동력 구매와 노동자의 노동력 판매라는 교환의 형태만으로 이루어지는 것은 아니다. 그보다 공장 또는 작업장에서의 기계−도구와의 접속에 의한 새로운 신체성의 획득과 변용이 자본-노동 관계의 훨씬 근본적인 차원으로서 기술적 조건에 접근할 필요성을 제기한다.

일찍이 발터 벤야민은 인간 자체의 가능성의 조건인 언어를 매체=중심Medium이라는 개념으로 포착한 바 있다.[269] 그에게 매체=중심이란 일차적으로 언어를 뜻하는데, 그는 언어라는 매체=중심이 전달하는 어떤 정신적 본질은 "언어 **속에서**in 전달되는 것이지 언어를 **통해**$durch$ 전달되는 것이 아니라는 것"[270]을 반복해서 상기시킨다. 이러한 그의 언어 개념 또는 매체=중심 개념은 기술에도 동일하게 적용된다. 그에게 기술이란 안정되고 고정된 주체가 자연을 지배하기 위해 사용하는 도구 따위가 아니라 자연과 관계 맺고 있는 인간이 자기 자신을 포함한 자연을 새롭게 조직함으로써 주체 자체를 생산하는 조건이다. 인류가 기술적 관계 속에서 자신의 자연, 즉 신체와 감각기관, 지각방식을 조직해 가는 일을 벤야민은 집합체의 신경감응Innervation이라고 칭한다. 그리고 이렇게 기술 속에서 이루어지는 신경감응은 한 집합체를 이전과는 다른 존재로 탈바꿈시킨다.[271]

벤야민의 관점에서 볼 때, 노동소설에서 나타나는 기계-인간 관계는 예사롭지 않다. 물론 세계와의 기술적 관계는 좁은 의미에서의 기계-기술에 국한되지 않을뿐더러, 환경에 적응하기 위해 "새로운 행동의 형태[形]를 발명"[272]하는 모든 활동과 그 결과물을 포함해 인간 사회를 구성하는 제도나 질서 전체가 기술과 직결되어 있다. 하지만 기술적 관계 속에서 신체성의 변화를 포착하려 할 때, 보다 직접적으로 행동의 제어와 촉발을 경험할 수 있는 공장 노동과 기계-인간 관계는 범례적

paradigmatic 의의를 갖는다.

그렇다면 기계-기술을 '매체=중심'으로서 이해한다는 것은 무엇을 뜻하는가. 그것은 첫째, 기계-도구가 인간과 자연 사이를 '매개'한다고 간주함으로써 한편에서는 인간을 자연의 속박에서 해방시켜 자유의 세계로 인도하는 힘처럼 찬양하기도 하고, 다른 한편에서는 정반대로 탈자연화로 인한 인간 소외의 원인으로 저주하기도 하는 상식적 반응과는 달리, 오히려 기계-도구 연관이 인간의 새로운 **직접성**unmittelbarkeit의 조건임을 인식한다는 것을 의미한다. 인간은 처음부터 독립된 채 불변하는 주체로서 존재하는 것이 아니라 기계-도구의 '매체=중심' **안에서만** 비로소 '인간'으로 형성된다. 언어가 인간의 '직접적 조건'인 것과 같은 의미에서 기계-도구 연관은 기술적 형성체로서의 인간의 직접적 조건이다.

기계-기술을 '매체=중심'으로서 이해한다는 것은 둘째로, 인간과 인간 사이의 커뮤니케이션적 관계 역시 기계-도구 연관 **안에서** 기술적으로 규정된다는 것을 뜻한다. 벤야민은 '신경감응'이라는 말로 다름 아닌 인간과 인간 사이의 이 기술적 조응관계의 특성을 지시한다. '신경감응'이란, 기술적 관계가 형성하는 새로운 형태의 커뮤니케이션이 단순히 도구를 매개로 한 전달이나 메시지의 교환으로 환원되지 않는 '동조同調 리듬'의 방식으로 이루어진다는 점을 강조한다. 벤야민이 영화를 보는 관객의 '동조 리듬'에서 새로운 **집단성**의 출현을 예감했듯이, 기계-도구 연관 속에서 새로운 인간과 인간관계가 형성된다.[273]

그러므로 하이데거가 '닦달Gestell'[274]이라고 규정한 근대적 기술의

'매체=중심' 속에서 이 재촉하고 몰아 대는 리듬에 스스로의 신체를 조율해 가는 인간(노동자)도, 반대로 기계-도구의 '매체=중심' 속에서 서로 침투하며 동조해 가는 새로운 집단적 신체도 기계-인간 관계에 대한 이해를 떠나서는 제대로 파악하기 어렵다.

직접성

우선 첫 번째 차원, 즉 '직접성의 조건'으로서의 기계-도구 연관의 작동 차원에서 기계-인간 관계의 효과를 검토해 보자.

인간과 환경의 투쟁의 결과가 제도로 실정화되었을 때 그 실정성이 정작 인간 자신에게 낯설어지는 일이 발생하는 것처럼, 경험의 차원에서 볼 때, 인간과 세계의 기술적 관계를 집약하고 있는 기계-기술이 고도화될수록—예컨대 자동기계의 등장—인간은 노동과정에서 부차적인 지위로 밀려나는 듯이 여겨진다. 역설적인 것 같지만, 이는 기계-인간 결합관계에서 주도권이 기계 쪽에 있다는 사실의 경험적 반영이라고 할 수 있다.[275] 근대 자본주의 사회에서 노동의 문제를 주제화하는 소설들이 크게 봐서 노동하는 인간의 소외 경험의 기록으로 나타나는 이유가 여기에 있다.

식민지/제국 시기의 기계-인간 관계에 대한 소설적 표상의 스펙트럼을 이해하기 위해 잠시 우회해 보자. 1920년대 중반 '내지' 문단에 나타난 '신감각파'의 대표 작가 요코미쓰 리이치橫光利一의 〈기계機械〉

(1930)는 기계－인간 관계에서 소외를 경험하는 인간을 그 심리 내부로 부터 감각적으로 포착하고자 한 소설이라고 할 수 있다. 명찰 제작 공장 의 직공인 '나'는 "아무 짝에도 쓸모없는 인간"으로 "누구나 손도 대기 싫어하는 일, 하나같이 질색하는 일"을 전담하는 처지였는데, 바로 그 이유로 "수많은 약품 가운데 유독 극약을 다루는 일"을 담당하게 된 다.[276] "약품이 노동력을 뿌리부터 빼앗아 가고 있다는 사실"을 깨닫고 있었지만, 위험한 일을 전담함으로써 오히려 제작 기술의 "핵심적인 비 밀"(219쪽)에 접근할 수 있던 '나'는 가루베軽部라는 동료 직공으로부터 다른 공장의 첩자라는 의심을 받게 된다. 이때부터 '나'는 가루베에게 '부당하게' 도둑 취급을 받기도 하고 급기야 폭행을 당하기까지 하지 만, 그 과정을 아무 감정 없이, 마치 타인의 일을 관찰하듯이 서술해 간 다. '나'는 "몸뚱이와 딱 달라붙은 마음을 용케 존재라고 이름 붙였다 싶을 정도로 마음은 그저 묵묵히 몸뚱이 크기에 맞춰 가며 존재할 뿐이 었다"(231쪽). 그러던 중 야시키屋敷라는 사내가 새로운 직공으로 들어오 는데, 이번엔 '나'가 야시키를 첩자로 의심하기도 하고, 가루베는 가루 베대로 야시키와 '나'가 공모관계에 있으리라 의심하면서 엉망진창으 로 뒤엉켜 싸우는 일까지 벌어진다. 결국 작업장에서 셋이 밤늦도록 술 을 마신 다음 날, '나'는 야시키가 중크롬산 암모니아 용액이 들어 있는 주전자에 입을 댄 채 죽어 있는 것을 발견한다. 중크롬산 암모니아를 만 들어 둔 것은 '나'였지만, 술을 마시던 중 야시키 자신이 그 용액을 술로 오인해 마신 것인지, 가루베가 그렇게 오해하고 마시도록 계획한 것인 지, 아니면 '나' 자신이 마시게 한 것인지조차 불분명하다.

나는 이제 아무것도 알 수가 없었다. 다만 기계의 뾰족한 끝이 서서히 나를 향해 조금씩 다가오고 있음을 감지할 뿐이다. 누군가 나를 대신해서 나를 심판하라. 내가 여태 무슨 짓을 하고 다녔는지 나한테 물어봐야 알 턱이 없으니 말이다(255~256쪽).

'나'는 마치 거대한 기계의 부품Bestand[277]처럼 "몸뚱이와 딱 달라붙은" 사물적인 의식을 가지고 전체 생산과정에 영혼 없는 기여를 할 뿐이며, 따라서 전체 생산과정 및 인간관계는 물론 자기 자신에게서조차 낯설어진 존재이다. 이렇게 (자기)소외된 상태에서 "기계의 뾰족한 끝이 서서히 나를 향해 조금씩 다가오고 있음을 감지할 뿐"인 이 '부품으로서의 인간'은 자기 자신에게조차 주인이 될 수 없다. 오히려 "우리 가운데 유일하게 모든 것을 확실하게 아는, 보이지 않는 기계"(251쪽)가 명령하고 결정하고 판단한다.

요코미쓰가 말하는 '기계'는 당연히 구체적인 사물적 존재가 아니며, 오히려 하이데거가 '닦달'로 특징지은 근대 테크놀로지의 총체를 지시하는 상징에 더 가깝다. 하지만 그렇기 때문에 기계 - 인간 관계의 근본적 차원을 보다 더 잘 포착하고 있는 면이 있다. 즉 직접적인 기계노동뿐만 아니라 근대 산업자본주의 이후 삶에 대한 기술적 규정성이 내재화된 체제에서 인간 존재와 의식이 사물화될 수 있음을 사물화된 의식 자체의 진술을 통해 전달하고 있는 것이다.[278]

요코미쓰의 〈기계〉가 '닦달' 당하는 인간의 사물화된 의식을 '직접적으로' 제시했다면, 프롤레타리아 문학운동의 영향력 아래 생산된—

일본에서도 조선에서도—노동소설의 대부분은 소외된 노동과 사물화를 거부하는 몸짓과 '반성된 의식'을 재현하기 위해 애썼다고 할 수 있다.[279] 예컨대 송영의 〈늘어가는 무리〉(1925)에는 도쿄로 건너가 사무원, 점원, 직공 견습, 신문배달부 등을 전전하다가 먼 친척 형의 소개로 조선인 오야가타親方 밑에서 막노동을 시작하려는 승오라는 인물이 등장하는데, 서술자는 차츰 노동에 익숙해진 그를 '기계'에 비유하기도 한다.

> 한 발자국, 두 발자국 나아가는 걸음이 많아질수록 그는 점점 어색한 모양이 줄어 갔었다. 어떡하나 하다가 왜? 하는 용기를 내고 용기에서 용기가 생기고 거기에서 그만한 마취제가 생겨서 그는 어느 정도까지 **기계**가 되었다.[280]

이렇게 반복되는 노동에 익숙해진 신체를 '기계'에 비유하는 경우는 드물지 않다. 만일 이 서사가 승오라는 인물의 일인칭 서술로 쓰여진다면, 어쩌면—요코미쓰의 〈기계〉의 '나'처럼—사물화된 의식을 표출할 수도 있을 것이다. 하지만 기계처럼 되어 가면서도, 또 "난잡하고 요란한" 노동자들 사이에서 폭력에 노출되기도 하면서도, 그는 "거친 곳에 참이 흐르고 짐승 같은 곳에 인간성이 있다"고 생각할 만큼 '반성적'이고 '의지적'이다. 이 거친 노동자 군중 속에서 "기쁨과 호기심과 분노와 우울"이 뒤섞인 흥분된 감정을 느끼며, 이들의 "비분강개한 열매"가 "넘쳐서 흐른" 곳에서 "새 아침"을 예감할 만큼, 이미 역사의 주체로서의 프롤레타리아라는 개념을 통과한 의식이 작용하고 있다.

요코미쓰가 '기계'가 내면화된 인간, 즉 부품으로서의 인간의식을 제시함으로써 근대 사회의 사물화된 의식과 신체성을 제시했다면, 식민지 노동소설들에서는 대체로 사물화 또는 신체의 파괴를 낳는 기계－인간의 불행한 만남을 재현하며 그에 대해 감정적－이데올로기적으로 평가한다.

> 흙을 밟는 다리, 약을 칠하는 손, 모터의 돌아가는 소리, 물가마의 수증기, 석탄 타는 냄새. 아침 여덟 시부터 오후 여섯 시까지 석탄과 씨름하고 불과 싸운다. 냄새나는 독약과는 눈총을 놓는다.
> 그러다가 손 한번만 잘못 놀리는 날이면 목숨이 도망가는 판이다!
> 내가 조석으로 만지고 닦고 기름칠하고 돌리는 그놈의 모터도 나이 여섯 살이 되기도 전에 다섯 사람의 팔다리를 무너뜨려 놓았고 세 사람의 목숨을 잘라갔다는 말을 들었다.[281]

> 일주일 전이다. 무게가 몇 톤이나 되는 연판鉛版을 우인치로 이층에 올리다가 '요씨' 하는 바람에 직공들은 안심하고 우인치 손잡이를 놓았다. 무슨 일에든지 주의 깊은 봉원이가 미안히 여겨 마루다를 하구마 사이에 끼려고 주저주저할 때였다. '아부나이' 소리와 동시에 연판이 이 층에서 떨어졌다. 그 바람에 와이야(쇠줄새끼)가 캥기면서 우인치는 급속도로 돌아갔다. 돌아가는 우인치 핸들(손잡이)은 사정없이도 옆에 서 있던 봉원이의 가슴을 지르며 봉원이의

몸뚱아리를 떠받아 콘크리트 바닥에 들어쳤다.

봉원이는 요행히 죽지는 않았으나 가슴이 몹시 결리고, 기침이 나고 등을 펴지 못하였다. 아직도 새로운 이 기억이 그들의 머리로 픽픽 지나쳤다.[282)]

응호는 거미줄 같이 엉킨 파이프, 세차게 도는 모-터, 요란한 컴푸렛슈어壓縮機 ……, 깨스 탱크 …… 이런 것이 모두 한없이 밉고 자기들과는 하등 상관이 없는 **적**敵 같이 보였다. 그저 죽으라면 죽고, 살라면 사는 직공들, 피땀을 흘리면서 굽석굽석 기계 쌈에서 온몸에 기름 탭을 하고 고된 노동을 하는 동무들이 가엾기도 하고 너무나 무능력하게도 보였다.[283)]

기계와 접속되어 있을 때, 사소하게 어긋난 손놀림 또는 순간적으로 주저하는 몸짓조차도 노동자에게는 치명적일 수 있다. 노동자들은 기계에서 지금까지 그 기계가 잘라먹고 삼킨 노동자들의 신체와 피의 흔적을 보며, 자신들이 아침저녁으로 "만지고 닦고 기름칠 하고 돌리는" 데도 불구하고 그들과 "하등 상관이 없는" 것처럼 냉정하게 움직이고 있는 기계에서 죽음을 예감한다. 기계는 노동자의 생명 자체를 빼앗을 수 있고, 신체의 일부만을 빼앗았다 하더라도 '노동 부적격자'를 만들어 영원히 자본-노동 관계에서 방출시켜 죽음으로 내몰 수 있다.[284)] 식민지 시기 노동소설에서는 이렇듯 기계가 인간의 신체를 파괴하고 죽음을 초래하는 치명적으로 불행한 조우가 일반적이라고 할 수 있다.

그리고 이러한 불행한 조우는 그에 대해 감정적—이데올로기적 평가를 행하는 서술자를 통해 전달된다.

열악한 노동조건 속에서의 기계와 인간의 불행한 조우를 비판적·반성적으로 서술한다는 것은 무엇을 뜻하는가. 기계—도구 연관 안에서 사물화된 의식을 직접 제시하는 방식이 아니라 그 의식 **바깥에서** 기계에 의해 공격당하고 파괴되는 신체를 묘사하는 방식을 취한다는 것은 무엇을 의미하는가. 더 단순하게 말해서, 이렇게 기계와의 적대적 관계 속에 노동자의 신체가 가시화된다는 것은 무엇을 뜻하는가.

사물화된 의식 자체가 진술하는 것이 아니라 파괴되고 훼손된 신체의 재현이 전면화되기 위해서는, 사물화된 관계에 의해 '인간'이 부정당하고 있다는 비판적이고 반성적인 의식이 선행해야만 한다. 즉 '(진정한) 인간'의 개념이 선행해야만, 기계—도구 연관 속에서 낯설어지고 왜곡된 인간이 대상화된다. 식민지 노동소설에서 거의 클리셰처럼 반복되는 '인간=기계'의 비유[285)]가 기계—도구 연관 속에서 '(진정한) 인간'이 강제적으로 '왜곡'되고 불구화되는 사태를 지시하는 것처럼, 기계에 의해 파괴되고 훼손되는 노동자의 신체는 근대적 기계—도구 연관과 식민지 자본—노동 관계 속에서 파괴되고 훼손된 '인간' 개념에 대응된다.

하지만 기계와 적대적 관계에 놓이는 이 '인간' 개념에는, 기계—도구 연관 이전에 있었으리라 가정되는 전근대적 인간 또는 근대적 개인 주체로 환원시킬 수 없는 묵시적인 전통이 작용하고 있다. 휴머니즘적 마르크스주의의 인간 이해를 포함해, 근대 초기부터 축적되어 온—때로는 이질적인 계보를 갖는—보편적이거나 해방적이거나 평등주의적인 인간 개념을 그 묵시적 전통에서 찾을 수 있을 것이다. 그렇다고 해서 이 선행하는 '(진정한) 인간' 개념을 고정불변의 안정적 주체처럼 간주할 수는 없다. 물론 '혁명적 계급으로서의 프롤레타리아'에 대한 교조적 이해로 인해 노동계급에 대한 추상적 특권화가 이루어지기도 했지만, '인간=기계'라는 자조 섞인 비유 또는 기계에 의해 파괴되고 훼손되는 노동자의 신체는 '(진정한) 인간'을 현재의 부정·결여를 통해 표상하게 하기 때문이다.

노동소설에서 파괴되고 훼손되는 노동자의 형상은 "자동장치의 규칙적이고 연속적인 운동에 자기 자신의 운동을 적응시키는"[286] 데 실패한, 즉 기계-도구 연관의 운동 **리듬에 어긋나는** 신체들의 그것이다. 부단히 '닦달'하는 낯설고 빠른 운동에 리듬을 맞추지 못한 신체들, 생산의 속도를 결정하는 기계의 연쇄운동에 '자연스럽게' 몸을 맡기지 못하는 신체들은 기계에게 공격당하고, 파괴되고, 결국 자본-노동 관계로부터도 축출된다. 식민지 노동소설에서 이렇게 기계의 리듬을 따라가지 못하고 떨어져 나가는 파괴된 신체들이 일반적으로 재현되는 것은, 식민지 노동의 지배적 형태가 '비숙련 단순 노동'이었기 때문이 아닐까.

사실 근대 기계-기술과 자본주의의 결합은 인간의 능력을 기계의 보조적인 역할로 축소시키면서 생산과정에서 장인적 숙련노동을 제거하고 노동의 전반적인 비숙련화를 초래한다. 벤야민이 말했듯이, 경험 Erfahrung 속에서 자신의 신체를 조율하는 '연습Übung'은 사라져 가고 기계에 자동적으로 반응하는 '훈련Dressur'만이 반복된다.[287] 그리하여 궁극적으로 '단순한 생명력'과 동일한 '순수한 노동력'을 상품화해 언제든 대체가능한 노동력의 거대한 저수지를 창출한다. 그러나 식민지의 공장에서 노동의 탈숙련화에는 민족적 분할선이 덧씌워져 있다. 지금까지 이 책에서 고찰해 왔듯이, 식민지 공장에서는 '내지'의 법적·제도적 규제로부터도 상대적으로 자유로워진 자본주의의 맨얼굴이 부끄러움 없이 드러날 뿐만 아니라, 계급의 민족화 또는 민족의 계급화라고 할 수 있는 형태의 노동분할이 구조화된다. 일본인과 조선인이 함께 고용된 공장에서 조선인에게는 단순 육체노동이, 일본인에게는 고급·정밀 기술 노동 및 조선인 노동자 관리 업무가 배당되는 것이 일반적이었다. 나아가 식민지 권력은 조선인 노동력의 조직력 및 규율 부재를 비판하는 언설을 창안·유포하면서 지속적으로 조선인 노동력을 평가절하해 왔던 것이다.

노동소설에서 특히 남성 노동자들이 빠지곤 하는 도박[288]과 음주는 비숙련 단순 노동에 상응하는 행동 패턴에 속한다.[289] 그런가 하면 노동소설에 등장하는 많은 식민지 공장의 여성 노동자들이 작업장에서 일상적인 성폭력에 노출되어 있다는 점[290] 역시 '단순한 생명력'으로 축소된 노동력의 형태와 무관하지 않다. 요컨대 식민지 자본주의하에서는 이미 기계의 보조적 역할로 전락한 노동력을 더욱 가치절하된 채로 일시적이고 불안정한 관계에 머물게 했고, 따라서 기계-도구 연관의 운동에 완전히 리듬을 맞추지 못하는 어긋남이 노동소설에서 그들의 신체성을 가시화했다고 할 수 있지 않을까.

집단성

논의가 길어졌지만, 여기서 '매체=중심'으로서의 기계-기술의 두 번째 차원, 즉 인간 상호 간의 커뮤니케이션이 기계-도구 연관 안에서 기술적으로 규정되는 차원을 간략히 살펴보도록 하자. 식민지 시기 노동소설이 기계 노동의 리듬에 적응하지 못하고 떨어져 나가는 파괴된 신체를 통해 기계-도구 연관에서 부정되는 '인간'을 부정적인 방식으로 재현했음에도 불구하고 기계-도구 연관이 그 조건에 놓여 있었듯이, 지향해야 할 '새로운 인간'의 형성조건 또한 기계-도구 연관 안에서 발견된다. 이 '새로운 인간'은 다름 아닌 기계-도구 연관 안에서 노동자들 상호 간의 동조同調를 통해 형성되는 '집단'이다.

마르크스주의적인 계급론의 과학이 물질적 조건에 입각해 계급의 동질성을 논리적으로 입증하려 한다면, 노동소설은 노동자들 사이에 형성되는 감정적이고 신체적인 동조성同調性을 통해 집단의 형상을 만들어 낸다. 그리고 이 감정적이고 신체적인 동조성은 기계-도구 연관 안에서 이루어지는 노동자들 사이의 상호작용으로부터 형성된다. 노동자들 사이의 상호작용에서 형성되는 감정적이고 신체적인 동조성은, **"남의 일이 곧 우리의 일"**[291]이라는 말에서 압축적으로 표현된다. 식민지 자본주의에서 단순한 생명력으로 전락한 노동력, 기계 노동의 리듬에 조응하지 못해 파괴된 신체, 기계-도구 연관의 운동 안에서 사물화되어 가는 인간은 개별적·고립적으로 발생하는 사태가 아니라 그 연관에 포획된 존재들 '공동의 사건'의 결과인 것이다.

그들의 발자국 소리는 땅속을 통해 나의 육신에 확실히 감각되었다.

흐름!

흐름!

그 흐름은 나에게 커다란 위협과 공포를 주었다. 얼핏 보아도 백
명 이상의 흐름이다. 나는 숨을 죽이고 그 광경을 바라보았다. 나의
가슴의 심장은 가늘게 푸득푸득 뛰었다.[292)]

흥남 질소비료공장 노동자가 되기 직전 경험의 "실록"이라고 주석
을 달아 놓은 이북명의 소설 〈어둠에서 주은 〈스켓취〉〉는, 임금에 해당
되는 전표를 받지 못한 노동자들이 늦은 밤 감독의 집으로 몰려가 시위
를 하며 결국 받아내는 광경을 목격한 일화를 담고 있다. 아직 노동자
가 아닌 '나'는 백여 명의 분노한 군중의 행진 앞에서 "위협과 공포"를
느낀다. '나'를 흥분하게 하는 이 '위협과 공포'는 숭고의 경험에 수반
되는 감정처럼 보인다. 당연히 '나'를 공격하려는 "흐름"이 아닌데도
불구하고 '나'가 '위협과 공포'를 느끼는 것은, 노동자 군중의 저 '흐
름'이 '나'의 개별성을 용해시켜 버릴 것을 예감하기 때문이다. '나'는
노동자가 되기 위해 흥남에 왔지만, 노동자가 된다는 것이 공장에서 일
을 하고 돈을 번다는 것을 뜻하기보다 저 '흐름' 속에 들어간다는 것을
의미함을 직감했기 때문이다.

헤어질 때에 나는 절름발이의 손을 또 한 번 꽉 잡아 흔들었다.

"형, 내일부터 나의 다정한 동무가 되어주오."

그때 나의 가슴으로부터 나도 알지 못하게 뜨거운 불덩어리가 목구멍까지 치밀었다.

"선생님, 내 선생님께 내일부터 일하는 법을 가르쳐 드릴 테니까, 선생님은 내일부터 내게다 언문을 배워주오. 그러구 세상 이야기두 많이 들려주어야 합니다. 허허." 절름발이는 기운 좋게 웃었다. 나는 절름발이와 헤어져서 이슬비 내리는 골목길을 머리를 숙이고 걸었다.

나의 얼굴은 화끈화끈 달아났다. 그때 나의 가슴 깊이 숨어 있던 모-든 감정이 샘솟듯이 나의 머리에 솟아올랐다.

나는 얼마나 외로웠든가!

이렇게 생각할 때 나의 두 눈에서는 눈물이 쭉 흘렀다.[293]

감독 앞에 나서 당당하게 몫을 요구하고 모든 노동자들의 체불된 임금을 전표로 받아내는 데 성공한 '절름발이' 노동자에게 동무가 되어주기를 요청하는 '나'는, 그 요청에 흔쾌히 응답하는 노동자 앞에서 격렬한 감정에 휩싸인다. 다소 과장된 듯도 감상적인 듯도 한 이 장면은, 새로운 신체로 전환되는 순간의 불안정한 감정상태를 보여준다. 개별자가 집단적 신체를 획득한다는 것은 익숙했던 신체-감각적, 감정적 경계가 붕괴되는 사건이기 때문이다.

단결[294]할 때 가시화되는 이 집단적 신체는 노동소설에서 대체로 '파업'을 통해 그 동조성을 확인한다. 이 집단이 형성되는 것은 일차적으로 기계-도구 연관, 특히 기계-도구 네트워크가 조성하는 협력적 노동행위 안에서이다. 기계−도구에 접속된 노동행위는 거대한 규모로 동일한 리듬을 타는 신체들을 산출한다. 하지만 이 노동하는 집단적 신체는 기계−도구의 운동 내부에서, 그 운동 속으로 흡수되는 한에서 존재한다. 이와 달리 이 집단이 '내적' 동조성을 확인하며 명실공히 집단적 신체를 가시화하는 것은 기계 노동을 중지하는 행위 속에서다. 기계의 리듬을 일시 정지함으로써 오히려 노동자들의 집단적 신체의 내적리듬이 활성화된다. 이 집단성의 리듬 역시 기계−도구 연관의 바깥에서 형성될 수는 없는 것이지만, '파업'이라는 휴지休止의 시공간에서 지배적인 기계의 리듬과는 다른 리듬을 발견하려 한다.

사회주의 테일러리즘과 신체의 도덕화

일본의 패전과 동시에, 식민지/제국 자본이 조선에 세운 발전소, 공장 등은 식민지 개발을 위해 조성한 다양한 산업 인프라들과 함께 각 지역 인민위원회 및 그 하부 조직들에 접수되었다. 조선질소 흥남공장은 8월 26일부터 흥남공장노동조합의 관리하에 들어갔고, 당일부터 일본인의 공장 출입이 금지되었다.[295] 소련군의 지원 아래 조선인 노동조합이 주도적으로 공장을 운영하면서, 이 장의 도입부에서 살펴본 것과 같은 '주체성'이 형성된다. '사회주의 조국'을 건설하는 주체로서의 노동자는 더이상 먹고 살기 위해 죽지 못해 기계 앞에 서게 된 노예도 아니고, 파괴되고 훼손되고 사물화된 인간으로서의 '인간=기계'도 아니다.

단지 해방된 민족이기 때문이 아니라, 세계를 사회주의적으로 개조하고 계급착취가 사라진 국가를 건설하는 주체 중의 주체이기 때문에 노동자는 감정적·정신적으로 지극히 고양된 상태에서 생산과정에 참여했으리라 짐작할 수 있다.

그리고 이 고양된 자발성은 의미심장하게도 공장설비와 기계에 헌신하는 행위로 나타난다.

> "여러분 우리는 충심으로 붉은 군대에게 감사를 드립시다. 그리고 우리들은 '나'라는 관념부터 버립시다. 발전기와 함께 살고 발전기 옆에서 죽을 각오를 가져주기를 여러분께 간곡히 부탁합니다."[296]

> "나는 내 일생을 발전기와 함께 살고 발전소에서 죽기를 각오한 사람이오. 이 생각은 일본놈을 위함이 아니오. 꼭 조선이 해방된다는 것을 자신했기 때문이오. 창화 형, 창모 형 그 밖에 여러 형들 나는 이 방에서 발전기를 보수하다가 기력이 쇠진하면 그때는 조선독립 만세를 힘차게 불러보고 만족히 죽어갈 정신이오"(202쪽).

해방 직후 쓰인 이북명의 〈전기는 흐른다〉는 일본질소 콘체른의 장진강수력발전소를 접수한 노동자들이 일본군 패잔병들의 파괴공작으로부터 발전소를 지키기 위해 자발적으로 비상 경비대를 구성하고 배치하는 모습을 보여준다. 조선인 노동자들의 신망을 얻어 최고 책임자로 선출된 전기기술자 창화는 중요 시설에 비상 경비대를 배치해 철야

감시를 지시하는데, 그와는 별도로 마을 주민들까지 긴급 부락민 대회를 통해 결의하고 자위대를 구성해 화약고를 지키는 등 발전소를 방위하려는 조선인들의 일사불란한 대응 속에서 "세기의 심장부, 문화의 원천지"(205쪽)로서의 발전소의 중요성이 강조되고 있다. 특히 기술자로서 남다른 책임감을 갖고 있는 박동수는 상당히 심각한 병환 중이었음에도 불구하고 동료들을 설득해 발전기 옆에 마련한 병석에서 밤새 발전기를 지키며 죽기를 각오하기까지 한다.

〈전기는 흐른다〉는, 일본 자본의 하수인들과 기술자들을 배제하고 발전소를 접수한 조선인 노동자들이 최고도의 자발성과 주체성을 발휘하는 모습을 격한 어조로 형상화하고 있다. 그러나 발전소 방위의 총책임을 맡을 창화가 발전기와 송전기 등 발전소의 기계설비를 쳐다보며 감격에 겨워 "오늘부터 네 주인은 조선 사람이다"(198쪽)라고 중얼거림에도 불구하고, 기계의 보존을 위해 죽음을 불사하는 노동자들이 주인의 자리에 있는 것처럼 보이지는 않는다.

〈전기는 흐른다〉는 오히려 기계와 접속될 때에만 노동자들에게 '주체'의 자리가 부여된다는 사실을 분명하게 알려준다. 소설에서도 암시하고 있듯이 이 기계는 노동자들의 눈앞에 있는 물질적 대상으로서의 발전소 설비에 그치는 것이 아니라, 발전소가 생산하는 전기로 가동되는 공장들, 그 공장들에서 생산되는 제품들, 그 제품들이 소비되고 사용되는 사회로 연결된 거대한 생태계의 순환운동을 가능하게 하면서 그 생태계와 함께 움직인다. 이 기계-도구 연관은 사회주의 체제를 수립할 새로운 국가의 뼈대와 혈관을 이루게 될 것이며, 노동자들은 바로 이 연관에 철저하게 종속될 때에만 국가 건설의 주체가 될 것이다.

점령 초기 일본 자본이 북한 지역에 남긴 산업설비를 철거하려 했던 소련의 '전후처리' 방침은 1945년 가을 무렵 스탈린의 명령에 의해 곧바로 북한 산업설비 보전의 방향으로 전환된 바 있다.[297] 식민지/제국 자본이 남긴 산업 인프라에 기초하면서 노동생산성 향상과 생산력 증진을 위해 적극 도입된 것은 신경제정책NEP 이후 소련에서 시도되었던 산업경영 방식, 즉 소비에트 테일러주의였다.[298] 러시아혁명 초기 프롤레타리아 시인이자 소비에트 과학경영 이론가였던 알렉세이 가스체프Aleksei Gastev에게서 종합적 표현을 얻게 된 소비에트 테일러주의는 생산성 증대만이 아니라 '노동과 삶의 일치', '인간의 기계화'를 통해 새로운 사회주의적 인간을 창출하는 데 그 목적을 두고 있었다. 이후 스탈린 시대에 이르러, 자발적인 공정혁신을 통해 채탄량을 비약적으로 증대시킨 광산 노동영웅 스타하노프Alexey Stakhanov를 모델로 한 '스타하노프 운동'과 함께 "생산성과 사상성의 담론이 결합되는 방식으로"[299] 변형되었지만, 생산력을 확충하면서 사회주의적 개조를 추진해야 할 해방 직후의 북한에서 소비에트 테일러주의는 작업현장으로부터 노동자 주체화를 조건짓는 결정적인 기제로 작동했다.

가스체프는 일찍이 〈우리들은 함께〉(1918)라는 산문시에서 "어디에 기계가 있는지 어디에 인간이 있는지 분간하기 어렵다. 우리는 우리의 철의 동지들과 용해되어 뒤섞이고, 우리는 그들과 함께 노래하고, 우리는 함께 새로운 운동의 혼을 만들어 냈다. 거기에서는 노동자와 기계를 갈라 놓을 수 없다"[300]고 쓴 바 있다. 여기서 기계와 인간이 서로 구별되지 않는 한 덩어리의 신체로 묘사되고 있지만, 이는 식민지 노동소설에서 익숙하게 봐왔던 경멸적이고 자조적인 뉘앙스의 '인간=기계'와는 전혀 다른 차원의 신체이다. 이와 같은 기계와 인간의 유기적 복합체는 공장, 도시, 사회 전체의 거대 기계로 확대되며, 개별 노동자는 사물화된 하나의 부품이 아니라 이 거대 기계와 일체화된 "집단적 신체"로 전환된다.[301)

해방 후 북한에서의 소비에트 테일러주의의 도입과 집단적 신체의 형성 맥락을 엿볼 수 있는 이북명의 〈노동일가〉에서는, 의미심장하게도 기계와 결합된 두 신체가 비교되고 있다. 이달호와 김진구라는 인물이 각각 대표하는 이 두 모델 중, 하나(이달호)가 자신의 신체에 각인된 숙련기술의 탁월함을 자신하며 최고의 기술자로서 인정과 명예를 갈구한다면, 다른 하나(김진구)는 자신의 신체가 접속하고 있는 기계-도구연관 전체를 배려하면서 자신의 기술이 그 연관에 유기적 부분으로 참여하고 있음을 정확히 인지하고 있다.

십칠 분 앞서 선반공장에 나온 이달호는 회전을 정지하고 잠자는 동물처럼 휴식하고 있는 선반기 곁에 붙어 서자 무척 쓸쓸한 **고독감**에 사로잡혔다.
이기고야 말겠다―달호는 그 밉살스러운 고독감을 박차버리듯이 머리를 내흔들고 입술을 깨물면서 선반기를 응시하고 있다.[302)

흥남지구 인민공장에 부과된 47년도 생산책임량은 하늘이 무너져도 이것을 달성해야 하겠지만 그중에서도 유안비료만은 눈에다 쌍심지를 달아가지고라도 책임량을 완수해야 한다고 김진구는 생각한다.

뭐니 뭐니 해도 25만 톤의 유안비료 생산이 선결문제였다. …… 부족한 식량 생산을 풍부한 식량 생산으로 전환함으로써 민주주의 조선의 산업은 더욱 부흥하며 인민의 생활은 향상될 것이다. 그러기 위해서는 화학비료의 다량 생산이 제일 조건이다.[303]

늘 김진구를 경쟁상대로 여기면서 자신의 기술과 능력이 제대로 평가받지 못하고 있다는 억울한 감정에 휩싸인 이달호는, 탁월한 성과를 산출해 기술자로서의 자신의 가치를 인정받기 위해 휴식시간을 줄이면서까지 선반기계에 붙어 있다. 그러나 이렇게 더 많은 시간 물리적으로 기계에 밀착해 있음에도 불구하고 이달호는 기계−도구 연관으로부터 분리되려고 하는 신체의 표상이라고 할 수 있다. 그의 고독감은 이 분리되려는 신체의 감각에 다름 아닐 것이다. 왜냐하면 기계와 접속한 상태에서 기술자로서의 자신의 가능성을 최대한으로 실현하려 함에도 불구하고, 궁극적으로 그는 그 가능성을 자신의 **신체의 개별성**으로 회수하기 때문이다. '최고'의 기술자가 된다는 것은 대체불가능한 능력과 가치를 신체에 각인한다는 것을 뜻하며, 따라서 이 신체는 기계와 분리된 상태에서도 그 능력과 가치를 보유할 수 있어야 한다. 아니, 어쩌면 기계로부터 분리되어 있을 때, 즉 이 개별적으로 탁월한 신체가 기계−도구 연관에 부재할 때 그 능력과 가치가 더더욱 돋보일 수 있다. 이렇게 이달호는 기계 – 도구 연관 내에서 형성되어 왔음에도 불구하고 그로부터 떨어져 나와 개별성을 확보하려는 신체를 표상한다.

이에 반해 김진구는 애당초 이달호 개인과 경쟁할 마음이 전혀 없을 뿐만 아니라, 자신과 비교하며 종종 어두운 감정에 빠지곤 하는 이달호를 안타까워한다. 이달호와 자신에게 함께 주어진 공동의 과업—비료공장 기계의 핵심 부품인 피스톤 로드Piston Rod의 제작—을 수행하면서도, 목표량을 먼저 채우려 애쓰는 이달호와는 달리, 자신이 만드는 부품이 유안비료의 생산 증대를 위해 얼마나 소중한 요소인지, 그리고 유안비료 생산이 얼마나 큰 국가적 의의를 갖는지를 염두에 두고 작업에 임한다. 더욱이 그는 주어진 과업과는 별도로, 현재의 북한의 기술 수준으로는 2주일 만에 마모되어 버리고 마는 유안공장 로바텔(원심분리추출기) 샤프트의 베어링을 선반기계로 훨씬 견고하게 만들어 내기 위해 부단히 연구 중이다. 이렇게 김진구는 기계 – 도구 연관 속으로 완전히 흡수된 채 그 연관의 자기증식에 기여하는 하나의 세포로서 **협동적cooperative 신체성**을 표상한다. 그는 물리적으로 기계와 접속해 있든 그렇지 않든, 언제나 이미 기계 – 도구 연관의 리듬 속에서 움직인다.

의미심장하게도, 경쟁에서 이기기 위해 조급하게 속도전을 펼치던 이달호는 바이트를 몇 개씩이나 부러뜨린 반면, 김진구는 전체의 이익을 위해 새로운 부품제작 기술을 탐구한다. 신체의 개별성을 고수하면서 기계 – 도구 연관의 리듬에 몸을 맞추지 못할 경우 기계에 해를 끼치는 반면, 이미 기계 – 도구 연관 내부의 세포가 된 신체는 기계의 성장 및 진화 속으로 지양되어 간다. 나아가 김진구는, "여자 스타하노프"[304]

라는 칭송을 들을 만큼 하천개수 공사에서 열성과 탁월함을 보여주는 아내, 그리고 학교에서도 집에서도 모범생이 되어가는 철든 아들과 함께 자발적으로 가정에서부터 능력계발운동을 전개해 간다. 협동적 신체의 기술적 실천을 전형적으로 보여주는 "삼각경쟁"[305]은 이 협동적 신체가 결합된 기계-도구 연관이 **가정-공장-국가**로 이어지고 있음을, 또는 이어져야 함을 보여준다. 반면 이달호의 경우, 아내에게 봉건적 가부장 의식과 관행을 비판받을 때만 가정이 묘사될 뿐이다.

이렇게 가정-공장-국가로 이어진 기계-도구 연관이 노동자로 대표되는 협동적 신체들을 생산해 내는 국가를 '노동국가'[306]라고 부를 수 있을 것이다. 노동자가 범례적 주체가 되는 이 노동국가에서 기계-도구 연관에 완전히 포획된 협동적 신체는 전체 기계의 운동에 의해 생성되고 소멸될 뿐만 아니라 언제나 이미 도덕화된다. 〈노동일가〉에서 보듯이, 기계-도구 연관에 용해되어 전체의 리듬에 조응하는 신체가 탁월한 것으로서 찬양된다. 이 신체가 탁월한 이유는 기술적 진보와 사상적 진보가 구별되지 않기 때문이다. 이를테면 "인민경제 부흥계획과 건국사상 의식개변운동은 인간의 혈육처럼 분리시킬 수 없는 절대적인 유기성을"[307] 가지고 있기 때문인 것이다. 이에 반해 '신체의 개별성'이 드러나는, 즉 기계 속으로 들어가기보다 기계를 수단화하려는 행위는 도덕적으로도 바람직하지 못한 결과를 낳는다. 식민지 노동소설에서 기계에 의한 노동자 신체의 파괴가 '인간' 개념의 훼손을 의미한 데 반해, 해방 직후 북한 노동소설에서 노동자에 의한 기계의 훼손은 기계-도구 연관의 텔로스인 국가를 파괴하는 행위에 해당된다.

한편 식민지 노동소설에서 협동과 동조성은 기계-도구 연관의 경계로 내몰린 자들이 기계-도구 연관의 운동성을 조건으로 하면서도 그 운동을 정지시키는 변증법적 형태로 나타났던 데 반해, 해방 후 사회주의적 개조의 전체 운동 속에서 협동은 기계-도구 연관에 완전히 포획된 신체를 산출하는 데로 귀착된다. 이곳에서는 파업, 태업 등 '휴지休止'를 위한 협동이 아니라 '생산'을 위한 협동만이 존재한다. 기계-도구 연관에 기반하면서도 그 운동에 '정지'의 순간을 개입시키고 그곳에서 다른 리듬을 모색하려는 협동이 아니라, 사회 전체로 확장된 기계-도구 연관의 운동에서 '정지'의 계기를 제거하고 스스로 생산의 리듬에 종속하는 협동인 것이다. 비유적으로 말해, 식민지 노동소설에서 기계를 멈춘 노동자들의 시위행렬이 흘러가고 있었다면, 해방 후 북한의 노동소설에서는 노동자들의 희생으로 '전기가 흐른다'.[308]

통치의 기술, 주체의 기술

〈노동일가〉의 서사에서 이달호의 노선이 결국 김진구의 노선으로 수렴되듯이, 신체의 개별성을 최대한 배제하고 '노동국가'의 기계-도구 연관 속에서 협동적 신체로 용해되도록 이끄는 기술technology은 북한의 통치성 형식의 본질적 국면을 드러내기도 한다. 물론 이 통치성 형식을 정당화하기 위해 이데올로기적·도덕적 의미론이 그 위에 두텁게 덧씌워져 왔지만, 전체에 대한 배려 속에서 부품이자 세포로서 협동적

관계를 만들어 가는 '사회주의적 인간'은—사회주의 테일러리즘에서
도 엿볼 수 있듯이—인간 신체의 동작과 자세를 세분화하고 표준화해
전체 생산과정에 유기적으로 통합시키는 기술을 떠나서는 존립할 수
없다.

어떤 면에서 사회주의적 인간 개조는, '인간'이 '매체=중심'으로서
의 기술 속에서 발명되는 것임을 있는 그대로 받아들이고 나아가 그 원
리를 사회 전체에 극단적으로까지 적용하고자 한 시도의 하나였다고
볼 수 있다. 이렇게 볼 때, 기계 - 도구 연관의 텔로스로서의 '전체'가
명시적으로 드러나 있다는 차이만 제외한다면, 사회주의적 인간 개조
는 '인간'의 기술적 발명이 역시 극단적으로 전개되고 있는 오늘날의
인간의 조건을—뒤집힌 형태로—선취하고 있었다고 할 수 있지 않을
까. 사회주의적 생산과정에 기계 부품이자 세포로서 접속되는 인간이
'사회적으로 공유되는 신체'라는 관념과 이어졌던 것처럼,[309] 지성에
서 감정에 이르는 모든 능력과 속성까지 가치 창출과정에 접속시켜야
하는 인간은 스스로 소진됨으로써만 사회적 신체를 획득할 수 있는 듯
이 보인다.

이것이 '협동적 신체성'의 어두운 귀결이라고 해도, '신체의 개별
성'을 확보하려는 노선이 대안이 될 수는 없을 것이다. 이미 '매체=중
심'으로서의 기술적 조건이 기술의 '고유한 보존'을 점점 불가능하게
할 뿐더러, 그것이 가능하다 하더라도 변화된 기술적 조건에 기초해 새
로운 상호작용의 형태를 발명해 내지 않는 한 개별적인 '분리'는 사회
적으로 큰 의미를 가질 수 없기 때문이다. 그러므로 공동의 사회적 관

계를 재생산하는 기술 속에서 형성되면서도 그 리듬을 다르게 사용하는 집단성의 형태를 발명하는 것이 중요해 보인다.

식민지 노동소설에서 주로 나타난 노동자들 사이의 협동과 동조성은 기계-도구 연관의 운동을 조건으로 하면서도 그 운동을 정지시키는 변증법적 형태로 나타났다. 그러나 인간에 대한 기술적 포섭이 완수된 오늘날, 어떻게 이 조건으로부터 새로운 정지의 계기를 내포한 집단적 신체의 리듬을 발견할 수 있을 것인가. 이 물음은 오늘날의 기술적 조건에 대한 탐구를 통해 주체의 기술을 발명해야 한다는 과제를 요청한다.

언더그라운드가
말하는 방식
―정우상의 〈목소리〉를 통해

'문화통치' 또는 식민지/제국 언어-법-미디어 체제의 한계

3·1운동은 일제의 식민지 통치를 거부하는 목소리와 몸짓을 표출함으로써 식민지 조선 민중이 그 존재를 알린 결정적 '사건'이었다. 다시 말해 3·1운동이 '사건'으로서 갖는 중요성은, 조선 민중이 이 목소리와 몸짓을 통해 스스로 일제의 식민주의적 통치의 한계를 초과하는 존재임을 드러냈다는 데 있다. 식민지 권력은 이 초과하는 존재를 제거하거나 구속함으로써 어떻게든 통치의 경계를 재구축하려 했지만, 폭력적 강제수단만으로는 더이상 통치가 불가능하다는 것이 명백해졌다. 어쩌면 식민지 권력은 헌병의 총칼로 식민지 치안을 장악하려 했던 '무단통치'가 오히려 피식민자들의 '전장戰場 의식'을 강화시켰다는 판단을 했을지도 모른다. 어쨌든 이 '사건'에 대한 일제의 대응이 이른바 '문화통치'로의 전환이었음은 역사적 상식에 속한다.

······ **문화적 제도 혁신**을 통해 조선인을 유도·제시提撕하여 행복 이익의 증진을 도모하고, 장래 문화의 발달과 민력의 충실에 따라 **정치상 사회상**의 대우에서도 일본인과 동일하게 취급하려는 궁극 적인 목적을 달성하고자 한다.[310)]

신임 총독으로 취임한 사이토 마코토斎藤實의 시정 방침에서도 드러 나듯이, 식민지/제국의 통치권력은 문화적, 제도적 "혁신"을 통해 조선 인이 "정치상 사회상" 차별을 받지 않게 하겠다는 목적을 전면에 제시 하며 범람하는 조선 민중의 목소리와 몸짓을 잠재우고자 했다. 이로부 터 약 20년 후 이 '차별 폐지의 약속'이 놀랍게도 절멸적인 방식으로 이행되어 갔음은 전시총동원 체제기 일련의 '내선일체' 정책이 입증해 보여주는 바이다. 이곳에서는 우선, '차별 폐지의 약속' 아래 '문화적 제도 혁신'의 일환으로 "언론·출판·집회 등에 대해서는 질서 및 공안 의 유지에 방해가 없을 때에 한해 이를 고려"[311)]하게 되었고, 그에 따 라 조선인의 정치적 목소리와 몸짓이 식민지/제국의 언어 – 법 – 미디어 장에 등장할 수 있었다는 점에 주목하고자 한다.

일제의 식민지 통치가 '문화통치'의 형태로 전환됨으로써 조선인의 신문과 잡지 등이 간행되어 사회적·정치적 파급력을 갖는 정보가 생 산·유통되었고 여러 차원에서 조선인 각 계층의 이해를 대변하는 각종 사회단체들이 성립될 수 있었음은 물론이다. 또한 이를 통해, 3·1운동 을 가능하게 했던 조선 민중의 정치적 잠재력의 일정한 부분이 가시화 되기도 했다. 하지만 '문화통치'가 식민지/제국의 언어 – 법 – 미디어 체제를 구축하고 저 민중의 초과하는 잠재력을 합법적 가시성의 영역에서 포획함으로써 식민주의적 통치의 기술을 보다 심화시켰다는 것도 사실이다. 이미 저 '문화통치'를 선언하는 총독의 시정 방침 중 "가능한 한 조선의 문화와 오랜 관습을 존중하여 좋은 점은 육성하고 **나쁜 점은 제거**하여 시세의 진운에 순응하려"[312] 한다는 언명에서도 암시된 것처럼, 식민지/제국의 언어 — 법 — 미디어는 식민주의적 통치성의 한계를 초과하는 조선 민중의 잠재력을 합법성의 영역으로 끌어들여 그곳에서 '가시화될 수 있는 형태'로 변형하고 번역함으로써 통제와 검열을 수행하는 장이었다.

예컨대 3·1운동을 전후한 시점부터 해외에서 형성되어 온 사회주의 운동의 흐름을 이어받아 1925년 조선공산당이 결성되었고 1927년에는 민족주의 좌파 계열과 사회주의 계열이 연계해 신간회를 조직하기도 했으나, 1920년대 사회운동의 전 과정은, 식민지 권력이 "좋은 점은 육성"하기 위해 지원·회유하는 세력들과는 경쟁하고, "나쁜 점은 제거"하기 위해 수행하는 집요한 통제와 검열의 폭력을 겪으며 그에 대응해야 하는 지난한 과정이었다. 식민지 권력에 의해 조선공산당이 조직으로서 와해된 이후에도 끊임없이 재건운동이 진행되었지만 만주사변을 즈음해 더이상 합법공간의 표면에 떠오를 수 없었다는 사실은, 코민테른의 영향과 사상투쟁의 형태로 진행된 내부 갈등을 고려하더라도, '문화통치'의 한계를 입증하는 한 사례라고 하겠다. 조선공산당 운동이 결코 식민지 조선 민중의 전체 운동을 대변하는 것은 아니지만, 거칠게 말하자면, 만주사변을 전후해 식민지 권력의 '문화통치'가 갖는 목적이 그 한계와 함께 분명해짐으로써 조선 민중의 정치적 잠재력이 다시금 비가시적인 영역으로, 언더그라운드로 가라앉아 갔다고 보아도 좋을 것이다.

이러한 전환은 양면적 의미를 지닌다. 우선, 식민지/제국의 언어-법-미디어 체제의 한계가 분명해졌기 때문에, 제국주의와 식민주의에 저항하는 해방의 정치가 더이상 저 체제에서 소통의 통로를 발견할 수 없게 되었음을 뜻한다. 하지만 다른 한편으로는, 저 체제에서 드러내야 할 부분과 그렇지 않은 부분을, 즉 식민지/제국의 언어-법-미디어를 통해 전달할 것과 그렇지 않은 것을 구별할 수 있게 되었음을 의미하기도 한다. 전자가 가시성의 영역 저편으로 사라져 간, 그러나 결코 부재하는 것은 아닌, 때때로 제거된 흔적이라는 부정적 표지로만 등장하는 **침묵**의 잠재력이라면, 후자는 합법/비합법, 가시/비가시의 경계에서 목소리와 몸짓을 형성해 가고 있던 식민지 **일상**의 존재를 알려준다.

말/소리의 경계에서

정치철학의 일반적 설명처럼 '정치적 인간'의 존재를 말logos/소리phone의 구별선을 따라 규정할 수 있다면, '문화통치'는 식민지 민중의 외침을 '소리'로 간주해 왔던 식민지 권력이 그것에 '말'의 형태를 부여하려 했던 시도라고 할 수 있다. 이는 일제의 식민지 권력이 조선 민중의 '말'을 듣게 되었음을 뜻하는 것이 아니라, 합법적—즉 통제와 검

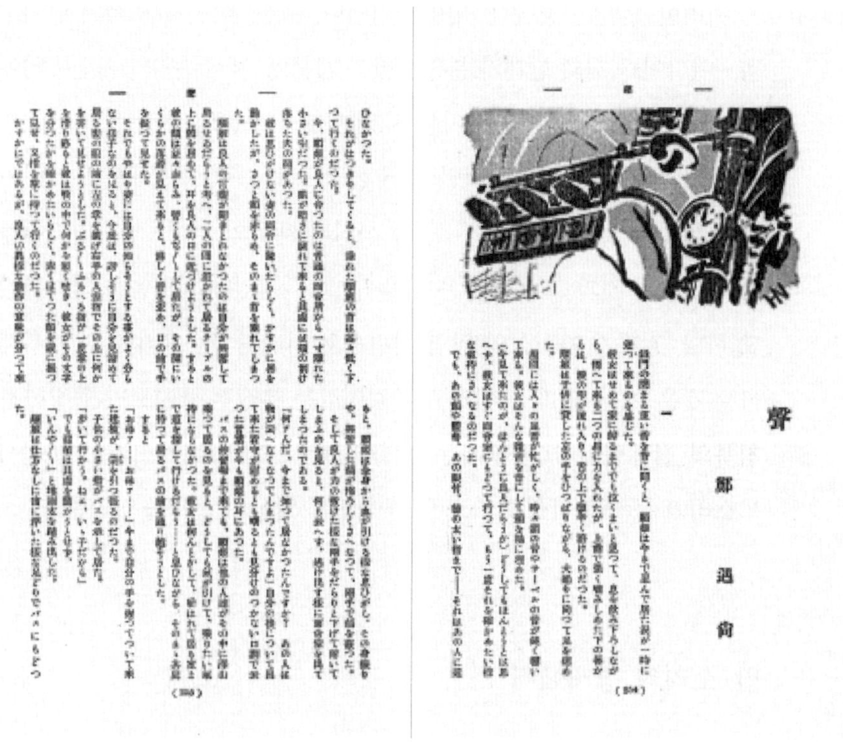

〈그림 28〉
정우상의 〈목소리[聲]〉
(《文學評論》 1935年 11月号)

열을 거친—형태로 '말'을 구성할 때에만 '말'이 될 수 있음을 제도화했다는 것을 의미한다. 따라서 여전히 식민지 민중의 목소리는 말/소리의 경계에서, 한편으로 합법적 (의미 있는) '말'을 구성할 것을 강요받으며 다른 한편으로 한낱 배경적인 (동물적) '소리'로 전락할 위협을 받고 있었다. 이렇게 볼 때, 모든 '합법성'이 말에서 소리를 구별하는 법에 다름 아니듯이, 식민주의적 "문명화"의 이념에 따른 '문화통치'의 합법성은 식민지/제국의 언어-법-미디어 체제에 가시화되지 않는 모든 것을 부재하는 것으로 돌림으로써 (3·1운동에서 나타난) '소음'을 제거하려는 기획이었다고 할 수 있다.

이처럼 식민지/제국의 언어-법-미디어 체제와 언더그라운드 사이에서, 즉 말/소리의 경계로서의 그라운드 제로에서 '말을 한다'는 사태를 이해하기 위해, 이곳에서는 정우상鄭遇尙(1911~1950?)의 일본어 소설 〈목소리[聲]〉(1935)를 알레고리적으로 독해하고자 한다.

정우상은 전주 출신으로서 줄곧 그 지역에서 청년운동과 사상운동에 주도적으로 참여하며 검거와 석방을 반복하다 이른바 'ML당재건연구회 사건'으로 수감되기도 한 활동가였다. 그런 그가 3년 6개월여의 수감생활을 마치고, 일본 포스트 프롤레타리아문학의 대표적 잡지인 《분가쿠효론》에 일본어 소설을 발표했다.[313]

사실, 그는 일찍이 12세 경 《매일신보》에 〈무도舞蹈하는 어魚〉라는 동화를 투고해 선외가작選外佳作으로 게재(《매일신보》 1923. 1. 1.)된 후, 《조선문단》,《조선일보》,《동아일보》,《청년》 등에 간간이 시와 소설을 발표한 경력이 있다. 하지만 그의 문필활동은, 그가 전주청년동맹 고산

高山지부에서 '조선 청년의 역사적 사명'이라는 주제로 연설하다 다른 동료 연사와 함께 임석경관에게 연행당한 1928년 여름 이후로는 눈에 띄지 않는다. 이때부터 그는 식민지 치안권력의 요시찰 대상으로 감시받으면서도 청년동맹 활동을 지속하며 예비검속 및 검거와 방면을 반복해 갔다. 그러던 중 1930년 4월 모종의 격문과 관련되어 체포되었고, 이른바 'ML당재건연구회'의 중심 인물로서, 치안유지법 위반으로 기소되어 3년 형을 선고받았다. 특히 서대문형무소에서 대전형무소로 이감되던 중 대전역에 내리자마자 함께 이감되던 이들과 함께 "××××× 만세"를 외치며 '소동'을 일으킴으로써, 다시 보안법 위반죄로 징역 6개월이 추가되기도 했다.[314] 이에 정우상들은 항소심 법정에서 형무소 내 수형자들에 대한 학대행위를 폭로하며 문제제기를 하기도 했으나,[315] 식민지 재판부는 원심과 동일한 형량을 선고하는 것으로 응대할 뿐이었다.

수감생활을 마친 정우상은 고향으로 돌아온 후 《동아일보》의 전주 통신원으로 활동하기도 하는데,[316] 아마도 이 무렵을 전후해 《분가쿠효론》의 현상공모에 〈목소리〉를 투고한 것으로 보인다. 그런가 하면 뒤늦게 일본 유학길에 올라 주오대학中央大學 법과에서 수학했고, 졸업 직전인 1939년 말 고등문관시험 사법과에 합격해 해방 후까지 변호사로 활동하게 된다.[317]

특이한 이력을 가지고 있는 정우상의 소설 〈목소리〉는 몇 가지 점에서 고찰할 만한 가치를 갖는다.

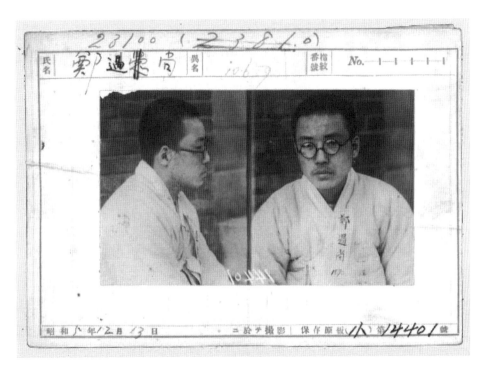

〈그림 29〉
정우상(1930년 12월 13일 서대문형무소 촬영)
일제감시대상인물카드 (국사편찬위원회 전자도서관)

우선, 《분가쿠효론》에 게재된 〈목소리〉는 식민지/제국의 언어 –
법 – 미디어 장 내에서 '식민지문학'의 존재와 그 위상을 알려준다. 일
본프롤레타리아작가동맹(나르프)의 해산과 때를 맞추어, 도쿠나가 스나
오德永直, 와타나베 준조渡辺順三 등 작가동맹 내에서 평론가들의 관료
적 지배에 불만을 품었던 작가들이 탈퇴해 나온 후 새로운 문학운동을
개시하고자 1934년 3월에 창간한 《분가쿠효론》은 일본의 포스트 프롤
레타리아문학 형성의 주요 매체였다. 도쿠나가와 와타나베는 일본프롤
레타리아작가동맹이 정식 해산(1934년 3월)하기 전인 1933년 가을에 탈
퇴원을 제출했고, "지금이야말로 과거의 정치주의적 편향을 극복하고
진정한 프롤레타리아 문학운동으로 재출발해야 한다"는 의견에 공감
하는 이들과 함께 《분가쿠효론》을 창간(1934년 3월)했다. 만주사변과 만
주국 건립 이후 점차 군국주의적 국가 개조가 강화되어 가는 와중에 등
장한 《분가쿠효론》은 명백히 사회주의적 비전 및 프롤레타리아 문학운
동의 "일시적 패퇴"를 반영하고 있다. 합법적 미디어의 경계 안에서
'창작'에 전념하는 방식으로 '문학'운동을 재활성화하려 했으나, 잡지
를 발간하던 나우카ナゥヵ출판사 사장과 직원이 이른바 '군기보호법 위
반'으로 체포됨으로써 1936년 8월호를 마지막으로 더이상 간행되지
못하게 된다.[318]

이 잡지는 특히 조선, 타이완 등 식민지의 프롤레타리아문학을 번
역·소개하거나, 식민지에서 작품을 현상공모한 후 심사를 거쳐 게재하
곤 했다. 정우상의 〈목소리〉 역시 이렇게 투고된 소설이었다는 점에서,
일본에서 프롤레타리아 문학운동 조직이 와해된 후의 프롤레타리아문

학이 식민지문학에 눈을 돌리는 과정을 식민지/제국의 언어 – 법 – 미디어 장 위에서 이해하는 데 하나의 참조점을 제공해 줄 것이다.

또한, 치안유지법과 보안법 위반으로 대전형무소와 서대문형무소 등에 수감되었고 그 과정에서 가혹행위를 당하기도 했던 정우상 자신의 경험과 관찰이 반영되었으리라 짐작되는 〈목소리〉는, 그것이 일본어로 일본 포스트 프롤레타리아문학 매체를 통해 발표되었다는 점에서도 '문화통치'의 한계를 드러내 주지만, 소설의 서사를 통해서도 식민지/제국 언어 – 법 – 미디어 장의 임계지점에서 벌어지는 사태를 탐구하게 해준다. 따라서 〈목소리〉에서 알레고리적 독해를 요청하는 부분에 주목해, '문화통치'에서 '전시총동원 체제'로 전환되는 시기 식민지 민중의 '목소리'가 발화되고 침묵되는 메커니즘을 고찰할 수 있다.

식민 본국 문학장에 들려오는 과거의 '목소리'

정우상의 〈목소리〉는 《분가쿠효론》 1935년 11월호에 게재되었다. 이미 같은 해 5월호에 이북명의 〈초진初陣〉《질소비료공장》)을 실은 바 있는 《분가쿠효론》은 조선과 타이완을 비롯해 제국 일본의 '외지'에서 발표된 프롤레타리아문학을 수용하기도 하고, 현상공모를 통해 새로운 작품을 투고 받은 후 심사를 거쳐 게재하는 등, 이른바 좌파적 성향을 가진 '식민지문학'을 수용·소개하는 매체로서의 기능을 수행하곤 했다. 물론 '식민지문학'은 정치적으로도 미학적으로도 어떤 한계에 봉착한

'내지'에서의 프롤레타리아문학에 새로운 활기를 불어넣기 위한 것이기도 했지만, 만주사변 이후 동아시아에서 패권을 확대해 가고 있던 일본의 제국주의적 팽창노선에 대응해 밑에서 반제국주의적 동아시아의 탈경계적 상호작용을 문화적으로 구축하려는 시도로 볼 수도 있다.

하지만 국어=일본어와 '내지'의 출판시장을 조건으로 하는 이 장場은, 의식적이고 정치적인 의도가 반제국주의적 지향에서 비롯되었다 할지라도, 일본 중심의 문화적 제국주의를 아이러니하게 뒷받침해 주는 효과를 낳기도 했다. 즉 '반제국주의의 제국주의'라는 역설이 작용하는 문화공간으로 귀결되기도 했던 것이다. 이북명의 〈초진〉을 평가한 시마키 겐사쿠의 경우도 그랬지만, 정우상의 〈목소리〉를 심사한 전향 작가 다테노 노부유키立野信之의 관점도 식민지/제국에서의 사회주의문학의 미학적 위계를 전형적으로 보여준다.

장혁주 등을 염두에 둔 듯, 조선 작가들이 "모국어가 아닌 언어", 즉 일본어를 열심히 체득해 빼어난 문학적 형상화에 성공하고 있음을 칭송하면서, 다테노는 특히 정우상의 소설이 가진, "내지 작가보다도 아름다운 격조를 갖춘 문체"를 아주 높이 평가한다.[319] 그렇지만 식민지 조선의 작가들에게 일본어가 단순히 '모국어가 아닌 언어'에 불과한 것일 수 없다는 사실에 대한 의식은 전혀 보이지 않는다. 피식민자 작가가 식민 본국의 언어를 습득해야만 하는 상황에 대해서는 둔감한 채, 오히려 '모국어'가 아니기 때문에, 나중에 의식적으로 학습했기 때문에 보다 정확하게 일본어를 구사할 수 있다는, '천진한' 해석을 덧붙이고 있을 뿐이다. 나아가 그는 형식적인 새로움에만 경도되어 있을 뿐

사상과 주제의 차원에서는 구태의연한 상태에 머물고 있는 당시 내지의 신진 작가들의 "작품 백 개든 천 개든, 단 하나 〈목소리〉의 올바름[正しき]에 필적할 수 없다"[320]고까지 높이 평가하고 있다. 하지만 거꾸로 이 '올바름'은 내지의 신진 작가들의 뒤틀린 "신기新奇"에 결코 필적할 수 없다. 왜냐하면 저 '올바름'은 이미 과거의 것이기 때문이다.

> 하지만 〈목소리〉는 그 주제 장악 방법의 정확함이나 문체의 아름다움에도 불구하고, 읽은 후 어떤 '낡음'이 느껴지는 것은 어찌 된 일일까? 작자가 감격을 가지고―작자는 그 감격이 자기만족이 되지 않도록 필사적으로 억제하고 있고, 바로 거기에서 아름다움과 격조가 느껴진다―쓰고 있음에도 불구하고, 독자에게 그만큼 강한 감격이나 공감을 불러일으킬 수 없는 것은 왜일까? 이 작품이 한 시기 빨리 나왔다면, 사람들은 대단한 감격으로 반겼을 것이다.―라고 누구나가 느꼈을 것임에 틀림없다. 말 그대로, 지금은 조금 시세時勢가 바뀌었다. 이렇게 말하면 시류에 영합하라는 것처럼 들릴지도 모르겠다. 하지만 결코 그렇지 않다. 내가 시세가 다르다고 하는 의미는 〈목소리〉의 주제가 가지고 있는 **'올바름'**―그 영웅주의(그것은 떠올라 있는 것이 아니라, 밑바닥에 가라앉은 것이지만)가 현재에는 이미 시험이 끝났고, 어느새 너무도 **상식**적인 것이 되어 있다고 하는 것이다.[321]

'영웅주의'라고 개념화되는 프롤레타리아문학의 '상식적' 주제가

'겉멋 든' 일본 신예 작가들의 기교로는 범접할 수 없는 '올바름'인 동시에 이제는 돌이킬 수 없는 '낡은 것'임을 지적하는 다테노의 이중적 시각에는 그 자신이 전향 작가라는 사정도 작용하고 있을 것이다. 하지만 밑바닥에 가라앉아 있는 영웅주의까지 끌어올려 〈목소리〉의 '낡은 올바름' 또는 '올바른 낡음'을 대상화하는 태도는, '내지'의 작가들이 식민지문학을 대하는 하나의 스테레오타입을 보여준다.[322] '내지'의 포스트 프롤레타리아문학에게 식민지 조선의 프롤레타리아문학은 자신들의 '과거'와 연결되어 있는 것이었다. 그 과거는 세계 변혁의 이상을 꿈꾸며 고투하던 시절의 건강함과 아름다움을 거칠고 투박한 외피 속에 간직하고 있지만 '전향' 이후의 '시세' 아래에서는 더이상 감격을 불러일으키지 못한다. 요컨대 '식민지 프로문학'은 식민 본국 포스트 프롤레타리아문학의 애도작업Trauerarbeit 속에서 대상으로 구성되었다고 할 수 있다.

'식민지 프로문학'이 이처럼 식민 본국 포스트 프롤레타리아문학의 '과거'로 떠오르게 된 현상은 식민지/제국 언어-법-미디어 표상체제가 지역—식민지인가 식민 본국인가—과 언어—조선어인가 일본어인가—에 따라 불균등한 장을 형성하고 있었음을 알려주기도 한다.

1920년대만 해도 조선인 사회주의자들과 좌파 문학자들은 식민지 검열체제를 벗어난 발신의 장소를 식민 본국에서 찾기도 했는데, 식민 본국에서 오히려 검열의 시선을 어느 정도 피할 수 있었던 것은 일본어 미디어 공간에서 조선어 출판물을 제작한다는 예외성을 노렸기 때문이었다.[323] 이에 반해 조선인 작가의 일본어 텍스트가 식민 본국의 일본어 미디어에 등장할 때에는, 서로 다른 방향에서 다층적으로 규제하는 요인들로 인해 한층 더 뒤틀린 조건에 놓이게 된다. 조선인 작가의 일본어 텍스트는 '내지'의 법률이 정한 사상·풍속 검열을 통과해야 할 뿐만 아니라, 식민 본국의 정치적·문화적 필요에 의해 그들의 문학 장 내에 특정한 장소가 마련될 때에만 식민 본국의 일본어 미디어에 떠오를 수 있었기 때문이다. 이 복잡한 규제 요인들의 작용은, 불황에 빠진 일본 출판시장의 재편과정에서 식민지문학의 상품화 가능성이 주목될 때 《가이조[改造]》의 현상창작 공모를 통해 장혁주가 등장할 수 있었고,[324] 식민지/제국 전 범위에 걸쳐 전시총동원 체제가 성립되는 '내선일체'의 정치공간에서 '조선 붐'과 함께 조선문학의 일본어 번역이 이루어졌던 사실에서 엿볼 수 있다.

이러한 사정은 프롤레타리아문학 진영에서도 마찬가지였다. 예컨대 《분가쿠효론》 '신인 추천호'에 이북명의 〈질소비료공장〉의 일본어 번역본 〈초진〉이 추천·게재된 것은 1935년이다. 이미 7장에서 살펴봤듯이, 식민지의 언어－법－미디어 장에서 금지되었던 〈질소비료공장〉이 식민 본국의 미디어에 일본어로 번역·소개되었다는 사실은 식민 본국의 검열 기준이 식민지에서보다 관대했음을 증명해 주는 사례가 아니었다. 〈질소비료공장〉은 식민지 조선어 언론매체에 발표하자마자 곧바로 삭제되었지만, 첫 발표로부터 3년의 시간이 지체된 후─물론 그동안 이북명은 질소비료공장을 중심으로 노동자의 삶과 죽음을 다룬 여러 소설을 발표하고 있었다─'내지'의 포스트 프롤레타리아문학 잡지에 일본어로는 실릴 수 있었던 것이다. '낡음'의 표찰이 붙여진 채. 요컨대 조선의 프롤레타리아문학은 '내지'의 검열을 거칠 뿐만 아니라, '내지' 문학 장에서 **동시대성을 박탈**당함으로써만 일본어 미디어 공간으로 건너갈 수 있었다고 해도 좋을 것이다. 특히《분가쿠효론》에서 보듯이, 식민지 조선에서 변혁의 비전을 제시하거나 해방운동에 투신하는 삶을 묘사하는 문학은 식민지/제국의 언어 – 법 – 미디어 체제의 불균등한 장에 '뒤늦게' 도착함으로써만, 즉 열정에 가득 찼던 자신들의 아름다웠던 과거를 환기하는 동시에 시간적 거리를 부여함으로써 식민지의 존재, 그리고 (자신들의) 식민지와의 연루관계를 희미하게 만들 때에만 대상으로 떠올랐다고 할 수 있다. 정우상의 〈목소리〉 역시 이러한 식민지/제국의 언어 – 법 – 미디어의 불균등한 장 위에서 읽혀야 할 것이다.

목소리에서 침묵으로

〈목소리〉는, 제목이 암시하는 대로, 식민지의 정치적 '목소리'가 삭제되어 가는 상황을 알레고리적으로 지시하는 소설로 읽을 수 있다. 줄거리를 간략히 정리하면 다음과 같다.

간도에서 사회주의운동을 전개했던 '권權'이라는 남자는 검거되어 신문을 당하는 과정에서 목소리를 잃게 된다. 검열에 의해 부분적으로 삭제되기도 했고, 작가 자신이 검열을 의식해 모호하게 표현하기도 했지만, 일본 경찰의 고문으로 인해 성대가 파열된 결과 말을 할 수 없게 되었다는 상황은 충분히 전달된다. '권' 자신도 경성으로 이송되는 과정에서 목에 이상이 발생한 것을 알아챘지만, 서대문형무소에 온 후 완전히 말을 할 수 없는 상태가 된다.

'권'의 사실상 아내라고 할 수 있는 '순희順熙'는 간도 부농의 딸이었지만 '권'의 길을 따라 운동에 참여하게 되었고, 그로 인해 아버지와 계모로부터 완전히 배척당한다. 그녀는 '권'이 검거되기 전에 먼저 체포되어 임신한 몸으로 경찰의 신문을 당했지만 끝내 비밀을 누설하지 않는다. '권'이 경성으로 이송된 후 그를 따라 경성으로 온 '순희'는 아들 '건식'과 함께 '권'의 면회를 갔다가 그가 말을 할 수 없는 몸이 되었음을 알게 되고 충격을 받는다.

한편 '권'이 수감 중이던 병감病監에는 같은 치안유지법 위반으로 감옥에 온 동향同鄕의 '현玄'이라는 남성이 들어오게 되고 둘은 서로 동지적 관계를 맺는다. '권'은 손가락 끝으로 자신의 손바닥에 글을 쓰면서 그와 대화하는데, 형 만기로 출소하게 된 '현'에게, 자신의 아내를 만나 자신과 헤어져 달라는 메시지를 전달해 줄 것을 부탁한다. 경성으로 온 후 남의집 식모살이를 하며 아들 건식을 양육하고 있던 '순희'는 자신을 찾아온 '현'을 통해 '권'의 상태에 대해 상세하게 알게 되고, 이별을 원하는 '권'의 마음을 이해하면서 고민한다. 그러나 결국 다시 형무소를 찾아 '권'과의 면회를 기다리며 아들을 훌륭히 키우겠다고 약속한다.

표면적으로는 전형적인 '혁명가와 그의 아내' 유형의 서사, 즉 사회주의운동 또는 어떤 의미에서든 사회적·정치적 변혁을 지향하는 활동에 투신한 남성과 그의 동지이자 아내인 여성의 이야기, 특히 남편이 영어의 몸이 되었을 때 여성에게 생활, 육아, 옥바라지 등의 헌신적 수행과 남편에 대한 이념적·감정적 충실성을 기대하는 이야기의 하나처럼 읽힐 수 있다.[325] 그러나 이 소설에서는 변혁운동의 주체인 남성이 목소리를 잃는다는 점이 특이하다. 물론 일제 경찰의 폭력성을 드러내는 부분이기도 하지만, 이 소설에서 '권'은 희생자로서보다는 '(특정) 능력을 상실한 자' 또는 '결함을 가진 자'로 부각되어 있다는 점이 중요하다. 목소리를 잃은 '권'은 자신의 아내 '순희'가 자신을 떠나 주기를 바라고 있는 것이다.

철문을 닫는 무거운 **소리**를 등 뒤로 듣자, 순희는 지금까지 참고 있던 눈물이 한꺼번에 쏟아져 내리는 것을 느꼈다.

그녀는 적어도 집으로 돌아갈 때까지만이라도 울지 말자고 생각하며, 숨을 삼키면서 떨려 오는 두 어깨에 힘을 줬지만, 윗니로 강하게 깨문 아랫입술로 눈물이 흘러들어가 혀끝으로 짠맛이 느껴지는 것이었다.

순희는 아이에게 내준 왼손을 잡아당기면서 큰 길을 향해 발을 옮겼다.

주위에는 사람들의 **발소리**가 분주했고, 때때로 열쇠의 **쇠사슬 소리**나 **사벌 소리**가 둔탁하게 울려왔다. 그녀는 그런 잡음을 뒤로 하며 얼굴을 소매에 묻었다.[326]

소설의 처음은 의미심장하게 '소리'에서 시작한다. 물론 '목소리'는 아니다. 면회를 통해 '권'이 말을 할 수 없는 몸이 되었음을 처음 알고 충격을 받은 '순희'의 귀에는 유난히 소리들이 들려온다. 그러나 이 소리들은 '순희'가 가장 귀 기울여 듣고자 하는 소리, 즉 '권'의 목소리가 사라짐으로써 유난히 커진 소리들이다. '권'은 치안유지법이라는 식민지/제국의 법 경계를 위반한 죄로 신체가 구속되었을 뿐만 아니라 신체의 특정 부위가 손상됨으로써 '정치적 동물'로서의 목소리를 상실하게 되었고, 그의 '불능'을 충격적으로 인지한 '순희'의 귀에는 특히 식민지 권력의 폭력적 통제장치를 상징하는 소리들이 크게 들려온다. '문화통치' 이후 식민지 민중의 목소리는 (의미 있는) '말'을 구성할 수 있게 된 동시에 '말의 자격'을 따지는 다층적 검열을 통과해야 했고, 그 외의 다른 말과 소음들은 식민지/제국의 언어-법-미디어 체제를 보존하는 폭력적 장치들의 더 강력한 소리에 의해 묻히거나 말하는 능력 자체가 제거되어야 했다.

인용문을 통해서도 알 수 있듯이 소설의 전반부 서술은 '순희'에게 초점화되어 있는데, 면회 이후 충격에서 쉽게 벗어나지 못한 '순희'는 '권'과의 간도 시절을 회고하면서 '목소리의 추억'이라고 할 만한 의미심장한 에피소드를 떠올린다. 첫 번째 에피소드는 '순희' 자신이 지하운동에 관여하게 된 후 아버지와 계모로부터 배척당했던 일과 관련되어 있다.

일이 점점 바빠지게 되어, 그녀가 가까스로 밤늦게 돌아왔을 때만 해도, 그녀는 몇 리를 계속 걸어 녹초가 된 힘 빠진 다리를 문 앞까지 질질 끌고 와서 목이 찢어지도록 **고함**을 질렀지만 문은 열리지 않았고, 그럼에도 집 안에서는 보란 듯이 계모의 **기침소리**가 들려오는 것이었다(258쪽, 강조는 인용자).

부인회 활동에서 출발해 점차 은밀한 조직활동에 관여하게 된 '순희'가 부농인 자신의 아버지와 계모로부터 적대적 단절을 처음 경험한 이 상황은, 대문을 사이에 두고 소리가 오고가는 장면으로 제시되어 있다. 목이 터지도록 한껏 외치는 '순희'의 고함소리는 아버지와 계모에게 가 닿지 않고, 계모의 기침소리는 자신의 존재를 문밖까지 알려온다. 이 단절과 배척의 경험을 떠올리면서 목소리를 상실한 '권'의 처지를 공감하는 '순희'의 회상은, '권'의 '불능'이 단순히 물리적인 장애만을 지시하는 것이 아님을 상상하게 해준다. 기침소리는 담을 넘어와도 고함소리는 담을 넘어갈 수 없었던 상황에서, '순희'의 목소리에 응답한 것은 '권'이었기 때문이다.

두 번째 에피소드는 '권'과 관련된 것인데, 여기서 '권'은 '순희'의 고함소리가 넘어가지 못했던 담을 실제로 넘어간다. 위험한 일이 있으니 집에 있으라는 상부의 지시를 받고 자신의 방에서 깨어 어둠을 응시하고 있던 '순희'의 집으로 몇 명인가가 담을 넘어온 것이다.

아버지의 방 창이 발소리를 향해 열리고선 〈누구냐〉 하고 떨리는 아버지의 목소리가 어둠에 울렸고, 발소리는 조용히 창 앞에 멈춰

섰다. 계속해서 조용한, 그러나 저력 있는 말이나 아버지의 대답을 확실히 들을 수는 없었지만, 순희는 말할 수 없는 흥분으로 전신이 와들와들 떨리는 것을 느꼈다.

잠시 후 발소리는 아버지의 방 안으로 들어갔고, 아버지와 어머니의 외치는 소리가 처음에는 크게, 그리고는 손으로 틀어막힌 듯이 점점 작게 들려왔다.

"선언한다. 이 차용증서는 오늘 밤 네 앞에서 태운다!"

순희는 흠칫했다. 그것은 **권의 목소리**였다(258쪽, 강조는 인용자).

그 지역 유일의 부농인 '순희' 아버지의 집을 습격한 무리는 차용증서를 불태워 누군가의 빚을 말소시켰다. 이때 '순희'는 채권의 무효화를 '선언'하는 목소리를 통해 '권'을 식별한다. 이 선언하는 목소리는 단지 누군가의 부채를 탕감해 줄 것을 강요하는 위협의 목소리라기보다, 사적 소유를 정당한 권리로 보장하는 법질서가 붕괴된 이후의 어떤 미래를 수행해 가는 목소리이다. 선언의 목소리는 아직 오지 않은 '다른 세계'를 지금–이곳에 불러온다. 그 '다른 세계'가 사회주의 혁명의 비전 또는 역사발전의 '필연성'에 대한 신념 속에서 예감되는 것이라면, '권'의 선언하는 목소리는 '역사의 목소리'에 다름 아니라고 할 수 있다. 자기 계급의 적대자가 된 딸 '순희'는 이미 문밖의 세계를 선택했으니, 집 안까지 침투해 들어온 '역사의 목소리'를 따라가는 것은 필연이다.

한편 소설의 후반부 서술은, '권'의 이별의 메시지를 전달하기 위해 '순희'를 찾아온 '현'에게 초점화되어, 그가 병감에 가게 된 후의 '권'

과의 에피소드 및 '권'이 목소리를 잃게 된 사정을 제시하고 있다. 같은 간도 출신에 치안유지법 위반으로 수감되었다는 사실이 이 둘을 금세 동지적 관계로 묶어 주기도 하지만, '현'의 존재는 감옥 안에서의 '권'의 상황을—'순희'에게뿐만 아니라—독자에게 전달하는 역할을 수행하고 있다는 점에서 주목된다.

선언하는 목소리에서 가장 극점에 도달했던 '권'의 목소리는 감옥 안에서 더는 들리지 않는다. 그는 이제 자신의 손바닥에 손가락으로 글자를 써서 '현'과 소통할 수 있을 뿐이다. 그는 다만 소리 없는 문자를 통해 세계와 접속할 방법을 찾는다. 흥미롭게도 그는 감옥에서《속수국어독본速修國語讀本》을 읽으며 일본어를 공부한다. 또한 '현'이 〈깨쳐가는 역사開け行く歷史〉[327]라는 혁명가를 흥얼거리자 예외적으로 눈을 빛내며 그 가사를 세탁비누에 바늘로 새겨 넣는다.

그는 신문과정에서 끝까지 비밀을 털어놓지 않았고, 그 결과 일제 경찰의 고문 끝에 목소리를 잃게 된 것으로 암시되어 있다.[328] 그는 말하고자 하지 않았고, 그러자 식민지의 치안권력은 그를 말할 수 없게 만들었다. 가혹행위를 당한 당시에는 목에 극심한 통증이 있었지만, 적어도 그가 경성의 감옥으로 이송될 때까지 약 6개월 동안은 눈에 띄는 이상증세가 나타나지 않았다. 그의 '불능'이 돌이킬 수 없는 상태로 된 것은, 그가 '간도間島'라는 틈새 공간에서 식민지 수도 경성의 감옥으로 옮겨져 그 안에 감금된 때부터였다. 일본어를 모르는 그가 발음 공부를 하던 어느 날, 내고자 하는 소리는 나지 않고 "목구멍에서 증기가 새어 나오는 것 같은 숨소리"(265쪽)만 들려온 이후 말을 할 수 없게 된 것이다.

그런데 의미심장하게도, 그가 '불능'의 몸이 되는 순간이 그가 일본어 '불능'이라는 사실과 중첩된다. 갑자기 목소리가 나지 않게 된 그가 독방 감옥의 알림종을 울려 간수를 불렀지만,

"뭐야?"

간수가 한 손으로 철컥하고 알림기를 다시 누르면서 감시창을 열었다. 하지만 권이 다만 입을 우물우물한 채 아무 말도 하지 않는 것을 보자,

"아, 너는 내지어를 못했지. 어이, 36호!" 하고 통역을 시키기 위해 잡역부를 부르는 것이었다.

"뭡니까?"

"사람을 불러놓고 왜 아무말도 하지 않는 거냐. 바보같이."

"어이, 바쁘단 말이다. 무슨 일이냐고 묻고 있잖아!"

잡역부와 간수가 번갈아 가면서 이렇게 말하는 것을 듣고, 거의 울어버릴 것 같은 기분이 되어 입 앞에서 연신 손을 흔들어 보였다 (265~266쪽).

목소리의 상실이 말을 할 수 없는 상태와 일본어를 할 수 없는 상태가 구별되지 않는 순간과 함께 제시되어 있다. 이곳에 등장하는 세 인물, 즉 '권'과 '잡역부'와 '간수'는 서로 다른 층위에 서 있다. '간수'는 일본어를 말할 수 있지만 조선어는 말할 수 없는 자, '잡역부'는 일본

어와 조선어를 모두 말할 수 있는 자, '권'은 일체의 말을 할 수 없는 자이다. '권'을 추궁하는 저 둘은 '일본어 또는 조선어'의 세계에 서 있다. 이 세계에서는 당연히 일본어가 권력을 갖고 있어서 조선어를 말할 수 없어도, 아니 어쩌면 조선어를 말할 수 없을수록 권력을 행사할 수 있다. 이 권력의 언어는 발신 전용이어서 Yes/No의 회신 이외의 다른 응답에는 관심이 없다. 한편 일본어와 조선어를 모두 말할 수 있는 자는, 언어 능력에 있어서는 가장 탁월한 자이지만 권력관계에서는 명령의 수행을 매개하는 기술자 역할에 머문다. 이러한 권력관계를 포함해 '일본어 또는 조선어'의 세계는 말 그대로 일본어 아니면 조선어로만 가득 찬 세계이다. 이곳에 나타난 '일체의 말을 할 수 없는 자'는 '일본어 또는 조선어'의 세계가 가정하지 않는 **침묵**의 세계를 대표한다.

이를테면 목소리를 박탈당한 '권'은 그가 간도에서 어둠 속을 잠행하며 눈에 띄지 않게 활동했던 저 언더그라운드의 세계를 자신의 신체 내부에 기입하게 되었다고 해도 좋을 것이다. 말하지 않으려 하자 말을 할 수 없게 만든 권력, 침묵 속에서 움직이는 신체를 침묵상태로 몰아넣은 권력은, 식민지/제국의 언어−법−미디어 체제를 구축한 권력이다. 이곳에서 목소리를 박탈당하고 침묵의 세계로 내몰린 자, 즉 저 언어−법−미디어 체제 바깥으로 구축된 자는—체제 안의 바깥인—감옥에서 '일본어'와 '혁명가'를 문자로 새긴다. 한쪽은 지배의 언어, 다른 한쪽은 해방의 노래. 언더그라운드는 두 극단이 다른 관계를 형성할 수도 있는 곳이다. 음성 없이 고요히 새기는 문자는 식별가능한 목소리 없이 서로를 연결할 수도 있기 때문이다.

'불능'의 신체, 미디어가 되는 신체

식민지/제국의 치안권력이 신문과 고문을 통해 얻고자 했던 '말'을 건네지 않았기에 '권'은 목소리를 잃고 침묵의 영역으로 던져졌다. 그 권력이 얻고자 했던 '말'이란 '권'들의 운동을 식민지/제국의 언어-법-미디어 체제 속에서 이해가능한 형태로 가시화하는 지표에 다름 아니었다. 그러나 이 '말'을 얻어 내지 못하더라도 '권'은 치안유지법을 위반한 사상범으로 분류되고 의미화되어 식민지/제국의 언어-법-미디어 체제에 등재되고, 신체 구속상태에 처해진다. 그리고 그 말해지지 않은 것들은 언어-법-미디어 체제의 언더그라운드로 가라앉는다.

　간도에서 임신한 상태로 경찰의 신문을 당하면서 '순희' 역시 그 '말'을 건네지 않았다. 취조실에서 '순희'가 유일하게 말한 것은 아기의 친부가 '권'이라는 사실이었다. 그러자 '순희'는 '권의 아내'로, '권의 아내'만으로 약호화되어 '권'이 있는 곳을 실토하라고 추궁당한다. 소설에서도 임신 후의 '순희'는 '권'과의 사적인 관계에 의해서만 표상되는 것으로 보인다. 비록 주도적인 형태는 아니었지만 자기 계급의 적이 되기를 결단하고 운동에 참여한 동지에서, '권의 아내'라는 부차적인 지위로 점차 축소되어 간다. '순희'가 경성으로 와 남의집 식모살이를 하고 있는 것도 "남편으로서 권에 대한 절개를 지키고자"(260쪽) 하는 마음에서 비롯된 것이고, 목소리를 잃은 '권'을 면회하고 절망에 사로잡힌 것도 "언젠가는 함께 하리라던 남편과의 즐거운 생활에 대한 희망"(260쪽)이 배반당했기 때문이다. '불능'상태가 된 '권'이 헤어지기를 원한다는 말을 듣고 "놀라는 동시에 마음 한구석에서는 무거운 짐을 내려놓은 것 같이 마음이 가벼워지는 것"(268쪽)을 느꼈던 '순희'는, 그러나 '권'이 '불능'상태이기 때문에 오히려 생활과 육아와 옥바라지의 의지를 다지게 된다.

'순희'의 사회적 존재가 '권의 아내'로 축소되는 양상은 〈목소리〉의 젠더 정치적 한계를 명백히 드러내고 있지만, '권'과 '순희'와 '현'이 연결되는 전체 관계에 주목할 때, '불능'의 알레고리는 다른 해석가능성을 개시한다. 단적으로, 〈목소리〉의 '순희'와 '현'은 '권'의 '불능'에 접속되어 있는 것이다. 목소리 기관을 상실한 신체의 '불능'은 그 능력을 대체하거나 보충할 다른 신체−기계와의 결합을 추구하게 만든다. '불능'은 단순한 공백이나 부재가 아니며, 오히려 다른 신체−기계와의 접속을 통해 개인−자아라는 경계의 허구성을 환기하고 서로가 서로에게 미디어가 되는 집단적 신체의 형성 계기로서 기능한다. '현'은 말을 하지 못하는 '권'의 말이 되어 '순희'와 연결되고, '순희'는 "목소리 없는 말"(269쪽)에 귀 기울이며 '권'과 생활세계를 잇고, '권'은 "강한 두 팔과 다른 사람에게 꿀리지 않는 몸"(266쪽)으로 접속될 세계를 기대한다.

'순희'와 '현'은 이렇게 '권'에 접속된 신체−기계처럼 기능하는 동시에, '문화통치'가 뚜렷하게 한계를 드러내고 조선 민중의 정치적 잠재력이 언더그라운드로 가라앉아 가던 시기 언어−법−미디어 장의 경계에서 형성되던 복수複數의 움직임을 알레고리적으로 지시하기도 한다. 그 움직임 중 하나가 언더그라운드에서 '침묵'의 잠재력으로 존재하며 종종 식민지/제국의 언어–법–미디어 체제에 그 삭제의 흔적을 남기는 운동이라면, 다른 하나는 저 체제의 경계를 오가며 형성되는 식민지 일상의 운동이라고 할 수 있다. '권'의 '불능'을 통해 연결된 집단적 신체에서 '현'과 '순희'는 이 운동의 두 방향을 각각 지시하고 있는 것으로 보인다. 이 두 방향의 운동은 어쩌면 언더그라운드에서 다른 관계를 형성할 수도 있는 '혁명가'와 '일본어'의 세계에 상응하는 것은 아닐까. 물론 이 두 방향의 운동 중 〈목소리〉의 서사 내에서 '약속'의 형태로나마 가시화되는 것은 일상과 생활로 이어지는 '순희'의 운동뿐이다. 소설 〈목소리〉는 식민 본국의 포스트 프롤레타리아문학 장에 떠오름으로써, '순희' 쪽의 방향에서, '일본어'의 세계에서, 저 언어–법–미디어 장의 경계를 오가는 운동 자체를 지시하고 있는 것이 아닐까. 그 과정에서 상처 입은 '불능'의 흔적과 함께.

식민 본국의 포스트 프롤레타리아문학은 식민지문학을 '과거화'하는 방식으로 자신들의 문학 장에 식민지의 자리를 마련하고자 했다. 식민지/제국의 언어–법–미디어 체제 위에서 형성될 수 있었던 그들의 문학 장은 일본의 '사회주의문학'이 가질 수 있었던 '제국적 성격'의 일단을 드러내기도 한다. 이곳에서 과거화된 식민지문학은 상실된 목소리처럼 '불능'의 표식을 단 채 대상화된다. '영웅주의'가 되었든 계급투쟁의 묘사가 되었든, 식민지문학이 가진 '고귀한 야만'의 목소리는 식민 본국 포스트 프롤레타리아문학 장의 현재에 가 닿지 못한다. 그런 점에서 〈목소리〉는, 상실된 목소리를 통해 식민지문학의 '불능'의 자리를 고지告知하는 텍스트라고 할 수 있다. 그러나 식민지/제국의 언어-법-미디어 체제 내에서는 이 '불능'의 자리를 거점으로 다수의 신체-기계가 접속하며 집단적 신체가 증식해 가는 운동 자체는 고지될 수 없었다. 따라서 '권'들은 물론, '순희'들과 '현'들의 운동이 만나고 헤어지는 방식을 이해하기 위해서는 서사가 종결된 이후로 눈과 마음을 돌릴 필요가 있을 것이다.

주

1) 사카구치 안고, 〈일본문화사관〉, 최정아 옮김, 《사카구치 안고 산문집》, 지식을 만드는지식, 2014, 53~54쪽. 번역 일부 수정.

2) 같은 책, 55쪽.

3) Saidiya Hartman, "Venus in Two Acts", *Small Axe*, No. 26, June 2008, p. 4.

4) 한설야, 〈과도기〉, 《조선지광》 1929. 4, 170~172쪽.

5) 같은 글, 184쪽.

6) '식민지/제국'이라는 용어는 이 연구에서 방법적·인식론적으로 중요한 의미를 갖는다. 식민지/제국은 일차적으로 19세기 말에서 20세기 중반까지의 제국주의 시대의 일본, 즉 아시아의 주변 지역들을 식민화하고 전쟁을 통해 다인종·다민족의 제국적 질서를 구축하고자 한 시기의 일본을 지칭한다. 따라서 구식민지 질서가 붕괴되고 국민−국가 체제가 일반화된 2차 세계대전 종전 이후의 일본과 달리 '식민지/제국 일본'은 식민 본국, 즉 '내지'로서의 일본과 조선, 타이완, 만주국, 중국 점령 지역, 남양군도 등 '외지'를 모두 포함한 세계를 지칭한다. 주의할 것은 일본 열도로 국한되는 민족적·지역적 단위로서의 일본 역시 '식민지/제국 일본'을 구성하는 한 부분이라는 점이다. 이 시기의 일본을 지칭하기 위해 식민지와 제국을 하나의 용어로 결합한 것은, 제국 일본이 식민지를 필수적으로 수반할 때에

만 유지될 수 있는 정치적·경제적 단위였기 때문이다. 즉 식민지/제국이라는 용어는 제국이 존재하기 위해 필연적으로 식민지의 존재가 선행해야 한다는 의미를 내포한다. 더욱이 타 지역에 대한 경제적·정치적·군사적 침략과 점령의 측면보다는 그 침략과 점령이 지속성을 가지며 특정한 제도를 (재)형성해 간 측면을 중요한 분석 대상으로 삼고 있기에 '일제[일본 제국주의]'라는 용어보다 식민지/제국이라는 용어를 사용한다. 가운데의 빗금은 당연히 식민지가 제국 내로 완전히 통합되거나 흡수될 수 없는 존재임을 암시한다.

7) 이 책의 전체 서술을 통해서도 드러나리라 생각되지만, 어떤 역사적 전환—이를테면 '근대', '식민지', '분단', '냉전' 등—의 발생을 특정한 연대기적 시점으로 확정하거나 전환의 원인과 결과를 선형적線形的 시간 위에 불가역적으로 배치하는 '기원origin'의 개념에서 벗어나기 위해 이 책에서는 '원천Ursprung'이라는 개념을 선택한다. '원천'은 마르크스가 '자본의 본원적 축적ursprüngliche Akkumulation des Kapitals' 개념에서 표현하고자 했던 것처럼, 특정 시점의 특정 사건으로 환원할 수 없는 (자본주의적) 관계의 (재)생산의 근원적 동력을 지시한다. 이후 벤야민은 이 개념을 이어받아 관계 (재)생산의 반복성·사후성事後性·사건성을 보다 명확히 하고자 했다. 근본적으로 동일한 맥락에서, '식민주의적 축적의 원천'이라는 말로 지시하고자 하는 것은 식민주의적 관계를 반복적으로 (재)생산하는 근원적 동력이다. 이 동력이 근원적인 이유는 식민주의적 통치의 최전선, 즉 통치가능성과 불가능성의 경계에서 매순간 새롭게 식민주의적 관계를 (재)**생산해야 하기** 때문이며, 따라서 식민주의의 안과 밖이 길항하는 역동적 과정에서 식민주의적 통치성의 비밀을 드러내기 때문이다. 이 책에서 흥남을 주목하는 이유는, 흥남이 바로 이처럼 식민주의적 관계가 부단히 (재)생산되는 하나의 범례적 장소인 동시에 식민주의적 통치의 성공과 실패의 경계이기 때문이다. 이후 3장과 4장에서 좀 더 상세히 서술되겠지만, 이 책에서 사용하는 '그라운드 제로'라는 표현도 이와 관련되어 있다.

8) 河原宏, 《昭和政治思想研究》, 早稲田大学出版部, 1979, 58쪽; Hiromi Mizuno, *Science for the Empire: Scientific Nationalism in Modern Japan* (Stanford: Stanford University Press, 2009), p. 51 참조.

9) 노구치는 도쿄제국대학 전기공학과, 닛산日産의 아유카와 요시스케鮎川義介 (1880~1967)는 도쿄제국대학 기계과, 리켄理研의 오코우치 마사토시大河內正敏 (1878~1952)는 도쿄제국대학 조병학과造兵學科를 졸업했고, 닛소콘체른日曹コンツェルン의 나카노 토모노리中野友禮(1887~1965)는 교토제국대학 이학부 조수를 역임한 바 있다. 기술자=자본가라는 새로운 존재의 등장은, 1930년대 중반 이후 식민지/제국 체제 내부에서 발생한 과학 개념의 변형("'문화과학'에서 '자연과학'으로") 및 그러한 변형을 이끈 '시국적' 상황과 뗄 수 없이 결합되어 있다. 특히 '주식회사'의 형태는 전시체제기의 '과학주의 공업'이 표방하고 있던 '반反이윤의 공적(국가적) 기업'이라는 모델과 이어질 수 있었다. 실제로 노구치는 "영리를 위주로 하지 말고 국가적 견지에서 사업 경영을 할 것"을 신조로 가지고 있었다고 전해지기도 한다. 栗原彬, 〈水俣病という身体: 風景のざわめきの政治学〉, 《内破する知: 身体·言葉·権力を編みなおす》, 東京大学出版会, 2000, 34쪽.

10) 姜在彦 編, 《朝鮮における日窒コンツェルン》, 不二出版, 1985, 83쪽.

11) 이하 노구치 시타가우의 경력 및 일본질소의 사업 확장과정과 관련된 정보는 주로 일본질소의 사사社史인 《日本窒素肥料事業大觀》, 日本窒素肥料株式會社, 1937; 《風雪の百年: チッソ株式会社史》, チッソ株式会社, 2011 등 참조. 참고로 '짓소チッソ[窒素]'란, 전후의 대표적 공해병인 미나마타병을 발생시킨 기업으로서의 이미지를 쇄신하기 위해 1965년에 개칭한 일본질소의 현 회사명이다.

12) 예컨대 조선의 경우만 보더라도, 질소비료 생산과 총독부의 '산미증식계획', 중일전쟁과 '폭약' 생산, 태평양전쟁과 '대체석유' 생산 등에서 국가와 자본 사이의 서로 분리할 수 없는 연동관계를 확인할 수 있다.

13) 《風雪の百年: チッソ株式会社史》, 39쪽.

14) 독일의 화학자이자 기술자인 아돌프 프랑크Adolf Frank와 니코뎀 카로Nikodem Caro는 1895~1899년경 대기 중의 질소와 카바이드를 결합해 석회질소를 얻는 새로운 방법을 발명함으로써 이후 화학비료 대량생산의 길을 열었는데, 이 방법을 '프랑크·카로식 공정Frank-Caro Process'이라 칭한다. 한편 니코뎀 카로는, 이른바 '화학병기의 아버지'라 불리는 프리츠 하버Fritz Haber와 함께 1차 세계대전 중 독일군이 사용한 독가스 무기 생산에 관여한 것으로 알려져 있다.

15) 프리츠 하버와 칼 보슈, 그리고 그들의 기술적 발명에 대한 보다 상세한 소개는 토머스 헤이거, 홍경탁 옮김, 《공기의 연금술》, 반니, 2015 참조.

16) 小林英夫, 〈1930年代日本窒素肥料株式会社の朝鮮の進出について〉, 山田秀雄 編, 《植民地経済史の諸問題》, アジア経済研究所, 1973, 149~150쪽.

17) 구보타 유타카는 도쿄제국대학 토목공학과 출신으로 노구치와 함께 일본질소 콘체른의 댐 공사를 주도한 인물이다. 압록강 수전과 흥남공장 전력 공급체제 구축을 주도한 인물로서 조선전업朝鮮電業 사장을 역임했고, 세계 최대 규모의 수풍댐을 건설한 책임자이기도 하다.

18) 《日本窒素肥料事業大觀》, 466쪽.

19) 《風雪の百年: チッソ株式会社史》, 71쪽.

20) 일본질소가 공장부지를 물색하고 있을 때 해당 각 지역(특히 함흥과 신흥 지역)의 유력자들(일본인 포함)이 경쟁적으로 벌인 유치운동에 대해서는 양지혜, 〈일제하 일본질소비료㈜의 흥남 건설과 지역사회〉, 한양대 대학원 박사논문, 2020, 42~118쪽 참조.

21) 鴨居悠, 《野口遵》, 東晃社, 1943, 170쪽. 강조는 인용자.

22) 그러나 이곳이 '미개의 처녀지'가 아니라는 사실은 일본질소 측도 의식하고 있었던 것으로 보인다. 200여 호의 선주민이 반농반어로 생활하고 있던 마을을 "선인鮮人 가옥 이, 삼십 호가 있을 뿐인 한촌寒村으로, 숙박할 집도 없고 마실 물도 없는 불편한 땅"으로 애써 축소하고 있기 때문이다. 《日本窒素肥料事業大觀》, 476쪽.

23) 〈함흥질소회사와 해면민該面民과의 알력軋轢〉, 《중외일보》 1927. 6. 4; 〈함흥질소 공장 부지문제 진상〉, 《동아일보》 1927. 6. 14~18; 〈주택 철훼撤毁 안한다고 백 여 주민을 또 검거〉, 《동아일보》 1927. 8. 21; 〈위대한 자벌資閥과 관력官力〉, 《동 아일보》 1927. 8. 27; 〈곤경에 빠진 구룡리 천팔백 주민의 읍소〉, 《매일신보》 1928. 11. 26; 양지혜, 앞의 논문, 67~69쪽 참조.

공장 부지 선주민들의 '추방'과 관련해서는 식민주의적 축적과 생태환경의 문제 를 다루는 4장에서 좀 더 상세히 서술한다.

24) 흥남공장 자체도 이후 1931년까지 두 차례 더 확장 공사를 하게 되고, 1929년 인 근의 본궁本宮, 내호리內湖里 등의 토지 11만 7,000평을 추가로 구입해 공장을 건 설하기도 하는 등, 일본질소는 북선 지역에서 꾸준히 개발 영역을 넓혀 간다.

25) 전상숙, 〈우가키 총독의 내선융화 이데올로기와 농공병진 정책〉, 《현상과 인식》 34권 4호, 2010 참조.

26) 姜在彦 編, 앞의 책, 98~100쪽.

27) 손정목, 〈일제하 화학공업도시 흥남에 관한 연구 (상)〉, 204~206쪽 참조.

28) 동력, 원료, 생산수단, 유통기구의 긴밀한 연결로 이루어진 이 새로운 '지도'의 효 과는 강력한 것이어서, 오늘날에도 흥남은 질소비료공장, 비날론공장을 비롯해 북한 화학공업의 중심지로 남아 있다.

29) 특히 1929년 세계대공황으로 실업사태가 극심해질 무렵 조업을 시작한 흥남 비료 공장 주변에는 늘 일자리를 구하기 위해 찾아오는 다양한 지역 출신의 실업자 집 단이 맴돌았다. 〈직공 50명 모집에 응모자 2천여 명〉, 《동아일보》 1931. 6. 19; 〈인부 80 채용에 2천여 명이 쇄도〉, 《조선일보》 1931. 6. 20; 〈朝窒 직공모집 응모 6배 초과〉, 《동아일보》 1933. 4. 9 등 참조. 취업 희망자들의 쇄도가 계속 이어지 자 질소비료공장에서는 "본 공장에는 이미 있는 직공도 정원을 초과할 지경이니 먼 지방에서는 본 공장을 상대로 구직하러 오는 이 없도록 일반은 주의하라"는 공 고문을 공장 앞 게시판에 붙여 놓을 정도였다. 〈〈각지 노동자여 예는 오지 마라〉

홍남 조질회사의 게시〉,《조선일보》1932. 1. 19.

30) 《風雪の百年》, 518~531, 562~569쪽을 참조해 정리.

31) 미셸 푸코, 이상길 옮김,《헤테로토피아》, 문학과지성사, 2014, 24쪽.

32) 푸코가 말하는 헤테로토피아로서의 식민지의 전형적 사례를 동아시아 근대사에
서 찾는다면 아마도 만주국이 그에 해당될 것이다.

33) 김항, 〈식민지배와 민족국가/자본주의의 본원적 축적에 대하여:《만세전》재독
해〉,《대동문화연구》제82집, 성균관대학교 대동문화연구원, 2013, 17, 19, 20쪽
참조. 김항은 한반도의 인민이 국민국가와 자본주의라는 두 체제에 등기되(지 못
하)는 과정, 즉 '난민화'되고 '노동력화'되는 과정에 주목함으로써 '식민지배의
본원적 축적'의 문제를 입체적으로 부각시킨다.

34) '본원적 축적' 개념에 대해서는 홍남과 미나마타의 역사적 – 생태적 연쇄를 다루
는 4장에서 다시 상론한다.

35) 대한제국 시대까지 함흥군 동운전東雲田과 서운전西雲田으로 나뉘어 있던 두 면面
은 식민지화된 후 총독부에 의해 운전면雲田面으로 통합(1914)되었고, 조선질소 공
장이 건설된 후인 1930년 9월에 운전면 중 조선질소공장과 사택 등이 들어선 복
흥리復興里, 호남리湖南里 등을 하나의 면으로 통합·분리시키면서 정식 행정구역
으로서의 '홍남'이 탄생했다. '홍남'이라는 지명은 복흥, 호남을 조합해 정한 것으
로 보인다. 조선질소 홍남공장 설립 초기부터 직원이었던 미야가와 히로宮川門의
회고에 따르면, 당시 도회道會 의원이자 조선질소 촉탁이었던 유병의劉炳義의 제
안으로 복흥리의 '흥'과 호남리의 '남'을 취해 명칭을 정하게 되었다고 한다. 宮川
門, 〈興南命名の由来〉,《日本窒素史への証言》第21集, 1984. 2, 106쪽 참조.

36) 〈홍남읍 초년 예산 26만여 원〉,《동아일보》1932. 2. 19 참조.

37) 〈홍남에도 경찰서〉,《조선일보》1931. 1. 28 참조. 덧붙이자면, 조선질소 홍남공장
에서 노동자로 근무하다 제2차 태평양노동조합 사건으로 투옥된 바 있는 이소가
야 스에지礒谷季次는 홍남경찰서 건물이 공장 사택과 같은 재료로 지어져 "공장의

부속물로 지어진 듯한 인상"을 주었다고 회고한다. 이소가야 스에지, 김계일 옮김, 《우리 청춘의 조선》, 사계절, 1988, 105쪽.

38) 손정목, 〈일제하 화학공업도시 흥남에 관한 연구 (하)〉, 《한국학보》 제16권 3호, 1990, 167쪽 참조.

39) 손정목은 "한 개 또는 두 개의 기업이 그 도시의 경제 면은 물론이고 행정·문화·사회 전반에 점하는 비중이 커서 가히 그 기업 때문에 도시가 유지·관리되는, 그러한 도시"를 '기업도시'라고 명명하고 있다. 손정목, 〈일제하 화학공업도시 흥남에 관한 연구 (상)〉, 《한국학보》 제16권 2호, 1990, 195쪽 참조.

40) 이 글에서 '삶의 형식'이란 역사적으로 형성된 법적·제도적 제약과 경제적·정치적·문화적인 장치들이 삶을 특정한 방식으로 구성하는 방식을 포괄적으로 지칭한다. 따라서 삶이 그것의 형태와 분리되지 않은 상태, 삶의 잠재성이 고갈되지 않은 국면을 지시하기 위해 아감벤이 사용하는 '삶-의-형태forma-di-vita'와는 구별된다. 아감벤의 '삶-의-형태' 개념에 대해서는 조르조 아감벤, 김상운·양창렬 옮김, 《목적 없는 수단》, 난장, 2009, 13~23쪽 참조.

41) 공장부지를 마련하는 과정에서도 그랬듯이, 공장을 중심으로 흥남 도시개발을 추진하는 과정에서도 행정 당국은 철저하게 일본질소의 이해를 대변했다. 예컨대 흥남 도시개발을 위한 부지를 확보하는 과정에서 행정 당국은 해당 지역의 지주들에게 일정 비율의 토지를 '기부'하도록 강요했고, 기부를 거부하는 지주에게는 거액의 수익세를 지불하게 하는 압박을 가하기도 했다. 〈대지垈地 기부가 문제〉, 《조선일보》 1931. 3. 29. 또한 흥남 지역에 화약공장을 신설하기 위해 약 50만 평의 부지를 확보하려 할 때도 흥남경찰서장이 직접 지주들을 설득하기도 하고, 토지 매도에 불응하는 지주에게는 토지수용령을 적용하겠다는 위협을 가하기도 했다. 〈흥남 화학공장 용지 매수교섭의 좌절〉, 《조선일보》 1934. 12. 7; 〈흥남 화약공장 기지매수 발표〉, 《조선일보》 1935. 2. 3 등 참조.

42) 〈흥남을 읍으로 승격〉, 《동아일보》 1931. 9. 18.

43) 栗原 彬, 앞의 글, 28쪽. 뒤에서 검토하겠지만, 공간과 생명에 대한 이와 같은 방식의 장악이 '미나마타병이 존재하는 세계'를 만들어 낸다.

44) '태양 없는 거리'라는 표현은, 일본 프롤레타리아 작가 도쿠나가 스나오德永直가 자신의 경험에 기초해 인쇄공들의 파업투쟁을 다룬 대표작 《태양 없는 거리太陽のない街》(1929)에서 가져온 것인데, 1930년대 조선의 신문·잡지 등에서도 공장지대 또는 노동자 밀집 지역을 지칭하는 비유어로 빈번히 사용되곤 했다.

45) 무제한적 자연착취의 필연적 부산물로서 쓰레기가 된 자연이 행한 극단적 보복 중 하나는, 패전과 함께 미나마타水俁로 돌아간 '일본질소' 공장 주변에서 발생한 미나마타병일 것이다. 이와 관련해서는 이 책의 4장에서 보다 상세히 다룬다.

46) 南滿洲鐵道株式會社經濟調査會, 《朝鮮人勞働者一般事情》, 南滿洲鐵道株式會社, 1933, 69쪽.

47) 일본질소의 기업 내부자료를 분석해 임금 및 승진 체계상의 민족차별의 실상을 상세히 밝힌 것으로 양지혜, 〈전시체제기 일본질소 흥남비료공장의 임금규정과 '민족 문제'〉, 《사학연구》 127집, 2017; 선재원, 〈일본질소의 임금제도〉, 《사총》 93집, 2018 참조.

48) 姜在彦 編, 앞의 책, 73쪽. 물론 소수의 예외는 어디에나 존재한다. 전쟁 막바지 징병으로 인해 일본인 노동자들 수가 대폭 감소했을 때, 조선인 직공들이 공장 내의 책임 있는 지위까지 승진하기도 했다. 선재원, 위의 글, 262~263쪽 참조.

49) 곽건홍, 〈1930년대 초반 조선질소비료공장노동자조직운동〉, 《역사연구》 제4호, 역사학연구소, 1995; 최규진, 〈'콤뮤니스트 그룹'과 태평양노동조합 계열의 노동운동 방침〉, 《역사연구》 제5호, 역사학연구소, 1997 등 참조. 이와 관련해서는 이 책 5장과 8장에서 보다 상세히 다룬다.

50) 岡本達明·松崎次夫 編, 《聞書水俁民衆史》 第五卷, 草風館, 1990, 148쪽.

51) 李兆鳴[李北鳴]의 오식 – 인용자], 〈初陣〉, 《文學評論》 1935. 5. 臨時增刊新人推薦号, 2쪽. 〈初陣〉은 1932년 5월 29일 《조선일보》에 연재를 시작하고 이틀만에 게재 금

지된 〈질소비료공장〉이 일본어로 번역되어 일본 내지에서 발표된 것이다. 남원진이 엮은 《이북명소설선집》(현대문학, 2010)에는 1958년 북한에서 발표된 개작본이 실려 있다. 1930년대의 경험적 지평을 이해하기 위해 이 글에서는 1935년의 일본어판을 주 텍스트로 삼는다.

52) 흥남공장지대를 배경으로 하는 그의 소설들은 거의 대부분 '소음'(소리)과 '악취'로 시작한다. 〈질소비료공장〉 이외에 〈암모니아 탕크〉(《비판》 1932. 9), 〈기초공사장〉(《신계단》 1932. 11), 〈인테리〉(《비판》 1932. 12), 〈오전 3시〉(《조선문단》 1935. 6) 등 참조.

53) 이북명, 〈암모니아 탕크〉, 《비판》 1932. 9, 115쪽.

54) 부전강, 장진강, 허천강 등 험준한 산악지대에서의 무리한 댐 공사, 터널 공사 등으로 수천 명의 노무자들이 목숨을 잃었다고 전해지며, 심지어는 회사 측에서 미리 사망신고서를 3만 매 인쇄해 놓았다는 증언도 있다. 손정목, 〈일제하 화학공업도시 흥남에 관한 연구 (상)〉, 218~221쪽 참조.

55) 〈변성기 폭발 4명이 사상〉, 《동아일보》 1930. 12. 21; 〈분리기 폭발로 사상자 7명〉, 《조선일보》 1931. 3. 31; 〈흥남질소공장 참사자가 속출〉, 《조선일보》 1931. 4. 26; 〈조질공장에서 가스[瓦斯] 又 폭발〉, 《동아일보》 1931. 6. 10; 〈《탕크》의 폭발로 직공 2명 즉사〉, 《조선일보》 1932. 4. 26; 〈조질 파이프 폭발 2명 즉사, 8명 중상〉, 《동아일보》 1935. 11. 21; 〈조질공장의 탕크 폭발〉, 《동아일보》 1936. 2. 9; 〈가스[瓦斯]관 폭발 직공 4명 사상〉, 《동아일보》 1937. 6. 3. 등 참조.

56) 호흡을 힘들게 하는 유독가스와 작업복을 녹이는 황산에 노출된 질소비료공장의 노동자들은 그곳을 "살인공장"이라고 부르곤 했다. 이소가야 스에지, 앞의 책, 65쪽 참조. 또한 〈과로, 위생설비불비로 포병자[抱病者] 8천백여 명〉, 《동아일보》 1936. 8. 7. 등 참조.

57) 〈흥남 일대에 전염병〉, 《조선일보》 1936. 2. 10.

58) 〈흥남 지방에 소아 사망 격증〉, 《조선일보》 1936. 2. 12.

59) 〈흥남 일대 소아병 만연〉,《조선일보》1934. 1. 21.

60) 신문에 보도된 이상질환 중 가장 특이한 것은 다음의 사례이다. 1934년 9월에서 10월까지 한 달여 만에 일본인 자녀들이 다니는 흥남소학교 학생 4명이 갑자기 기절하여 24시간 만에 사망한 사건이 발생한 것이다. 조선질소부속병원 원장이 검진하기도 했지만 병명도 판명하지 못한 채 유행성 척수막염으로 추측할 뿐이었다. 〈정체 모를 유행병 흥남에 대창궐〉,《조선일보》1934. 11. 3.

한편, '산업공해 문제'를 둘러싸고 일본질소와 행정권력이 '내지'와 조선에서 보이는 차별적 대응에 대해서는 양지혜, 〈일제하 일본질소비료㈜의 흥남 건설과 지역사회〉, 239~257쪽 참조.

61) 이소가야 스에지, 앞의 책, 66쪽.

62) 이북명, 〈인테리〉,《비판》1932. 12.

63) 1930~1932년경에는 흥남공장노동자 6천여 명에 흥남 인구 약 3만 명이었고, 1945년 8월 시점에는 공장노동자 4만 5천여 명에 흥남 인구 약 18만 명으로 증가했다. 불확실한 추정이지만, 공장노동자 1명에게 3~4명의 부양가족이 있다고 계산한다면 흥남 인구 거의 전체가 조선질소에 생계를 의존하고 있다고 봐도 무리는 아닐 것이다.

64) 조선질소는 생필품을 판매하는 '흥남공급소'라는 부속기관을 설치해 이곳에서만 사용할 수 있는 구매권을 발행한 후 그에 해당하는 금액을 급료에서 제외하는 방식으로 '소비'까지 장악하고자 했다. 흥남지국 一記者, 〈흥남조질공장의 직공생활 탐사기〉,《조선일보》1931. 9. 20 참조. 이 구매권 제도는 흥남 소상인들의 비난 여론에 부딪쳐 1933년 말에 폐지되는 것으로 보인다.

65) 흥남제련소 노동자들이 임금인상을 요구하며 파업을 단행했을 때 마침 출장 중이었던 제련소장을 대신해 경찰서장이 임금인상을 약속하고 작업을 재개시키기도 한다. 〈제련소 직공 파업 사건〉,《조선일보》1934. 10. 5 참조.

66) 이 대목에서 공장factory이라는 단어 자체가 유럽 식민주의 기획의 발명품이라는

수잔 벽-모스의 지적을 음미해 보는 것도 좋을 것이다. 영국의 맨체스터가 산업도시로 도약하기 수세기 전에 생겨난 최초의 '공장'은 아프리카 연안의 항구들에 진출하기 위한 발판으로 마련된 포르투갈의 페이토리아feitoria, 즉 원주민과의 교역소였다. 영국에서는 이러한 의미에서 공장이라는 용어를 채용했다. 공장은 외국이나 식민지에 있는 무역회사로서 칙허장에 의해 독점을 허가받았고, 칙허장에 따라 대리인들이 회사 본부이자 창고, 도매주문 처리 센터로 기능하는 이 외국 기지로 파견되었다. "공장은 부동산을 요새와 공유하며, 식민지 전쟁에서 필수적 역할을 담당하는 제국 기획의 대리인이었다." 수잔 벽-모스, 김성호 옮김, 《헤겔, 아이티, 보편사》, 문학동네, 2012, 142~143쪽.

67) 미셸 푸코, 오트르망 옮김, 《안전, 영토, 인구》, 난장, 2011 참조.

68) 어쩌면 식민지/제국 시기 자본-국가 복합체의 통치성은 오늘날 그 포섭의 영역이 너무나도 깊고 넓어 오히려 무감각해진 '재벌'의 효과를 새삼스럽게 자각하게 해줄 수 있을 것이다. 더 이상 순수하게 '자본'으로만 정의할 수 없는 '재벌'의 효과는 단순히 문어발식 경영 확장과 부의 집중에 있는 것이 아니라 삶/죽음의 관장에 있는지도 모른다. '재벌'은 실제로 병을 주고 약을 준다.

69) Manuel Castells, *The Urban Question*, The MIT Press, 1977, p. 461.

70) 흥남에서의 태평양노동조합 또는 적색노조 건설운동에 대해서는 이소가야 스에지, 앞의 책; 신주백, 〈1930년대 혁명적 노·농운동의 조직문제에 관한 한 연구〉, 《역사비평》7호, 1989; 최규진, 앞의 글; 김윤정, 〈1930년대 초 범태평양노동조합 계열의 혁명적 노동조합운동〉, 《역사연구》6호, 1998 등 참조. 한편 주인규의 활동에 대해서는 이소가야 스에지, 위의 책; 한상언, 〈주인규와 적색노조영화운동 (1927~1932)〉, 《현대영화연구》3호, 2007 등 참조.

71) 식민지/제국의 언어-법-미디어의 장과 '지하'의 관계에 대해서는 車承棋, 〈帝国のアンダーグラウンド〉, 《社会科学》第44巻 第2号, 同志社大学人文科学研究所, 2014. 8 참조. 언더그라운드의 운동에 대한 보다 본격적인 논의는 이 책의 8

장을 참조.

72) 〈함흥에 근거를 두고 평양에 별동단 비치〉, 《동아일보》 1933. 7. 8 참조.

73) 〈革命的勞動組合組織運動事件〉, 《思想彙報》 1934. 12, 45쪽 참조.

74) 언더그라운드의 운동방식에 대한 보다 상세한 고찰은 이 책의 8장에서 이루어진다.

75) 조르조 아감벤, 양창렬, 《장치란 무엇인가?/장치학을 위한 서론》, 난장, 2010, 48쪽.

76) 의미심장하게도, 식민자가 피식민자 노동력을 평가절하하는 '책임감이 약하다', '향상심이 없다'는 등의 언사들은, 신자유주의적 세계화 이후 유연화된 노동시장 근처에서 불안정한 고용상태를 지속하는 젊은 프레카리아트들precariats에게 근대적 노동규율이 내면화된 세대들이 꾸짖는 '훈계'에서 유사하게 반복된다. 오늘날의 프레카리아트 역시 근대적 노동규율의 통치불가능성과 함께 다른 미래의 존재를 알려오고 있는 것은 아닐까.

77) 이시무레 미치코, 김경인 옮김, 《슬픈 미나마타》, 달팽이, 2007, 247쪽.

78) 岡本達明, 《水俣病の民衆史》 第二卷, 日本評論社, 2015, 6쪽.

79) 그러나 신일본질소는 일본 정부가 미나마타병의 발병 원인을 "신니혼질소 미나마타공장의 아세트알데히드 초산설비 내에서 생성된 메틸수은화합물" 중독으로 공식화하는 1968년까지 줄곧 책임을 회피해 왔다. 하라다 마사즈미, 김양호 옮김, 《미나마타병》, 137쪽.

80) 미나마타병 피해자들의 공해병 인정을 위한 기나긴 투쟁과정에 대해서는 하라다 마사즈미, 앞의 책; 하라다 마사즈미, 한국환경보건학회 엮음, 《끝나지 않은 수은의 공포》, 대학서림, 2006; 미나마타병 시라누이환자회 등 엮음, 정유경 옮김, 《끝나지 않은 미나마타병》, 건강미디어협동조합, 2016 등 참조. 또한 기병奇病의 출현, 병명의 확정, 구제와 보상에 이르는 과정을 추적한 최근 연구로는 이영진, 〈'질병'의 사회적 삶: 미나마타병의 계보학〉, 《일본비평》 25호, 2021 참조.

81) 〈미나마타 시립 미나마타병자료관〉 홈페이지 https://minamata195651.jp/pdf/situmonn/07situmonn_kannzya.pdf (2021년 10월 21일 검색)

82) 栗原彬, 〈水俣病という身体: 風景のざわめきの政治学〉, 45쪽 참조.

83) 칼 맑스, 〈임금, 가격, 이윤〉, 《칼 맑스 프리드리히 엥겔스 저작선집》 3권, 박종철 출판사, 1993(2003), 95쪽. 강조는 원문.

84) 같은 글, 같은 쪽. 강조는 원문.

85) 카를 마르크스, 김수행 옮김, 《자본론 I (하)》, 비봉출판사, 1989(2015), 978~981 쪽, 1043~1046쪽 참조. 다만, 이 번역본에서는 본원적 축적을 '시초 축적'으로 옮기고 있다.

86) 발터 벤야민, 조만영 옮김, 《독일 비애극의 원천》, 새물결, 2008, 38쪽. 강조는 인용자.

87) 벤야민의 '원천' 개념에 대한 이해를 돕기 위해서는 장제형, 〈발터 벤야민에게서 원천 개념의 탈형이상학적 '원천'〉, 《독어독문학》 131집, 2014 참조.

88) 이영진, 앞의 논문 참조.

89) 대표적인 미나마타병 연구자 하라다 마사즈미原田正純는 미나마타가 "짓소チッソ 라는 영주에 종속되어 있는 마을"이었다고 표현한다. 그런데 여기서 '영주에 종속되어 있다'는 비유적 표현의 또 다른 함의도 염두에 둘 필요가 있다. 직공들뿐만 아니라 어민이나 일반 주민들까지 일본질소를 '회사'라 칭했다는 데서도 암시되듯, 미나마타의 주민들은 일본질소에 대해 어떤 가상의 소속감도 공유하고 있었던 것으로 보인다. 하라다 마사즈미, 《미나마타병》, 32쪽.

90) 일본질소의 보고서와 회의록 등의 자료를 통해 식민지에서의 산업공해 문제와 기업의 대처 양상을 고찰한 연구로는 양지혜, 〈일제시기 일본질소비료주식회사의 산업공해문제와 '식민성'〉, 《역사문제연구》 36집, 2016 참조. 이 논문은, 일본질소가 식민지에서 산업공해를 일으키고 그에 대응하거나 책임지는 방식이 '내지'에서와 크게 다름에 주목하는데, 이런 차별이 나타나게 된 식민성의 특징으로 신기술 적용의 빠른 속도, 산업공해 관련 주민 정치의 부재, 식민지 행정 당국의 감독·규제의 한계 등을 들고 있다.

91) 《風雪の百年》, 586~597쪽 참조.

92) 藤島宇内, 〈朝鮮における企業犯罪〉, 《朝日ジャーナル》 vol.14, no.33, 朝日新聞社, 1972. 8. 18, 18~22쪽 참조.

93) 일본질소와 지역 행정·치안 권력이 결합해 폭력적으로 공장부지를 매입하는 과정은 《중외일보》가 상당히 비판적으로 주시하며 연속적으로 기사화하고 있다. 〈함흥 질소회사와 해면민該面民과의 알력―두 동리를 회사 기지로 사고 적당한 이전지도 안 주면서 양동 이전을 강요한다고〉, 《중외일보》 1927. 6. 4; 〈주민들의 측량 반대―측량을 하게 한 구장집과 절교〉, 《중외일보》 1927. 6. 4; 〈경관이 출동하여 동민 10여 명 검거―동민은 그들의 석방을 요구, 용이치 않은 사태〉, 《중외일보》 1927. 6. 4; 〈미쓰비시三菱재벌을 배경으로 함흥질소회사의 횡포―금력과 관력을 함부로 이용하여 지방민과 대치분쟁〉, 《중외일보》 1927. 8. 27; 〈김씨 소유 기지에 철조망을 치고―건축을 중지시키는 등 무법한 소유권 침해〉, 《중외일보》 1927. 8. 27; 〈소유권 침해라고 정변호사 제소를 준비―회사의 불법한 행동에는 최후까지 싸워보겠다고〉, 《중외일보》 1927. 8. 27 등 참조.

94) 예컨대 《매일신보》의 기사, 〈함흥 희유의 대 쟁송―조선질소와 지방민 알력〉(《매일신보》 1927. 7. 6)은 일본질소와 지역 선주민들 사이의 분쟁 사실을 보도하면서도, 그 지역에 일본질소가 얼마나 큰 자본을 투여해 비료공장과 축항築港을 건설할 것인지, 그것이 그 지역에 얼마나 큰 이익을 가져올 것인지에 초점을 맞춰 서술하고 있다. 또한 〈증인의 양심을 좇아 사건의 시비는 판정〉(《매일신보》 1927. 10. 8)이라는 기사는, 일본질소가 자신의 토지를 매도하지 않으려는 한 조선인 지주의 땅을 몰래 가등기하고 그 땅에 철조망을 두르자 해당 지주가 일본질소를 상대로 토지소유권 침해 소송을 제기한 사건을 보도하면서, 사건의 전후사정을 설명하기보다 일본질소 측이 제출한 〈반소장反訴狀〉 전문을 게재해 교묘하게 회사 입장에서 조선인 지주를 비난하는 논조의 기사를 구성했다.

95) 일본질소는 식민주의적 축적의 폭력성을 은폐하고 '미개의 처녀지' 개발 서사를

드라마틱하게 만들기 위해, 자신들의 사사社史에서 공장 설립 이전의 흥남 지역 인구와 환경을 평가절하하고 있다. "선인鮮人 가옥 이, 삼십 호가 있을 뿐인 한촌寒村으로, 숙박할 집도 없고 마실 물도 없는 불편한 땅이었다." 日本窒素肥料株式會社,《事業大觀》, 東京: 日本窒素肥料株式會社, 1937, 476쪽. 그러나 실제로 일본 질소가 공장부지로 삼은 땅에는 200여 호 1,800여 명의 주민이 생활하고 있었다.

96) 〈곤경에 빠진 구룡리 천팔백 주민의 읍소―총독부에 하소도 거듭해, 결빙기 앞두고 고민〉,《매일신보》1928. 11. 26.

97) 한설야, 〈과도기〉,《조선지광》1929. 4, 184쪽.

98) 〈직공 50명 모집에 응모자 2천여 명―흥남 조질회사에서 직공 모집〉,《동아일보》1931. 6. 19.

99) 岡本達明·松崎次夫編, 앞의 책, 160~163쪽 참조.

100) 〈가스[瓦斯]탱크 폭발로 1명 즉사 6명 중상〉,《조선일보》1930. 3. 18; 〈화력기 폭발로 6명 사상―질소회사에서〉,《중외일보》1930. 3. 22; 〈기계불완전으로 인부 추락참사―조선질소에서〉,《조선일보》1930. 12. 7; 〈탱크 폭파로 5명이 사상―기계불완전으로 참변 빈번〉,《조선일보》1930. 12. 18.; 〈유산 탱크 폭발로 7명이 사상〉,《동아일보》1930. 12. 19; 〈변성기 폭발 4명이 사상〉,《동아일보》1930. 12. 21; 〈분리기 폭발로 사상자 7명〉,《조선일보》1931. 3. 31; 〈여과기 폭발 4직공 사상〉,《동아일보》1931. 4. 4; 〈조선질소공장에서 연일 부절의 기계장機械葬―원인은 설비 불완전으로, 3일간에 3명 참사〉,《동아일보》1931. 4. 23; 〈조질공장에서 가스[瓦斯] 우又 폭발〉,《동아일보》1931. 6. 10; 〈발동기 폭발 2명 중상―질소회사에서〉,《조선일보》1931. 7. 25; 〈흥남 조질회사 〈탱크〉 돌연 대폭파〉,《중앙일보》1932. 4. 26; 〈조질회사 직공 4명이 사상―기계에 고장이 생겨 변성기가 폭발되어〉,《매일신보》1932. 4. 27; 〈조질흥남공장의 수소탱크 대폭발〉,《조선중앙일보》1935. 4. 2; 〈흥남 조질공장의 〈탱크〉 돌연 폭발, 작업 중 직공 5명 중상〉,《조선중앙일보》1935. 11. 21; 〈조질공장의 탱크 폭발!〉,《동아일보》1936. 2. 9; 〈가

스[瓦斯]관 폭발, 직공 4명 사상―조질 흥남공장에서〉, 《동아일보》 1937. 6. 3; 〈흥남 마그네슘 공장 탱크 폭발―3명이 중상〉, 《동아일보》 1937. 9. 22 등 참조. 앞서도 살펴봤듯이, 이북명의 소설들은, 폐결핵에 걸리거나(《질소비료공장》, 〈출근 정지〉), 암모니아 가스에 질식되거나(〈암모니아 탱크〉), 탱크 폭발에 휘말려(〈출근정 지〉) 죽는 노동자들의 형상을 통해, 식민지 노동 현실의 비참함과 함께 흥남공장 에 '오류'가 만연했음을 전해준다.

101) 植木善三郎, 〈興南工場の思い出〉, 《日本窒素史への証言》第六集, 1979. 4, 10쪽. 글쓴이 우에키 젠자부로는 흥남질소비료공장의 차장을 역임했다.

102) 〈조질회사 직공 아유산亞硫酸에 중독〉, 《매일신보》 1929. 7. 18; 〈인축을 질식케 하는 아유산가스[瓦斯] 산포―질소회사의 단독적 영리로 함흥의 천지는 혼탁〉, 《매일신보》 1930. 6. 30; 〈조질회사 독연毒煙 주민 피해 많아〉, 《조선일보》 1930. 7. 2; 〈아유산가스[瓦斯] 누산이 전신電信에 크게 장애〉, 《조선일보》 1930. 8. 2; 《〈조질〉 때문에 농작에도 피해〉, 《조선일보》 1930. 10. 15; 〈어류의 변색사멸로 어 민생활의 위협―조질 공장의 극약 방사 관계?〉, 《동아일보》 1933. 9. 13; 〈문제의 갈색 독파는 조질의 방사로 판명〉, 《동아일보》 1933. 9. 16; 〈魚族の死滅は原因漸 々判明―朝窒工場より流出のフランクトン油のため〉 《朝鮮新聞》 1933. 9. 16; 〈조질의 약품 관계? 서호진에 우乂 적조赤潮〉, 《동아일보》 1934. 6. 18 등 참조.

103) 〈조선질소에 뇌막염 발생―비료에서 묻어 온 모양〉, 《중외일보》 1930. 3. 26; 〈정체 모를 유행병 흥남에 대창궐〉, 《조선일보》 1934. 11. 3; 〈과로, 위생설비 불 비로 포병자 8천백여 명〉, 《동아일보》 1936. 8. 7; 〈호흡기병이 많은 것은 공도 흥 남의 고질〉, 《조선일보》 1939. 12. 24; 〈전율할 제2위! 10세 이하 유아의 사망 많 기로〉, 《조선일보》 1940. 1. 23 등 참조.

104) 토머스 헤이거, 홍경탁 옮김, 《공기의 연금술》, 반니, 2015(2021), 334~340쪽 참조.

105) 1945년 중학생으로 흥남 용흥공장에 노무 동원되었던 한만섭의 회고에 따르면, 항공연료로 사용할 이소옥탄을 합성하는 공장에서 다량의 수은을 사용했다.

http://blog.naver.com/PostView.nhn?blogId=hmansop&logNo=60154285735, 2021년 10월 29일 검색.

같은 용흥공장에서 일했던 미나마타 출신 직공도 이렇게 회고한다. "폐액廢液은 처음엔 전부 방류했습니다. 커다란 폐수구를 만들어 성천강에 흘려보냈지요. 성천강에서 바다로 갑니다. 나중에 망간회수공장이 생긴 뒤로는 1톤 정도의 폐액 탱크를 만들어 그곳에 담은 후 펌프로 회수공장으로 보냈습니다. 폐수 탱크에 침전물이 쌓이면 가마에 뽑아 낸 후 위쪽의 깨끗한 부분만 폐수구에 흘려버리고 금속 수은은 회수했습니다. 하지만 고장도 잦았고, 이래저래 폐액은 적잖이 흘러나갔죠." 岡本達明·松崎次夫 編, 앞의 책, 112~113쪽.

또한 흥남에 이미 미나마타병과 같은 수은중독이 존재했을 가능성에 대해서는, 石原信夫, 〈水俣病の前に興南病があった: 水俣病は青天の霹靂ではない〉, 熊本大学文書館·〈水俣病〉研究プロジェクト 寄稿論文, 2017 참조.

106) 原田和明, 〈水俣秘密工場〉, 《世界の環境ホットニュース[GEN]》 577号, 2005. 4. 7 참조.

107) 식민지/제국 자본이 통제할 수 없는 분리−변형−합성의 증식은 드물지만 감정적·이념적 차원에서도 발생한다. 일본질소는 피식민자에게서 노동력을 분리하고 일본 변두리 출신의 직공을 식민자의 첨병으로 변형시켰지만, 그 사이에서 감정적·이념적 합성이 발생할 가능성을 원천적으로 봉쇄할 수는 없었다. 1930년대 회사와 공안의 감시·탄압 아래에서도 여러 차례의 검거 사건을 통해 드러난 적색 노조운동 중 조선인 노동자들과 일본인 노동자들 사이의 감정적·이념적 합성의 드문 사례들을 찾을 수 있다. 이에 대해서는 8장에서 좀 더 상세히 서술한다. 이소가야 스에지, 《우리 청춘의 조선》; 변은진, 《이소가야 스에지: 자유와 평화를 꿈꾼 '한반도인'》, 아연출판부, 2018 등 참조.

108) 朝鮮總督府學務局社會課, 《朝鮮の社會事業》, 朝鮮總督府, 1933, 87쪽.

109) 《風雪の百年》, 171~172쪽 참조.

110) 같은 책, 174쪽 참조.

111) 예대열, 〈해방이후 북한의 노동조합 성격논쟁과 노동정책 특질〉, 《역사와 현실》 70호, 2008, 212쪽 참조.

112) 칼 맑스, 〈임금, 가격, 이윤〉, 95쪽.

113) '노동자 국가'이기 때문에 역설적으로 노동조합이 형식화되어 온 맥락에 관해서는 차문석, 《반노동의 유토피아》, 박종철출판사, 2001(2002), 139~145쪽 참조.

114) 野口遵, 《今日を築くまで》, 生活社, 1938, 103~104쪽.

115) 〈鮮人勞働者の福音 不景氣な内地へ行くよりも有望な咸南の水電に行け 總督府で周旋する〉, 《京城日報》 1926. 8. 13. 또한 〈도일도일(渡日) 노동자를 함남으로 수송 함남 수력전기공장으로 보내 도일방지와 당국의 미봉책〉, 《동아일보》 1926. 8. 16 참조.

116) 앞의 《京城日報》(1926. 8. 13) 기사 참조.

117) 제국의 '경계 관리'를 중국과 조선의 노동자에 대한 담론−표상 정치를 통해 비판적으로 살핀 것으로는 김예림, 〈'노동'의 제국: 경계 관리와 하층 노동자 에스노그라피의 정치학〉, 《사이間SAI》 13호, 2012 참조.

118) 南滿洲鐵道株式會社經濟調查會, 《朝鮮人勞働者一般事情》, 南滿洲鐵道株式會社, 1933, 69쪽.

119) 같은 책, 75~76쪽.

120) 〈조질회사 직공 총수〉, 《매일신보》 1932. 5. 3.

121) 전미남, 〈질소비료공장 탐방기〉, 《중앙일보》 1932. 2. 7.

122) 岡本達明・松崎次夫編, 《聞書水俣民衆史》 第五卷, 93쪽; 大石武夫, 〈興南工場の終焉とソ連抑留〉, 《日本窒素史への証言》 第二十集, 1983. 10, 46쪽 참조.

123) 姜在彦 編, 앞의 책, 73쪽.

124) 일본질소 계열사인 조선인조석유 아오지공장의 연구과장을 역임했던 시바타 겐조柴田健三는 만주사변 등으로 생산에 박차를 가하고 새로운 프로젝트를 추진하던 시기에 "프론티어 정신과 행동으로 가득 넘쳐나고 있었다"라고 증언하며, "안

되면 아무리 고생이 되더라도 어떻게든 될 때까지 해 낸다고 하는 의지와 정열"을 느끼면서 "'사는 보람'을 만끽"했다고 기억한다. 柴田健三, 〈興南赴任から積水転任まで三十年間の日本窒素生活を顧みて〉, 《日本窒素史への証言》第十三集, 1981. 7, 73쪽.

125) 岡本達明·松崎次夫 編, 앞의 책, 66쪽.

126) 같은 책, 62~63쪽.

127) 같은 책, 84~85쪽.

128) 흥남공장에서의 일본인/조선인 간 임금격차 및 승진차별과 관련해서는 양지혜, 〈전시체제기 일본질소 흥남비료공장의 임금규정과 '민족 문제'〉; 선재원, 〈일본질소의 임금제도〉 등 참조.

129) 〈조질회사 직공 총수〉, 《매일신보》 1932. 5. 3.

130) 鎌田正二, 《北鮮の日本人苦難記: 日窒興南工場の最後》, 時事通信社, 1970, 14쪽.

131) "대기소에서는 일본인과 조선인은 절대로 같은 테이블에서 밥을 먹지 않죠. 문밖으로 나가기만 하면 말을 섞지 않아요. 그래서 식민지에는 김이나 이라는 개인은 없습니다. 다나카와 김도 없습니다. 있는 것은 일본인과 조선인뿐, 있는 것은 민족과 민족의 관계뿐이죠." 岡本達明·松崎次夫 編, 앞의 책, 123쪽. 물론 극히 드문 예로 인간적 관계 또는 이념적 연대가 없지는 않았다. 대표적인 사례로는 조선인 지하운동가들과 함께 태평양노조 건설운동에 참여한 이소가야 스에지 등을 들 수 있을 것이다.

132) "계원과 공원의 신분격차는 어떤 의미에선 미나마타 이상이었죠. 그건 사택 하나만 봐도 알 수 있어요. 공원이 무릎을 꿇고 계원에게 사죄하는 것을 본 적이 있습니다. 같은 내지인이라는 의식이 있었는데도 말이죠." 앞의 책, 86쪽.

133) 鈴木音吉, 〈九年間の興南生活断片(その一)〉, 《日本窒素史への証言》第二十八集, 1986. 8, 33~34쪽 참조. 이 증언자는 조선인 노동자 중에 승진하는 자가 생기면 주변의 동료 조선인 노동자들이 비협조적으로 돌변했다고 회고하면서, 이를 출세

에 대한 질투 또는 "민족적 배반"에 대한 응수가 아닐까 해석한다. 그러나 이 증
언자의 해석과는 상관없이, 일부 조선인 노동자의 '승진'이 동료들 사이에 '분열'
을 결과했다면, 그 사실 자체가 직급상 차별관계의 강력한 현존을 방증해 준다고
할 수 있겠다.

134) 〈인부 80 채용에 2000여 명이 쇄도〉, 《조선일보》 1931. 6. 20; 〈지방시론: 흥남의
실업자 문제〉, 《조선일보》 1931. 9. 9; 〈60명 모집에 500여 명 응모〉, 《조선일보》
1933. 11. 2 등.

135) 南滿洲鐵道株式會社經濟調査會 編, 앞의 책, 33~35쪽. 이 내훈은, 중국인 노동
자 사용수를 관영사업의 경우 전체 노동자의 10분의 1, 민영사업의 경우 5분의 1
로 제한할 것, 그리고 30명 이상의 중국인 노동자를 사용할 경우 관할 경찰서의
승인을 받을 것 등을 정하고 있다.

136) 朝鮮總督府學務局社會課, 《朝鮮の社會事業》, 朝鮮總督府, 1933, 89~90쪽 참조.
이 시기 중국인 노동자와 조선인 노동자 사이의 차이와 대립에 대한 인식은 폭넓
게 퍼져 있었다. 小田內通敏, 《朝鮮における支那人の經濟的勢力》, 東洋協會出版
部, 1926, 45~53쪽; 南滿洲鐵道株式會社經濟調査會, 《滿洲の苦力》, 南滿洲鐵道
株式會社, 1934, 37쪽 등 참조.

137) 각종 법령에 의한 중국인 입선入鮮 통제의 무력함에 대해서는 김예림, 앞의 논문
참조.

138) 《日本窒素史への証言》(1977~1992)의 필자들은 대부분 엘리트 기술자로서, 인양
引き揚의 고통스런 순간을 제외하곤 대체로 자신의 능력을 맘껏 발산했던 행복했
던 시간으로 흥남을 기억하고 있다. 특히 이 증언록은 일본질소의 성장에 주도적
으로 참여했던 이들이 식민지 개발의 전성시대를 되살림으로써 미나마타병의 원
인이 밝혀진 후 실추된 일본질소[チッソ]의 명예를 복원함과 동시에 스스로 자기
긍정의 서사를 구성하고자 하는 목적도 있는 것으로 보인다. 편집자인 가마다 쇼
지鎌田正二는 후기에서 "짓소チッソ라고 하면 오늘날에는 공해기업의 대명사적인

존재가 되어버렸습니다만, 저희들은 지금도 일본의 근대산업을 개척한 대표선수였다고 마음속으로 은근히 긍지를 느끼고 있습니다. 이번 증언집은 이 긍지를 뒷받침해 주는 귀중한 자료로서 소중히 만들어 가고자 합니다"라고 쓰고 있다.《日本窒素史への証言》第二集, 1977. 11, 106쪽.

139) 이북명, 〈질소비료공장〉,《조선일보》1932. 5. 29~31; 〈初陣〉,《文學評論》臨時增刊新人推薦号, 1935. 5; 〈출근정지〉,《문학건설》1932. 12.

140) 이북명, 〈암모니아 탕크〉,《비판》1932. 9.

141) 흥남으로 가족과 함께 이주해 온 한 미나마타 출신 노동자는―고향인 미나마타에서 그렇게 했듯이―자투리 시간을 이용해 농사를 짓다가 동료 일본인 노동자들로부터 조선까지 와서 지저분한 일을 한다며 경멸당한 경험을 증언하고 있다. 또한 일부러 표준어를 사용하며 '시골 출신'임이 드러나지 않도록 애썼다는 증언도 있다. 민족차별과 직무위계가 일치하는 세계에서 일본인이 식민자로서의 아비투스를 학습하는 과정은 그들 내부의 지방성을 억압하는 자기 검열의 과정이기도 했음을 짐작할 수 있다. '시골=농업=방언'은 식민자와 피식민자 사이의 뚜렷한 구별짓기를 방해하는 것으로 여겨졌기 때문이다. 岡本達明·松崎次夫 編, 앞의 책, 200~201쪽 참조.

142) 鎌田正二,《北鮮の日本人苦難記: 日窒興南工場の最後》, 時事通信社, 1970, 14쪽.

143) 같은 책, 15쪽.

144) 예컨대 1939년 봄 북선 지역의 철도, 수전 등 각종 공사에 동원된 전남 지역 농민만 해도 만 명을 초과했다. 〈북조선행 전남 역군役軍〉,《朝鮮日報》1939. 4. 30. 흥남에의 동원과 관련해서는 〈남선 노동자 160명 흥남착着〉,《조선일보》1939. 4. 30; 〈나주서 흥남에로 노동자 100명 출발〉,《조선일보》1940. 4. 16 등 참조.

한편, 산업보국대 동원만으로 충분히 노동력을 보충할 수 없었던 전쟁 막바지에 이르러 자본-국가 복합체는 노골적으로 식민주의적 노예노동에 기대게 된다. 전쟁 말기 총독부와 일본질소 콘체른은 학생들은 물론 수인囚人과 전쟁포로까지 흥남공장에 동원했다. 鎌田正二, 앞의 책, 18~19쪽 참조.

145) 岡本達明·松崎次夫 編, 《聞書水俣民衆史》 第四卷, 草風館, 1990, 281~282쪽.

146) 한오혁, 〈장진강수전공사장답사기〉, 《동아일보》 1936. 5. 16; 〈북조선에 간 노동
자 탈출귀환 팔백명〉, 《동아일보》 1937. 6. 22. 또한 가마다鎌田에 따르면 조선 남
부에서 동원되어 오는 노동력 중 10퍼센트 정도는 흥남까지 오는 도중에 도주했
다. 鎌田正二, 앞의 책, 16쪽 참조.

147) 노동 현장 이탈 이유는 알선 시와는 현저하게 다른 임금과 가혹한 노동조건에 있
었던 것으로 보인다. 이에 대해서는 손정목, 〈일제하 화학공업도시 흥남에 관한
연구(上)〉, 《한국학보》 16권 2호, 1990, 214~216쪽 참조.

148) 朝鮮總督府學務局社會課, 앞의 책, 87면. 한 '내지인' 노동자도 조선인 노동자들
에 대해 "어떤 패거리들은 급료를 받으면 2, 3일 나오지 않는 습관이 있었다"고
회고하고 있다. 岡本達明·松崎次夫 編, 《聞書水俣民衆史》 第五卷, 85쪽.

149) 같은 책, 119~121쪽.

150) 같은 책, 94쪽.

151) 朝鮮總督府學務局社會課, 앞의 책, 89쪽.

152) 富山一郎, 《流着の思想》, インパクト出版会, 2013, 212쪽.

153) 柴田健三, 앞의 글, 92쪽.

154) 신일본질소의 권위적 지배구조에 대한 노동자들의 투쟁 및 미나마타병 환자들과
노동자들의 연대에 대해서는 花田昌宣·井上ゆかり·山本尚友, 《水俣病と向きあ
った労働者の軌跡》, 熊本日日新聞社, 2013 참조.

155) 岡本達明·松崎次夫編, 《聞書水俣民衆史》 第5卷의 부제.

156) 大石武夫, 〈興南工場の終焉とソ連抑留〉, 《日本窒素史への証言》 第20集, 1983.
10, 10쪽.

157) 植木善三郎, 〈興南工場の思いで〉, 《日本窒素史への証言》 第6集, 1979. 4, 12쪽
참조. 그러나 수도의 경우, 예상치보다 사용량이 증대하면서 머지않아 계량기를

설치하고 요금을 징수했다.

158) 中川幸夫, 〈興南の企画のころ〉, 《日本窒素史への証言》第2集, 1977. 11, 103쪽 참조. 저자 나카가와 유키오는 교토제국대 법학과 졸업 후 1940년에 일본질소에 입사해 홍남공장 물동계物動係─후일 기획과로 명칭 변경─에서 근무했다.

159) 昆 吉郎, 〈よきころの興南〉, 《日本窒素史への証言》第11集, 1980. 10, 109쪽. 저 자 곤 요시로는 도쿄제국대학 기계공학과 졸업 후 1935년에 일본질소에 입사해 홍남공장과 본궁공장 설계과에서 근무했다.

160) 1940년 기준으로 하루 3식 포함 한달에 14~15원.

161) 鎌田正二 〈後記〉, 《日本窒素史への証言》第2集, 1977. 11, 106쪽. 가마다 쇼지는 도쿄제대 경제학부를 졸업하고 1939년에 일본질소에 입사해 1940년부터 홍남공 장에서 근무했다. 일본 패전 후 홍남일본인거류민회 간부를 맡아 일본인들의 본 국 인양引揚げ을 도왔고, 1946년 말에 본국에 귀환해 일본질소에 복직했으며, 1947년에는 일본 전국유안공업노동조합연맹 서기장을 역임했다. 또한 주로 일본 질소의 간부와 기술엘리트들을 중심으로 식민지/제국 시기 일본질소의 활동을 회고하는 연속 증언집 《日本窒素史への証言》의 책임편집자이기도 하다.

162) 柴田健三, 〈興南赴任から積水転任まで三十年間の日本窒素生活を顧みて〉, 《日 本窒素史への証言》第13集, 1981. 7, 73쪽. 저자 시바타 겐조는 도쿄제국대학 응 용화학과 졸업 후 1930년 홍남공장 건립 직후부터 연구부에서 근무했고, 1942년 3월부터는 조선인조석유 아오지공장에서 소련군 진격 직전까지 연구과장과 제조 과장을 겸직했다.

163) 岡本達明·松崎次夫編, 《聞書水俣民衆史》第5卷, 83~84쪽. 인터뷰이인 시모이 자카 쇼조下飯坂正蔵는 1937년 도쿄제국대학 법학과를 졸업하고 일본질소 경성지 사에서 근무하다 1942년까지 일본질소 영안공장에서 서무계 사원으로 근무했다.

164) 〈홍남조질회사 직공을 모집〉, 《조선일보》 1931. 8. 12; 〈홍남조질공장 5백직공 증모增募〉, 《조선중앙일보》 1934. 4. 26; 〈興南朝窒會社職工を募集〉, 《朝鮮新寺報》,

1937. 10. 14 등.

165) 흥남 지역 '식민자 사회'에 대해서는 이미 연구가 이루어진 바 있다. 양지혜, 〈'식민자 사회'의 형성: 식민지기 하층 출신 일본인 이주자의 도시 경험과 자기규제〉, 《도시연구》7호, 2012 참조. 이 논문은, 이 책에서도 주요 자료로 참고하는 《聞書水俁民衆史》의 인터뷰를 분석해, 미나마타 출신의 하층계급 일본인들이 타자(피식민자 조선인 및 다른 일본인) 관계 속에서 '일본인다움'을 습득하며 보수적인 '식민자'로 변화해 가는 과정을 설득력 있게 보여준다. 다만, 민족적 경계境界의 의식에 초점을 맞추고 있어 식민자 집단 내의 전선들은 잘 드러나지 않는다.

166) 岡本達明·松崎次大編, 앞의 책, 122~123쪽.

167) 공장에서 조선인 노동자끼리 조선어로 말을 주고받았다는 이유로 일본인 상급 노동자가 뺨을 때리기도 했다. 같은 책, 93쪽.

168) 같은 책, 94쪽.

169) 같은 책, 94쪽.

170) 같은 책, 82쪽 참조. 미나마타 출신으로 흥남공장에서 직공으로 근무했던 한 일본인은 반 농담조로 "바보라도 일본인이면 조장 노릇을 할 수 있었다"고 증언하기도 한다. 같은 책, 92쪽 참조.

171) 같은 책, 163쪽.

172) 같은 책, 124쪽.

173) 같은 책, 78~79쪽.

174) 같은 책, 131쪽.

175) 같은 책, 193~194쪽.

176) 한편 야마다 씨 역시 미나마타로 돌아와 성인이 된 후 일본질소 노동자가 되었고, 노동조합 활동에 적극적으로 참여했다.

177) 〈제1차 태평양노조, 최고 7년역 언도〉, 《조선중앙일보》1933. 3. 16; 〈조질朝窒적색노동조합사건판결(확정)〉, 《思想月報》3卷 1号, 1933. 4. 15 참조. 바바 마사오

는 함흥형무소에서 복역 중이던 1933년 8월 10일 옥사했다(〈제1차 〈태로〉사건 馬場
○逐 옥사〉, 《조선일보》 1933. 8. 17 참조).

178) 이소가야 스에지, 《우리 청춘의 조선》 참조.

179) 같은 책, 71쪽.

180) 《思想彙報》 1号, 1934. 12, 43쪽.

181) 《思想月報》 3卷1号, 1933. 4. 15, 19쪽.

182) 그의 대표작 〈질소비료공장〉은 내용을 파악하기 어려울 정도로 삭제당한 채로
연재되던 것조차 2회 만에 《조선일보》의 휴간과 함께 중지되었고, 〈기초공사장〉
은 애당초 〈질소비료공장〉과 같은 시점에 《조선지광》에 실릴 예정이었으나 공교
롭게도 해당 호를 끝으로 폐간됨으로써 역시 빛을 보지 못했다(한설야, 〈이북명 군
을 논함〉(1), 《조선일보》 1933. 6. 22.). 〈기초공사장〉은 이후 후반부가 대폭 삭제당
한 채 《신계단》(1932. 11)에 수록된다.

183) 이북명, 〈공장은 나의 작가수업의 대학이었다〉(1957), 《이북명소설선집》(남원진
편), 현대문학, 2010, 439쪽.

184) 이북명, 〈질소비료공장〉, 《조선일보》 1932. 5. 29 ~ 31; 〈출근정지〉, 《문학건설》
1932. 12.

185) 이북명, 〈암모니아 탱크〉, 《비판》 1932. 9.

186) 이북명, 〈기초공사장〉, 《신계단》 1932. 11.

187) 같은 글, 113쪽.

188) 예컨대 〈여공〉에서 조선인 여성 노동자를 향한 일본인 남성 감독의 욕정을 품은
시선은 "악마의 웃음을 띠는 감독의 얼굴"에서 나온다. 이북명, 〈여공〉, 《신계단》
1933. 3, 116쪽.

189) 이북명, 〈기초공사장〉, 115쪽.

190) 산업합리화를 위해 600명에 달하는 노동자에게 출근정지를 명하기도 하는데,
"병 있는 직공, 말마디나 하는 직공, 글자나 보는 직공 …… 이런 직공들을 하나도

남기지 않고" 포함하고 있다(《출근정지》).

191) 이북명, 〈인테리〉,《비판》1932. 12.

192) 이북명, 〈공장가〉,《중앙》1935. 4.

193) 이북명, 〈구제사업〉,《문학》1936. 1.

194) 이북명, 〈병든 사나이〉,《조선문학》1934. 1.

195) 이북명, 〈민보의 생활표〉,《신동아》1935. 9.

196) 이북명, 〈암모니아 탱크〉, 115쪽.

197) 한설야, 〈이북명 군을 논함〉(1),《조선일보》1933. 6. 22.

198) 한설야, 〈이북명 군을 논함〉(2),《조선일보》1933. 6. 23. 강조는 인용자.

199) 李北鳴, 〈初陣〉,《文學評論》臨時增刊 新人推薦號, 1935. 5.

200) 島木健作, 〈〈初陣〉について〉,《文學評論》1935. 5, 168쪽. 강조는 인용자.

201) 이북명, 〈정열의 재생〉,《풍림》1936. 5, 41쪽.

202) 장혁주에 따르면 이북명이 당대 문단에서 일종의 소외감을 느끼고 있었던 듯하다. 특히《분가쿠효론》에 〈초진〉이 실린 후 윤고종, 이해문 등의 혹평이 있기도 했다(윤고종, 〈이북명 씨 〈초진〉을 읽고〉,《조선중앙일보》1935. 8. 30~9. 1; 이해문, 〈시감수제: 작가의 시야와 문예비평의 중용성〉,《조선중앙일보》1936. 3. 8 ~ 13). '내지' 문단에서 활동을 시작한 뒤 조선문단에서 배척당해 온 장혁주는 '재능 있는 동료에 대한 시기와 질투'가 만연한 조선문단의 풍조를 강하게 비난하는 글을 쓴 바 있는데, 이곳에서 이북명 역시 유사한 불만을 표시한 바 있다고 말한다. 장혁주, 〈문단의 페스트균〉,《삼천리》1935. 10, 253쪽.

203) 이북명, 〈자기비판과 소설의 순수성 파악〉,《동아일보》1939. 6. 2. 강조는 인용자.

204) 이북명, 같은 글, 1939. 6. 4.

205) 이북명, 〈빙원〉,《춘추》, 1942. 7. 이곳에서 인용은 남원진 엮음,《이북명 소설 선집》, 현대문학, 2010.

206) 전시체제기 소설의 대표 형상으로서의 '기술자'에 대해서는 차승기, 〈명랑한 과

학과 총체적 포섭의 꿈: 전시체제기 기술적 이성 비판〉,《비상시의 문/법》, 그린비, 2016; 황종연, 〈기술 이성의 관념론〉,《동악어문학》73집, 2017; 정종현, 〈사실, 과학 그리고 문학의 신생〉,《상허학보》23집, 2008 등 참조.

207) 이북명, 〈빙원〉, 남원진 엮음,《이북명 소설 선집》, 173쪽.

208) 같은 글, 158쪽.

209) 같은 글, 173쪽.

210) 서영인은 〈빙원〉이 '전기보국'을 주장하는 국책소설이면서도 "공사에 대한 자신의 사명에 감격하고 생산현장을 찬미하는 최호의 시선 이면에는 만수 노인의 긴박한 삶이 자리 잡고" 있어 "순순히 설득되고 통합될 수 없는 이 국책과 현실의 괴리"가 식민 담론의 허약성과 이어짐을 지적한 바 있다. 서영인, 〈일제 말기 생산소설 연구: 강요된 국책과 생활현장의 리얼리티〉,《비평문학》제41집, 한국비평문학회, 2011, 165~166쪽 참조.

211) 이북명, 〈鐵を掘る話〉,《國民文學》1942. 10.

212) 이 소설을 통해 국방자원을 훔치고 암거래로 전시체제의 질서를 어지럽히는 식민지 룸펜프롤레타리아의 생존방식에 주목한 논문으로는 김예림, 〈철鐵과 탄炭의 장면: 광업과 자원의 인간학〉,《한국문학연구》제47집, 동국대 한국문학연구소, 2014 참조.

213) 이북명, 앞의 글, 119쪽.

214) 같은 글, 125쪽.

215) 같은 글, 135쪽.

216) "점차 인간 〈도류土龍〉는 〈두더지モグラ〉로 바뀌었다." 같은 글, 121쪽. 참고로 '토룡土龍'은 일본어로 음독하면 '도류', 훈독하면 '모구라', 두더지이다.

217) 이렇게 볼 때,《분가쿠효론》에 이북명의 이름이 '이조명李兆鳴'으로 잘못 기재되었다는 사실도 꽤 의미심장하다.

218) 〈전기는 흐른다〉는 1945년 8월, 〈노동일가〉는 1947년 9월에 씌어졌다.

219) 페르디낭 드 소쉬르, 최승언 옮김, 《일반 언어학 강의》, 민음사, 1990, 106쪽.

220) 라나지트 구하는 위의 소쉬르와 바르트 등을 참조하며 민중들의 침묵이 '영점 기호'로서 사고되어야 함을 강조한다. "영점은 …… (흔히 오류를 범하듯) 총체적 부재가 아니라 **지시적 부재**이다. 우리는 여기에서 순수한 차이상태를 본다. 영점은 '아무것도 아닌 것에서' 의미를 창출하는 모든 기호들의 체계가 갖는 힘을 입증한다." Roland Barthes, *Elements of Semiology*, p. 77; 라나지트 구하, 김택현 옮김, 《서발턴과 봉기》, 박종철출판사, 2008, 408쪽의 각주 81에서 재인용. 강조는 원문.

221) 천정환, 〈소문·방문·신문·격문: 3·1운동 시기의 미디어와 주체성〉, 《한국문학연구》 36집, 2009는 이 충돌의 사건에서 '발화의 영도'를 읽어내려 한 대표적 시도였다고 할 수 있다.

222) 식민지 검열에 대한 연구는 넓은 의미에서 식민지/제국 언어-법-미디어 장의 작동방식을 탐구하는 주된 영역이라고 할 수 있다. 검열연구회 편, 《식민지 검열: 제도·실천·텍스트》, 소명출판, 2011; 이혜령, 〈지배와 언어: 식민지 검열의 케이스〉, 《반교어문연구》 44집, 2016 등 참조.

223) 이북명, 〈현대의 서곡〉, 《신조선》 1936. 1, 95~97쪽. 현대식 표기로 수정.

224) 면접장 안에 사원 7명과 어떤 신사가 앉아 있는 것을 보고, "그 신사가 ××라는 것을 필수는 재빠르게 알아차렸다.", 같은 글, 95쪽.

225) 같은 글, 92쪽.

226) 솔 크립키, 정대현·김영주 옮김, 《이름과 필연》, 서광사, 1986, 112쪽.

227) 같은 글, 같은 쪽.

228) 노에 게이치, 김영주 옮김, 《이야기의 철학》, 한국출판마케팅연구소, 2009, 196, 197쪽.

229) '태평양노조 사건'에 대해서는 곽건홍, 〈1930년대 초반 조선질소비료공장노동자조직운동〉, 《역사연구》 4호, 1995; 최규진, 〈'콤뮤니스트 그룹'과 태평양 노동조합 계열의 노동운동 방침〉, 《역사연구》 5호, 1997 등 참조.

230) 1929년 봄, 주인규가 영화 연구를 위해 모스크바로 갔다는 신문보도가 있지만, 그가 실제로 영화를 배우기 위해 모스크바로 갔는지, 모종의 정치적 임무를 띠고 소비에트 러시아의 어딘가로 갔는지, 아니면 이 신문보도 자체가 그의 흥남 잠입의 알리바이로서 노출된 것인지 현재로서는 확인할 수 없다. 〈주인규 군이《모스크바》에 영화를 연구하고자 그곳 촬영소에 입사〉,《조선일보》1929. 4. 6.

231) 이 무렵 주인규의 활동과 분단 이후 북한영화 형성과정에서의 그의 역할에 대해서는 한상언, 〈주인규와 적색노조영화운동(1927~1932)〉,《현대영화연구》3집, 2007; 한상언, 〈북한영화의 탄생과 주인규〉,《영화연구》37호, 2008 등 참조.

232) 이소가야 스에지는, 그가 조선인 하숙집(손일룡의 집)에서 주선규 등의 모임에 처음 합석했을 때, 그 방에 이기영과 이북명의 소설이 있었다고 기억한다(이소가야 스에지, 김계일 옮김,《우리 청춘의 조선》, 70쪽 참조.). 이북명의 소설(《질소비료공장》)이 처음 신문에 게재된 것이 1932년 5월 말이고, 이소가야 스에지는 그해 4월 말에 이미 검거되었기 때문에, 아마도 그의 기억은 오류일 가능성이 높다. 하지만 〈질소비료공장〉 발표 이전에 이북명은 이미 여러 작품을 써서 한설야에게 보여주기도 했기 때문에, 식민지/제국의 언어-법-미디어 장에 진입하기 전의 소설들이 흥남 지역에서 비공식적으로 회람되고 있었을 가능성도 배제할 수 없다. 어쨌든 주인규들과 이북명은 식민지/제국의 그라운드 제로를 통해 이어져 있었다.

233) 김남천, 〈공장신문〉,《조선일보》1931. 7. 7. 현대식 표기로 수정.

234) 같은 글.

235) 같은 글,《조선일보》1931. 7. 11.

236) 같은 글.

237) 같은 글,《조선일보》1931. 7. 12.

238) 김기진, 〈백수의 탄식〉,《개벽》1924. 6, 136~137쪽.

239) 이북명, 〈현대의 서곡〉, 92쪽.

240) 같은 글, 95쪽.

241) 지배받는 인종(민족)·계급에게 기대되는 이 비굴한 웃음에 대해서는 프란츠 파농, 노서경 옮김,《검은 피부, 하얀 가면》, 문학동네, 2014 참조.

242) 박화성, 〈하수도공사〉,《동광》1932. 5, 39쪽. 현대식 표기로 수정. 강조는 인용자.

243) 염상섭,《만세전》, 문학과지성사, 2005, 118쪽.

244) 이혜령은 〈만세전〉의 갓장수와 그가 파는 갓을 국장國葬에 참여한 3·1운동의 군중과 연결시켜 "위생과 문명의 이름으로 배척되었던 전통복식에 상징적인 의미"가 부여된 맥락을 읽어낸 바 있다. 이혜령, 〈정사正史와 정사情史 사이: 3·1운동, 후일담의 시작〉,《민족문학사연구》40집, 2009 참조.

245) 山口弘三,《檢擧から送致まで》, 新光閣, 1933, 13쪽.

246) 이북명, 〈현대의 서곡〉, 88~89쪽.

247) 〈흥남에도 경찰서〉,《조선일보》1931. 1. 28.

248) 〈흥남질소공장에서 돌연 대검거 선풍〉,《조선일보》1931. 3. 27.

249) 테사 모리스 스즈키는 수잔 벅-모스의 '와일드 존'이라는 개념을 빌려 법의 지배에 의해 비가시화된 주권적 폭력성의 가시화 영역으로서 국민-국가의 변경에 주목한다(テッサ·モーリス-スズキ, 〈戰後日本の出入国管理と外国人政策〉, 有末賢·関根政美 編,《戰後日本の社会と市民意識》, 慶應義塾大学出版社, 2005 참조). 그러나 국민-국가의 변경이 반드시 '국경'인 것은 아니며, 그런 점에서 언어-법-미디어 장에 의해 비가시화된 언더그라운드의 존재가 현시되는 시간-공간을 지시하기 위해 '와일드 존' 개념을 사용할 수도 있을 것이다.

250) 山口弘三, 앞의 책, 15~16쪽.

251) 같은 책, 16쪽. 강조는 인용자.

252) 中川矩方,《內地·鮮·滿洲國思想犯罪搜査提要》, 新光閣, 1934, 29~30쪽.

253) 같은 책, 30쪽.

254) 山口弘三, 앞의 책, 13쪽.

255) 이북명, 〈노동일가〉,《조선문학》창간호, 1947. 9, 18~19쪽. 강조는 인용자. 현대

한국어 표기로 수정(이하 동일).

256) 같은 글, 31쪽. 강조는 인용자.

257) 물론 일제 말 전시체제기의 역사적 장르라고 할 수 있는 '생산소설'에서 이미, 생산 확충과 기술 개발에 자발적으로 참여하는 새로운 노동자(농민) 형상을 통해 '신성한 노동' 속에서의 '협동적 주체성'의 형성이 제시된 바 있다. 그런 점에서 전시체제기의 '생산소설'은 해방 직후 북한에서 발표된 노동소설과 구성적 유사성 관계에 있다고 말할 수 있다. 신형기, 〈해방 직후 북한문학의 '신인간'〉, 《민족문학사연구》20호, 2002 참조 (한편 이 논문에서 신형기는 이북명의 〈노동일가〉와 해방 전 그의 노동소설 사이의 노동자상과 기계관의 격차에 대해 일찌감치 지적한 바 있다. 같은 글, 257~258쪽 참조). 그러나 '생산소설'이 국책적 지향과 문학적 형상 사이의 분열을 내포하고 있다면(서영인, 〈일제 말기 생산소설 연구〉, 《비평문학》41호, 2011; 이상경, 〈'기획소설'과 생산소설 그리고 검열〉, 《현대소설연구》62호, 2016 참조.), 해방 직후 북한에서 노동현장을 다룬 서사와 형상에서는 '생산 네트워크'로의 '주체적 참여'의 강렬함intensity이 분열 자체를 용접해 버렸다고 말할 수 있을 것이다.

258) 李北鳴, 〈初陣〉, 《文學評論》 1935. 5, 2쪽. 원작은 〈질소비료공장〉이지만, 이곳에서는 1935년 5월 시마키 겐사쿠의 추천으로 일역('初陣'으로 개제改題)되어 '내지' 문단에 소개된 텍스트에서 인용한다. 일본어로 번역되면서 이북명 자신의 수정 및 보이지 않는 검열을 거쳤겠지만, 식민지 시기 노동소설 형식의 역사성을 이해하기 위해 〈초진初陣〉을 참고하기로 한다.

259) 같은 글, 17쪽.

260) 《조선일보》판의 〈질소비료공장〉에서 '문호'라는 이름으로 등장하는 이 인물은, 작업 도중 이층 쪽을 올려다보다 위에서 떨어지는 유안 결정이 눈에 들어간 후 "그때부터 눈이 텁텁하게 잘 보이지 않았"고 급속히 시력이 저하되기도 한다. 이북명, 〈질소비료공장〉, 《조선일보》1932. 5. 29. 현대 한국어 표기로 수정.

261) 프롤레타리아문학의 범주로서의 노동소설뿐만 아니라 식민지 시기 문학에서의

노동의 표상에 대해서는 이미 다양한 차원에서 많은 연구가 진행되어 왔다. 역사적 주체로서의 노동계급의 대두 및 프롤레타리아 국제주의의 이념을 확인하고자 한 초창기 연구 이래, 노동소설은 계급과 민족의 차원은 물론 체험, 감정, 젠더, 통치성 등의 차원에서 다양하게 탐구되어 왔다. 그를 통해 노동과 노동자를 둘러싼 재현과 주체화의 역사적·정치적 동력학이 풍부하게 드러났고, 이 장의 논의 역시 넓은 의미에서 재현과 주체화의 동력학을 해명하는 작업의 연장선 위에 놓인다. 다만 이 장에서는 주체화의 기술규정성을 고찰의 중심에 두고, 계급으로서의 노동자 또는 운동으로서의 문학이 연루된 정치학보다는 신체와 리듬의 전환이 발생하는 조건으로서 기술적 관계의 동력학을 드러내려 할 것이다.

262) L. 비트겐슈타인, 이영철 역, 《철학적 탐구》, 서광사, 1994, 147쪽.

263) "웬 경칠 놈이 노동을 신성하다느냐!"(송영, 〈용광로〉, 《개벽》 1926. 6, 54쪽); "누구나 언뜻 생각하면 그것이 사람의 하는 직분이다. 〈노동은 신성하다〉하는 말이 빗발같이 일어나겠지만 …… 아무리 생각해도 그저 〈노동은 신성하다〉, 〈사람이란 그렇게 살아야 된다〉, 또한 〈사람은 그렇게 살아야 사는 본의가 있다〉는 인식은 받지 못하게 되는 사실이 날마다 그에게 느껴지니 이 어찌합니까?"(최승일, 〈무엇?〉, 《조선지광》 1927. 2, 142쪽) 등.

264) 한나 아렌트, 이진우·태정호 옮김, 《인간의 조건》, 한길사, 1996, 175쪽 참조.

265) 김영팔, 〈해고사령장〉, 《매일신보》 1924. 1. 1; 김영팔, 〈불쌍한 사람들〉, 《매일신보》 1925. 1. 25; 유완희, 〈영오의 死〉, 《개벽》 1926. 5.

266) 주요섭, 〈인력거꾼〉, 《개벽》 1925. 4; 최승일, 〈무엇?〉, 《조선지광》 1927. 2.

267) 윤기정, 〈미치는 사람〉, 《조선지광》 1927. 6.

268) 특히 송영, 한설야, 이기영, 이북명의 일부 소설들을 들 수 있다.

269) 벤야민의 'Medium' 개념이 '중심'으로서 이해될 필요성에 대해서는 조효원, 〈발터 벤야민의 Medium 개념 연구〉, 성균관대 석사논문, 2009 참조. 또한 같은 맥락에서 벤야민의 'Medium' 개념이 함축하고 있는 '함께 나눔'의 성격을 강조하는

김항, 〈신의 폭력과 지상의 행복〉, 《종말론 사무소》, 문학과지성사, 2016 참조.

270) 발터 벤야민, 최성만 옮김, 〈언어 일반과 인간의 언어에 대하여〉, 《발터 벤야민 선집 6 언어 일반과 인간의 언어에 대하여 / 번역자의 과제 외》, 길, 2008, 73쪽. 강조는 원문.

271) 발터 벤야민, 최성만 옮김, 〈기술복제시대의 예술작품〉, 《발터 벤야민 선집 2 기술복제시대의 예술작품 / 사진의 작은 역사 외》, 길, 2007; 발터 벤야민, 최성만 옮김, 〈초현실주의〉, 《발터 벤야민 선집 5 역사의 개념에 대하여 / 폭력비판을 위하여 / 초현실주의 외》, 길, 2008 참조.

272) 三木清, 〈技術哲学〉(1941), 《三木清全集》第7巻, 岩波書店, 1967, 200쪽.

273) '매체=중심'으로서의 기계–기술이 '직접성'과 '집단성'의 조건이라는 입장에 대해서는, 발터 벤야민과 1930년대 교토학파 미학자인 나카이 마사카즈中井正一에게서 공통의 '매체' 개념을 발견하고 그것을 각각 '직접성(무매개성)의 사상'과 '협동성의 사상'으로 정리하고 있는 北田曉大, 〈《意味》への抗い: 中井正一の《媒介》概念をめぐって〉, 《《意味》への抗い: メディエーションの文化政治学》, せりか書房, 2004 참조.

274) M. 하이데거, 이기상 옮김, 〈기술에 대한 논구〉, 《기술과 전향》, 서광사, 1993, 53쪽.

275) 시대와 상황의 차이가 존재하기는 하지만, 기계가 심미적 대상으로서 떠오르는 역사철학적 맥락을 언급할 때 임화 역시 이러한 '소외론'과 닿아 있는 것으로 보인다. 임화가 볼 때 기계의 아름다움이란 기본적으로 "인간의 자기 능력이 가져오는 일종의 쾌미감快美感"이다. 다시 말해 기계미는 인간의 자연지배 능력에 대한 자기만족과 관련되어 있다. 그러나 기계는 "보편적인 것을 추상성 형식에서 표현"하고 있을 뿐으로, '기계미'의 대두는 '사실의 세기'에 특유한 지성의 무력無力, 개별성과 보편성을 통일시키지 못하는 주체의 무력을 드러내 준다. 임화, 〈기계미〉, 《인문평론》 1940. 1, 78~80쪽 참조.

276) 요코미쓰 리이치, 인현진 옮김, 〈기계〉, 《요코미쓰 리이치 단편집》, 지식을만드는

지식, 2016, 217~218쪽. 이하 〈기계〉에서 인용할 경우 본문에 쪽수만 표기.

277) M. 하이데거, 앞의 글, 45쪽.

278) 요코미쓰의 〈기계〉를 "소설의 형식을 취한 '사물화'론"으로 해석하고 있는 大久保美花, 〈機械というテクネ一〉, 《情報コミュニケーション研究論集》, 第13号, 明治大学, 2017 참조.

279) 여기서 '직접적인 것'과 '반성적인 것'이 대비되고 있는데, '반성적인 것'이 반드시 '직접적인 것'보다 깊이 있는 인식이나 통찰을 가져오는 것은 아니라는 점을 분명히 해둘 필요가 있다. '직접적인 것'은 즉자적in itself이고 '반성적인 것'은 대자적for itself이라고 할 수 있지만, '사유의 발전'을 논의하는 영역과는 달리 문학에서는 양자의 '구별'이 반드시 단계적이지도 위계적이지도 않다. 오히려 그 말에 합당하게 '직접적인 것'이 어떤 대상 내부에서in itself 언어화하려는 데 반해 '반성적인 것'은 그 대상 외부로부터for itself 언어화하는 시도라고 할 수 있다. 따라서 어떤 의미에서는 '반성적인 것'이 어떤 새로운 대상을 기존의 관습화되고 제도화된 인식틀로 포섭하려는 데 반해, '직접적인 것'은 어떻게든 그 대상 내부로부터 새로운 언어를 발견하려는 시도라고 말할 수도 있다. 다만, 식민 본국 일본의 노동소설을 분석범위에 포함하여 이 '반성적인 것'이 식민지/제국의 차원에서 노동의 민족적 위계와 중첩되고 뒤얽히는 측면 역시 고찰해야 마땅하지만, 이는 추후의 보다 거시적인 틀에서 이루어질 작업으로 미루어두고자 한다.

280) 송동양(송영), 〈느러가는 무리〉, 《개벽》 1925. 7, 85쪽. 강조는 인용자.

281) 김병제, 〈떨어진 팔〉, 《조선지광》 1930. 11; 안승현 엮음, 《일제 강점기 한국 노동소설 전집 2: 1930~1932》, 보고사, 1995, 105쪽.

282) 이북명, 〈기초공사장〉, 《신계단》 1932. 11; 안승현 엮음, 같은 책, 385~386쪽.

283) 이북명, 〈출근정지〉, 《문학건설》 1932. 12; 안승현 엮음, 같은 책, 429쪽. 강조는 인용자.

284) 산업재해 후 자본－노동 관계에서 방출된 자들의 비참에 대해서는 권구현, 〈폐

물〉,《별건곤》1927. 2; 한인택, 〈불구자의 고민〉,《비판》1932. 3 등 참조.

285) 앞서 인용한 송영의 〈늘어가는 무리〉에서도 그렇지만, "순전한 기계"(송영, 〈용광로〉,《개벽》1926. 6, 48쪽), "노동 기계"(이장희, 〈학대받는 사람들〉,《신민》1927. 10), "인조기계"(송영, 〈우리들의 사랑〉,《조선지광》1929. 1, 174쪽), "기계의 노예"(이량, 〈고진동〉,《조선지광》1929. 1; 안승현 엮음,《일제 강점기 한국 노동소설 전집 1: 1920~1929》, 보고사, 1995, 342쪽), "사람 기계들"(이명식, 〈소년직공〉,《조선지광》1929. 6, 24쪽), "산 기계"(이기영, 〈종이 뜨는 사람들〉,《제일선》1930. 4; 안승현 엮음,《일제 강점기 한국 노동소설 전집 2》, 69쪽) 등 인간=기계의 비유는 식민지 노동소설에서 반복적으로 나타난다.

286) 칼 마르크스, 김수행 옮김,《자본론 Ⅰ(하)》, 비봉출판사, 2015,

287) 발터 벤야민, 김영옥·황현산 옮김, 〈보들레르의 몇 가지 모티프에 관하여〉,《발터 벤야민 선집 4 보들레르의 작품에 나타난 제2제정기의 파리 / 보들레르의 몇 가지 모티프에 관하여 외》, 길, 2010, 217~218쪽 참조.

288) 윤기정, 〈새 살림〉,《조선지광》1930. 3; 이기영, 〈종이 뜨는 사람들〉,《제일선》1930. 4 등.

289) 벤야민은 근대적 기계 노동의 훈련이 지니고 있는 동일한 것의 반복, 속도 등에서 '도박'과의 유사성을 발견한다. 발터 벤야민, 앞의 글, 219~220쪽 참조.

290) 박팔양, 〈오후 여섯시〉,《조선지광》1928. 9; 유진오, 〈여직공〉,《조선일보》1931. 3. 1~24; 이북명, 〈여공〉,《신계단》1933. 3; 강경애,《인간문제》(1934), 문학과지성사, 2006 등.

여성 노동자들에 대한 성폭력은 노동이 '단순한 생명력'으로 대체되었음을 보여주는 징표일 뿐만 아니라, 근대 초기부터 근본적으로 남성지배적인 사회적 공간에 진출한 모든 여성들이 겪어야 했던 성적 위험의 경험 위에 (공장은 물론) 식민지 조선 구석구석까지 퍼져 있던 계급적-젠더적-민족적 권력 메커니즘의 작동이 가장 집약적으로 드러나는 문제의 하나다. 그럼에도 불구하고 식민지 노동소설에서 '여공'이 추상적으로 등장하는 경우가 일반적이다. 루스 베러클러프는 식민지의 언론이나 문학에서 여공들이 불투명하게 나타나는 이유를 "공장 내에서의 자본주의적 관계를 강제하는 상벌제도와 공모의 애매한 정치학ambiguous politics"에서 찾는다. 루스 베러클러프, 김원·노지승 옮김, 《여공 문학》, 후마니타스, 2017, 66~67쪽.

291) 한설야, 〈인조폭포〉, 《조선지광》1928. 2, 121쪽. 강조는 인용자.

292) 이북명, 〈어둠에서 주은 〈스켓취〉〉, 《신인문학》1936. 3, 207쪽.

293) 같은 글, 212쪽.

294) 이기영, 〈호외〉, 《현대평론》1927. 3; 이기영, 〈종이 뜨는 사람들〉, 《제일선》1930. 4; 김남천, 〈공장신문〉, 《조선일보》1931. 7. 5~15; 이북명, 〈初陣〉, 《文學評論》1935. 5 등.

295) 이후 일부 일본인 기술자와 직공들이 '본국'으로 '인양引揚げ'되기 전까지 공장에 복귀하기도 했지만, 그들에게 부여된 일은 주로 해방 이전 조선인들이 맡아 왔던 '육체소모적 노동'이었다. 해방 직후 조선인과 일본인의 '위치 전도'는 다양한 차원에서 이루어졌는데, 이를테면 일본인 기술자, 직공들이 가족과 함께 기거했던 사택과 조선인 노동자 가족이 생활했던 움막을 서로 맞바꾸기도 했다. 이러한 '전도'는 기계 – 도구 연관과 접속하는 신체의 변용과도 무관하지 않은 것으로 보인다.

296) 이북명, 〈전기는 흐른다〉(1945), 남원진 엮음, 《이북명 소설 선집》, 현대문학, 2010, 182쪽. 이하에서는 본문에 직접 쪽수만 표기.

297) 木村光彦·安倍桂司, 차문석·박정진 옮김, 《전쟁이 만든 나라, 북한의 군사 공업화》, 미지북스, 2009, 229~230쪽 참조.

298) 노경덕, 〈알렉세이 가스쩨프와 소비에트 테일러주의, 1920~1929〉, 《서양사연구》27집, 2001; 강진웅, 〈국가형성기 북한의 주체 노선과 노동통제 전략의 변화〉, 《사이間SAI》17집, 2014 참조.

299) 강진웅, 앞의 글, 118쪽.

300) Гастев, А. К., Поэзия рабочего удара, М., Советскийписатель, 1964,

стр. 133~134; 佐藤正則, 〈ボリシェヴィキにおける人間観の変革〉, 《現代思想》 2017年 10月号, 76쪽에서 재인용.

301) 佐藤正則, 앞의 글, 76쪽 참조.

302) 이북명, 〈노동일가〉, 16쪽. 강조는 인용자.

303) 같은 글, 32~33쪽.

304) 같은 글, 59쪽.

305) 김진구는 주철 단조공장, 이달호, 그리고 가족과 서로 생산적인 경쟁을 벌인다고 생각하며 이에 대해 '삼각경쟁'이라 이름 붙인다. 같은 글, 44쪽.

306) '노동국가Arbeitsstaat'라는 개념은 에른스트 윙거Ernst Jünger의 것을 참고한 것이다. 윙거는 《노동자》(1932)라는 책에서 개성을 상실하고 유형화된 채 대체가능한 부품이 된 현대의 인간을 '노동자'라고 지칭하며, 이렇게 인간을 전체의 유기적 구성organische Konstruktion의 일부로 만드는 '노동국가'가 장차 지배적이 될 것임을 예견한 바 있다. エルンスト·ユンガー, 川合全弘訳, 《労働者: 支配と形態》, 月曜社, 2013, 309~350쪽 참조.

307) 이북명, 〈노동일가〉, 41쪽.

308) 이렇게 기계-도구 연관에 완전히 포획된 신체가 소설적 표상 속에서 '이상화된' 형태로 제시되고 있는 것임을 잊어서는 안 된다. 해방 직후 북한에서 노동자들의 자주적 공장관리를 둘러싸고 일어난 논쟁과 갈등, 식량을 요구하는 노동자들의 파업투쟁에 대한 당의 격렬한 비난 등을 볼 때, 가정-공장-국가의 거대한 기계-도구 연관으로 완전히 수렴되지 않는 집단적 신체의 독자적 리듬이 부재했다고 볼 수는 없다(예대열, 〈해방 이후 북한의 노동조합 성격논쟁과 노동정책 특질〉, 《역사와 현실》 70호, 2008 참조). 다만 이 글에서는, '국가 건설'의 목표 아래 국가와 인민의 이해를 일치시키는 방향으로 노동규율이 강화되어 간 '노동국가'로서의 지배적 성격에 보다 주목하고자 했다.

309) 佐藤正則, 앞의 글, 80쪽 참조.

310) 〈조선총독 사이토 마코토의 훈시〉,《친일반민족행위관계사료집 Ⅲ》, 친일반민족
행위진상규명위원회, 2008, 35쪽. 강조는 인용자.

311) 같은 글, 36쪽.

312) 같은 글, 같은 쪽. 강조는 인용자.

313) 정우상의 정치적 활동과 문학에 대한 기초적 내용에 대해서는 최명표, 〈긴봄 정
우상 연구〉,《교과교육연구》 7호, 전북대교과교육연구소, 2012 참조. 그러나 이
논문은 〈목소리〉에 대해서는 전혀 다루고 있지 않다.

314) 〈이감중 소동한 21명 기소〉,《동아일보》 1932. 8. 31; 〈이감중 소동한 죄수에 보
안법 적용 판결〉,《동아일보》 1932. 11. 11.

315) 〈형무소의 내정 폭로, 대우 관계 진술〉,《동아일보》 1933. 1. 20.

316) 〈사고社告〉,《동아일보》 1935. 8. 29.

317) 〈고문高文 사법과시험 조선인 합격자〉,《동아일보》 1939. 11. 6; 〈금춘수春 동경
각 전문대학 조선인 졸업생 일람〉,《동아일보》 1940. 2. 8 등 참조.

318) 《분가쿠효론》의 창간과정과 잡지의 성격과 관련해서는 祖父江昭二, 〈解說〉,《文
學評論》復刻版別卷: 〈文學評論〉總目次·解說》, ナウカ株式會社, 1984 참조.

319) 立野信之, 〈聲〉について〉,《文學評論》 1936. 1, 186쪽.

320) 같은 글, 같은 쪽.

321) 같은 글, 같은 쪽. 강조는 인용자.

322) 이미 7장에서 고찰했듯이, 같은《분가쿠효론》의 1935년 5월호에 실렸던 이북명
의 〈초진〉《질소비료공장》)에 대해 추천자인 시마키 겐사쿠 역시 "작품으로서 낡고
한 시기 이전의 것인 듯한 느낌"을 밝힌 바 있다. 島木健作, 〈《初陣》について〉,
《文學評論》 1935. 5, 168쪽.

323) 이와 관련해서는, 1920년대 후반 식민지와 식민 본국의 '법역'의 차이에 따른 서
술가능성의 임계의 차이를 분석한 한기형, 〈'법역'과 '문역': 제국 내부의 표현력
차이와 출판시장〉,《민족문학사연구》 44집, 2010 참조.

324) 고영란, 〈제국 일본의 출판시장 재편과 미디어 이벤트〉, 《사이間SAI》 6호, 2009.

325) 우연찮게 비슷한 시기에 이북명은 〈편지—가난한 안해의 수기에서〉(《신인문학》 1935. 12)라는 소설을 발표하는데, 카프 전주 사건으로 감옥에 투옥된 한설야와 그의 아내를 모델로 한 듯한 이 소설은, '혁명가와 그의 아내'의 서사구조를 보다 전형적으로 취하고 있는 것으로 보인다. 하지만 투옥된 남편에게 종속된 보조적 인 삶에 그치지 않고, 남편=동지의 부재에서 아내=동지의 자립의 계기를 찾는 측 면도 있어 좀 더 세밀한 고찰을 요한다. 정우상의 〈목소리〉와 이북명의 〈편지〉를 수감자의 아내의 이야기로서 비교한 것으로는 한효, 〈금년도 창작계 개관: 작품 상의 제경향에 대하여〉, 《동아일보》 1935. 12. 21 참조.

326) 鄭遇尙, 〈聲〉, 《文學評論》 1935. 11, 254쪽. 강조는 인용자. 이하 이 소설에서 인 용할 경우 본문에 쪽수만 표기함.

327) 20세기 초 독일 노동운동의 맥락에서 처음 만들어졌고 러시아혁명 직후 콤소몰 (전연방 레닌주의 청년 공산주의자 동맹)의 노래로 불리기도 했던 유명한 혁명가로서 원제는 'Dem Morgenrot entgegen(Вперёд, заре навстречу)'. https:// ru.wikipedia.org/wiki/%D0%9C%D0%BE%D0%BB%D0%BE%D0%B4%D0% B0%D1%8F_%D0%B3%D0%B2%D0%B0%D1%80%D0%B4%D0%B8%D1% 8F_(%D0%BF%D0%B5%D1%81%D0%BD%D1%8F,_%D0%91%D0%B5%D0%B7% D1%8B%D0%BC%D0%B5%D0%BD%D1%81%D0%BA%D0%B8%D0%B9) (2022 년 1월 10일 검색).

328) 어쩌다 목소리를 잃었는지 '현'이 물었을 때, '권'은 "오른 주먹으로 자신의 목 뒤를 강하게 때려 보였다"(264쪽). 이 신호만으로 '현'은 사정을 알게 된다. 하지만 소설에서 신문과정의 가혹행위를 묘사한 것으로 보이는 부분은 모두 삭제되어 독 자에게 명확히 전달되지는 못한다.

찾아보기

이 저서는 2016년 정부(교육부)의 재원으로 한국연구재단의 지원을 받아 수행된 연구임
(NRF−2016S1A6A4A01017649).

식민지/제국의 그라운드 제로, 흥남

2022년 6월 29일 초판 1쇄 인쇄
2022년 6월 30일 초판 1쇄 발행

글쓴이   차승기
펴낸이   박혜숙
디자인   이보용
펴낸곳   도서출판 푸른역사
   우) 03044 서울시 종로구 자하문로8길 13
   전화: 02)720−8921(편집부) 02)720−8920(영업부)
   팩스: 02)720−9887
   전자우편: 2013history@naver.com
   등록: 1997년 2월 14일 제13−483호

ⓒ 차승기, 2022

ISBN 979−11−5612−221−0 93910